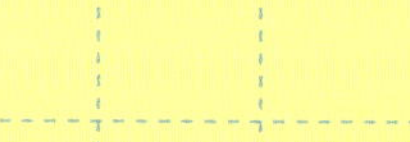

나한테
딱
걸렸다

일러두기

박진환 선생님은 오랫동안 여러 학년의 담임을 맡아 2025년까지 《자로 잰 듯 반듯하지 않아도》라는 제목으로 총 44권의 문집을 냈습니다. 그중 1학년은 다섯 해(2016, 2017, 2020, 2023, 2024), 2학년은 두 해(2008, 2012), 3학년은 한 해(2025)를 맡았습니다. 이 책에 실린 일기는 박진환 선생님이 경남과 충남에서 만난 1~3학년 친구들에게 글쓰기를 가르치면서 엮은 17권의 문집《자로 잰 듯 반듯하지 않아도》에서 가려 뽑은 글입니다. 가능하면 친구들이 쓴 글을 그대로 옮겼지만 잘 따라 쓸 수 있도록 아주 조금 다듬기도 하였습니다. 특히 직접 써 보도록 한 지면의 글은 맞춤법에 맞게 고쳐 옮겼습니다.

문해력을 키워 주는
좋은 일기 따라 쓰기

박진환 엮어 씀

나한테 딱 걸렸다

서유재

1 엄마! 제발, 제발, 제발!

2 나한테 딱 걸렸다

3 운다고 괜찮아지는 건 아니다

4 이 눈은 내가 좋은 것 같다

#나

#가족

#우리집

엄마!
제발, 제발, 제발!

날짜 2008년 10월 30일 목요일

날씨 아주 춥다.

제목 우리 엄마니까

우리 엄마는 낮잠을 잘 때마다 인상을 쓴다. 왜 그런지 모르겠다. 엄마를 깨우면 엄마는 짜증을 낸다. 나는 엄마의 성격을 못 봐 주겠다. 엄마는 머리가 헝클어져도 상관없이 그냥 잔다. 그래도 나는 그런 엄마가 좋다. 우리 엄마니까.

2학년 김하늘

하늘이의 일기는 「어머니」라는 시를 생각나게 합니다. 언제나 일만 하다 모처럼 잠깐 잠이 든 어머니의 모습을 이원수 작가님은 "오늘 보니 참 예뻐요/우리 엄마도/콧잔등에 잔주름/그도 예뻐요"라고 시로 썼지요. 인상을 쓴 채 낮잠을 자는 엄마는 깨우면 짜증을 내지만, 머리가 헝클어져도 상관없이 자기만 하지만, 그래도 그런 엄마가 좋다면서 하늘이는 "우리 엄마니까"라는 문장으로 글을 마칩니다. 자세하고 긴 글도 좋지만, 이런 짧은 글도 큰 울림을 줍니다. 마치 시를 만나는 느낌마저 듭니다. 일기가 좋은 시도 될 수 있다는 것을 보여 주는 경우는 많아요. 다른 일기 한 편 더 소개할게요. 할 게 없어 뒹굴뒹굴하는 모습을 시같이 썼는데, 읽고 있으면 그 장면이 그림처럼 떠오릅니다.

나는 엄마의 성격을 못 봐 주겠다.

"내가 못 살아."라는 말 들어 본 적 있지요? 속상할 때 쓰는 표현이지만, 때때로 정말 사랑스러워 어찌하지 못할 때도 써요. "나는 엄마의 성격을 못 봐 주겠다."라는 문장도 진짜 보기 싫다는 게 아니라 엄마를 좋아하는 하늘이의 마음이 담겨 있습니다. 여러분도 이처럼 정말 좋을 때 썼던 표현을 떠올려 보세요.

날짜 : 2024년 11월 16일 토요일
날씨 : 바닥에 뒹굴어서 몸을 시원하게 해야 되는 날
제목 : 뒹굴뒹굴

오늘은 일기장 쓰는 거 빼고
할 게 없었다.
그래서 더 잤다.
소파에서 나는 뒹굴뒹굴.
콘칩을 먹으면서 뒹굴뒹굴.
우리 강아지와 뒹굴뒹굴.
(1학년 강진서)

날짜 년 월 일 요일

날씨 아주 춥다.

제목 우리 엄마니까

우리 엄마는 낮잠을 잘 때에도

안경을 쓴다. 왜 그런지 모르겠다.

[illegible]

[illegible]

엄마는 머리가 헝클어져도 상관

없이 그냥 잔다.

그래도 나는 그런 엄마가 좋다.

우리 엄마니까

날짜 　　　년 　　　월 　　　일 　　　요일

날씨

제목

'우리 엄마'를 떠올려 볼까요? 우리 엄마는 밥을 어떻게 드시나요? 나를 어떻게 안아 주고 사랑해 주시나요? 엄마와 함께한 일 중 행복했던 순간을 떠올려 보세요. 하늘이의 일기처럼 엄마가 주무시는 모습을 보고 생각나는 걸 써도 돼요.

날짜 2024년 11월 25일 월요일

날씨 가을에 해가 없었는데 더운 날

제목 바쁜 우리 엄마 아빠

오늘 엄마가 아빠랑 전화를 했다. 내가 전화하는 걸 대충 들었는데 일 얘기만 했다. 지금도 듣고 있다. 엄마랑 아빠랑 전화할 때 아빠한테서 이런 소리가 들렸다. “와장창!” 이건 아빠가 정리하는 소리다. 나도 거기에 한 번 가 봤다. 아빠는 전라도 여수 여러 곳의 마트에서 일을 한다. 근데 아빠가 일하기 힘들 때 엄마한테 같이하자고 해서 나를 할머니 댁이나 친구네에 종종 맡기곤 한다. 엄마랑 아빠가 바쁘거나 힘들지 않았으면 좋겠다.

1학년 전라온

아침에 친구들이 써 온 일기를 읽다 보면 마냥 행복하고 재미있는 글만 있지 않습니다. 때로는 힘들고 슬프고 아쉽고 안타까운 글도 봅니다. 많은 친구들이 부모님이 어렵고 힘들게 일하시는 걸 잘 모르는 것 같습니다. 알더라도 자주 잊고 살지요. 이렇게 글을 써서 부모님이 어렵게 일하시는 걸 되새겨 보기도 하고 힘들지 않았으면 하는 마음을 표현하는 건 아주 잘한 일입니다.

바쁜 우리 엄마 아빠

모든 글이 그렇듯 일기 역시 잘 쓰고 싶다고 해서 써지는 건 아닙니다. 대부분 별생각 없이 생각난 한 순간을 붙잡아 글을 쓰지요. 라온이도 이날 있었던 일 중에서 엄마와 아빠가 통화한 게 떠올랐습니다. 하지만 이 우연한 선택은 정말 별게 아닐까요? 일기의 내용을 곰곰 들여다보면 이 순간이 라온이의 삶에서 얼마나 소중한 부분인지 알 수 있습니다. 라온이가 부모님의 삶을 늘 지켜보고 생각하고 있었던 거니까요. 여러분도 평소에 무엇을 지켜보고 생각하는지 떠올려 보세요. 어느새 내가 소중하다고 여기는 삶을 일기로 쓰고 있을 거예요.

날짜 년 월 일 요일

날씨 가을에 해가 없었는데 더운 날

제목 바쁜 우리 엄마 아빠

오늘 엄마가 아빠랑 전화를 했

다. 내가 전화하는 걸 대충 들었는

[illegible]

[illegible] 아빠랑 전화할 때 아빠

한테서 이런 소리가 들렸다

[illegible]

이건 아빠가 정리하는 소리다. 나

도 거기에 한 번 가 봤다. 아빠는

전라도 여수 어떤 곳의 마트에서

일을 한다. 근데 아빠가 일하기 힘

들 때 엄마한테 같이하자고 해서

일기도 한다.

엄마랑 아빠가 바쁘거나 힘들지

않았으면 좋겠다.

날짜 2020년 12월 5일 토요일

날씨 햇님이랑 구름이랑 숨바꼭질

제목 호떡을 많이 먹을 수 있는 방법

집에 가는데 호떡이 먹고 싶어서 아빠한테 말했다.

"아빠, 호떡 사 가요."

"그럴까?"

"네."

아빠가 호떡 가게에서 호떡을 사 오셨다. 집에 갈 동안 호떡 두 개를 먹었다. 달콤하고 맛있었다.

"재경아, 곰탕 사 가자. 괜찮지?"

"네!"

아빠가 곰탕을 사 올 동안 나는 차 안에서 잠이 들었다. 집에 다 도착했다. 아빠가 나를 깨웠다.

"재경아, 일어나."

나는 끙끙대며 일어났다. 오늘 난 호떡을 추운 날에 먹어서 더 맛있었다.

"아빠! 호떡 사 주셔서 고맙습니다."

다음에 또 호떡 먹어야지. 나중에 커서 호떡 장사나 해야겠다. '그럼 호떡도 많이 먹을 수 있겠지?'

1학년 김재경

일기에 쓴 것처럼 재경이는 특히 호떡을 좋아했어요. 그래서 나중에 호떡 장사하면 실컷 먹겠다고 생각한 거예요. 뭔가 하고 싶고 먹고 싶고 놀고 싶을 때, 재경이 같은 생각을 해 본 적 없나요? 호떡과 곰탕 사 온 이야기만으로 끝났으면 재미 없는 글이 되었을 수 있지만, 이렇게 늘 꿈꾸던 자기 생각을 글에 담으니 저절로 웃음이 나는 일기가 됐어요.

글을 쓰려면 힘이 들고 생각하기 싫을 때도 많지만, 이렇게 글로 담고 나면 기분이 좋아지기도 해요. 일기는 그런 힘을 가지고 있답니다. 또 친구나 어른과 나눈 대화를 잘 기억해 두었다가 일기에 대화문으로 써 주면 글이 훨씬 살아난답니다. 재미도 있고요. 대화문에는 문장부호 중 큰따옴표를 씁니다.

글에 표정과 감정을 담아 주는 **문장부호**

사람들과 나누는 말에는 표정과 감정이 담겨 있어요. 기쁘거나 슬플 때, 화가 났을 때 표정으로 알 수 있어요. 궁금한 점이 있을 때의 말도 쉽게 알아차릴 수 있고요. 그런데 글에는 그런 게 없어요. 표정도 보이지 않고 감정도 알 수 없지요. 묻는 건지 대답하는 건지 알기 어려운 때도 있어요.

그래서 사람들은 글에 여러 장치를 마련해 놓았어요. 글만 봐도 이게 묻는 건지, 부르는 건지, 신난 건지, 기쁜 건지, 화가 난 건지, 여러 종류의 사물을 늘어놓은 건지, 말이 끝난 건지, 이어지는지 알 수 있게 말이지요.

여기서는 우리 친구들이 일기를 쓸 때, 자주 쓰는 것만 살펴보려 해요. 이것만 잘 기억해도 멋진 글이 될 수 있답니다. 그것뿐이겠어요. 세상 모든 사람들이 여러분의 글을 쉽게 이해하고 읽을 수 있답니다.

.

문장을 마치면 **마침표**를 넣습니다. 그런데 우리 친구들이 가장 잘 빠뜨리는 것이기도 해요.

,

쉼표는 '하나, 둘, 셋'이나 '사과, 배, 포도'처럼 이어 적을 때 쓰기도 하고요. "아빠, 호떡 사 가요."처럼 누군가를 부르는 말 뒤에도 씁니다.

?

물음표는 "잘 알겠지요?"처럼 물어보거나 확인하고 싶을 때 쓴답니다.

!

느낌표는 확실하고 강한 느낌이 들 때나 분명하게 나타내고 싶을 때 쓰지요.

' '

작은따옴표는 혼잣말을 할 때나 특별히 강조하고 싶을 때 써요. 예를 들면, 누가 내 물건을 가지고 있는 것 같을 때, '어, 저거 내 건데?' 이렇게 혼자 하는 말을 나타낼 때 써요. 그리고 "나는 꼭 달리기에서 '일등'을 하고 싶다."의 '일등'처럼 문장 속에서 강조하고 싶은 단어에 쓰면 좋아요. 그러면 글 쓴 사람의 마음을 단번에 알 수 있으니까요.

" "

큰따옴표는 대화를 나누는 문장에 써요. 때로는 어디선가 들려오는 소리를 표현할 때 씁니다. 그래서 글을 읽는 사람이 큰따옴표를 보면 소리 내 말을 하거나 귀에 들려온 소리를 표현했구나 하고 금방 알 수 있어요.

날짜 년 월 일 요일

날씨 햇님이랑 구름이랑 숨바꼭질

제목 호떡을 많이 먹을 수 있는 방법

집에 가는데 호떡을 먹고 싶어서
아빠한테 말했다
아빠 호떡 사 가요
그럴까
네
아빠가 호떡 가게에서 호떡을 사
오셨다 집에 갈 동안 호떡 두 개를
먹었다 달콤하고 맛있었다
호떡을 추운 날에 먹어서 더 맛있

었다

아빠 호떡 사 주셔서 고맙습니다

다음에 또 호떡 먹어야지 나중에

커서 호떡 장사나 해야겠다 그럼

호떡도 많이 먹을 수 있겠지

재경이의 일기에 알맞은
문장부호를 넣어 따라 쓰기를
완성해 보세요.

날짜 2016년 12월 20일 화요일

날씨 너무 추워서 내 몸이 덜덜

제목 동생을 내가 받은 날

오늘 태권도가 끝나고 엄마가 동생 받으라고 말했다. 나는 슈퍼 앞에서 숨어 힐끔 보았다. 동생이 유치원 차에서 내렸다. 나는 가방이 보일까 봐 가방을 벗고 숨었다.

"형아, 가방 다 보인다."

나는 모르는 척했다. 동생이 너무 보고 싶었다. 나는 나가 버렸다.

"형아, 여기 있다."

동생이랑 시장 열리는 쪽으로 가서 구경도 하고 동생이랑 이야기하며 집으로 왔다.

1학년 심준서

솔직한 마음이 글에 담기니 특별한 울림으로 다가옵니다. '동생이 너무 보고 싶었다. 나는 나가 버렸다.'라는 두 문장과 "형아, 가방 다 보인다.", "형아, 여기 있다."는 대화문이 딱 그렇습니다. 서로를 향한 애틋한 마음이 짧은 글인데도 담뿍 느껴집니다.

오늘

앞서 다루기도 했지만, 일기 쓰기를 시작할 때, 가장 자주 쓰는 말이 '오늘'입니다. 날짜도 쓰고 그날의 이야기를 쓰는 일기이니 굳이 쓰지 않아도 되는 말이지만 대개 많은 친구들이 마땅히 시작할 말을 찾지 못해 '오늘'부터 꺼내 놓고 시작합니다. 물론 '오늘'이 필요할 때도 있습니다. 하지만 굳이 필요 없겠다 싶을 때 빼 보면 좋겠어요.

나는 슈퍼 앞에서 숨어 힐끔 보았다. 동생이 유치원 차에서 내렸다. 나는 가방이 보일까 봐 가방을 벗고 숨었다.

준서의 모습이 이 세 문장 속에 다 담겨 있습니다. '동생을 놀래켜 주고 싶어 숨었다'로만 쓰지 않고 '힐끔'이라는 말과 함께 가방이 보일까 봐 벗었다는 표현까지 써 주었습니다. 그림 그리듯 상황을 실감나게 표현했습니다. 글은 이렇게 읽는 사람이 그때 그 장면을 잘 떠올릴 수 있도록 써 주는 게 좋아요. 그것이 혼자 쓰고 보는 일기라도 말이에요.

날짜 년 월 일 요일

날씨 너무 추워서 내 몸이 덜덜덜

제목 동생을 내가 받은 날

태권도를 끝내고 집에 돌아오니 엄마가 동생을 받으라고 했다. 나는 슈퍼 앞에 숨어 힐끔 내다보았다. 마침 동생이 유치원 차에서 내렸다. 나는 가방이 보일까 봐 가방을 벗고 숨었다.

"형아, 가방 다 보인다."

나는 모르는 척했다. 동생이 너무 보고 싶었다. 나는 그만 나가 버렸다.

"형아, 여기 있다."

동생이랑 시장 열리는 쪽으로 가서 구경도 하고 동생이랑 이야기하며 집으로 왔다.

날짜 2024년 12월 4일 수요일

날씨 쓰러질 것 같은 추운 날

제목 **아빠랑 만난 날**

나는 오늘 학교, 돌봄, 태권도 끝나고 집 앞에서 아빠를 만났다. 근데 사실은 집 앞에서 아빠를 만난 게 처음이다. 나는 근데 태권도 차에서 먹던 과자 쓰레기를 주고 갔다. 그래서 웃음이 터질 것 같았다. 나는 집 앞에서 아빠랑 만나서 기분이 좋았다. 그래서 엄마한테 자랑했다. 나는 그래서 우주만큼 기분이 좋았다.

1학년 조승호

밤늦게까지 일하시는 부모님들이 많습니다. 승호도 날마다 늦는 아버지가 늘 그리운 아이입니다. 그런 승호가 모처럼 일찍 퇴근하는 아버지를 우연히 집 앞에서 봤을 때의 기분은 어땠을까요? '웃음이 터질' 것같이 신나고 '엄마한테 자랑'할 만큼, '우주만큼' 기분이 좋았을 겁니다. 승호는 그 마음을 있는 그대로 글로 옮겨 놓았습니다. 순간의 기쁨과 기분을 이렇게 글로 써 놓아도 좋은 일기가 됩니다.

나는

일기를 쓸 때, '오늘' 못지않게 '나는'이라는 말을 자주 쓰는 친구들이 많아요. 틀린 게 아니라, 매우 자연스러운 거예요. 내가 오늘 한 일을 쓰는 게 일기이기 때문이죠. 그런데 너무 자주 들어가면 좋은 글이 되지 않기도 해요. 대부분 '오늘'과 '나는'을 빼도 문장은 잘 이어지니 줄여 보는 노력도 해 보세요.

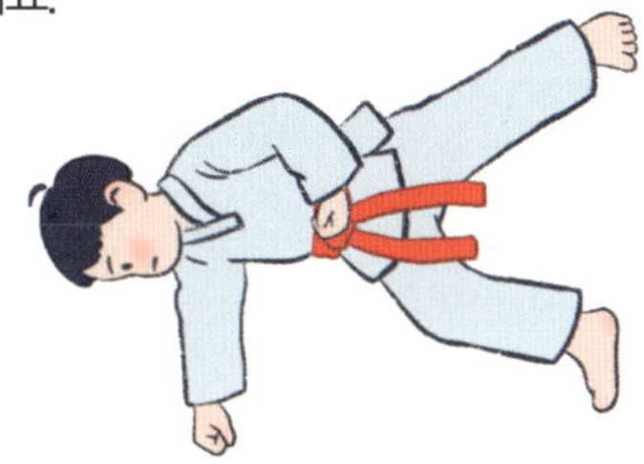

근데

접속어를 너무 많이 쓰면 문장의 흐름이 깨지기도 하지만 이 글에서는 어떤가요? 그래서 웃음이 터질 것 같았고 그래서 엄마한테 자랑할 수밖에 없는 승호의 마음이 보이나요? 접속어가 없었다면 뒷말이 이어지기가 쉽지 않아 글쓰기가 더 어려웠을 거예요. 승호의 기분이 접속어 덕분에 더 잘 느껴집니다.

이어 주는 말
접속어

이어 주는 말에는 여러 가지가 있어요. 승호의 일기만 봐도 '그런데(근데)'와 '그래서'가 있지요. 다음으로는 '그리고', '그러나', '하지만', '그렇지만', '왜냐하면', '또'라는 게 있네요. 모두 제 역할이 있어요. 아래의 글을 읽어 보고 이어 주는 말이 어떤 역할을 하고 있는지 읽고 쓰면서 알아보아요.

내용을 덧붙일 때 주로 씁니다.

- 아침에 일어났어요. 그리고 이를 닦았어요.
- 나는 사과를 먹었어요. 그리고 우유도 마셨어요.

그러나, 하지만

앞 내용과 반대되는 내용을 말할 때 씁니다.

- 나는 달리기를 열심히 했어요. 그러나 1등은 못 했어요.
- 오늘은 비가 왔어요. 하지만 우산을 집에 두고 왔어요.

그래서

앞 내용의 결과를 말할 때 씁니다.

- 나는 많이 걸어서 발이 아팠어요. 그래서 집에 일찍 갔어요.
- 배가 고팠어요. 그래서 밥을 먹었어요.

그러면

원인이 된 앞 문장에 대해 조건이나 결과를 이어 갈 때 씁니다.

- 숙제를 다 했니? 그러면 놀아도 좋아.
- 문을 열까? 그러면 시원한 바람이 들어올 거야.

왜냐하면

앞 문장의 이유나 근거를 설명할 때 씁니다.

- 나는 오늘 기분이 좋아. 왜냐하면 할머니가 놀러 오셨거든.
- 엄마가 걱정했어요. 왜냐하면 내가 감기에 걸렸기 때문이에요.

또

여러 내용을 늘어놓거나 더할 때 씁니다.

- 강아지가 뛰어요. 또 고양이도 놀아요.
- 마트를 갔어요. 또 도서관에도 다녀왔어요

그러니까, 그렇지만, 그런데(근데)

앞뒤 상황을 견주거나 바꿀 때 자주 씁니다.

- 오늘 정말 더워요. 그러니까 시원한 음료를 마셔요.
- 나는 축구를 좋아해요. 그렇지만 농구도 좋아해요.
- 밖에 비가 와요. 그런데 나는 우산이 없어요.

날짜 년 월 일 요일

날씨 쓰러질 것같이 추운 날

제목 아빠랑 만난 날

나는 오늘 학교, 돌봄, 태권도 끝나고 집 앞에서 아빠를 만났다. 근데 사실은 집 앞에서 아빠를 만난 게 처음이다.

나는 태권도 차에서 먹던 과자 쓰레기를 아빠에게 주었다. 웃음이 터질 것 같았다.

집 앞에서 아빠를 만나 기분이 좋았다.

그래서 엄마한테 자랑했다.

기분이 우주만큼 더 좋아졌다.

날짜 2024년 11월 11일 월요일

날씨 노란 은행 나뭇잎이 흔들리던 날

제목 **엄마! 제발, 제발, 제발!**

나는 오늘 오후 돌봄시간 때 너무 슬펐다. 왜냐하면 오늘 돌봄에서 도서관에 가는 시간이 있는데 엄마가 내가 기침한다고 천안 아이본 병원에 가야 한다고 해서 데릴러 온다고 했기 때문이다. 근데 간식도 안 먹었는데 엄마가 데릴러 와서 내가 짜증도 내고 울었다.

심하지도 않은 기침 가지고 왜 천안 병원에 가지? 나는 이해가 잘 안 됐다. 하지만 가야 한다. 왜냐하면 감기가 심해지면 안 되니까 가야 한다. 그런데 한 가지 더 있다. 뭐냐면? 엄마가 용처럼 화를 내서인 것도 있다. 하지만 놀고 싶어 하는 내 마음을 알아주면 좋겠다. 근데 내가 우는 거 갖고 화내는 건 좀 아닌 것 같다. 제발 다음에는 안 데릴러 왔으면 좋겠다. "제발, 제발, 제발."

1학년 곽수호

나는 오늘 오후 돌봄시간 때 너무 슬펐다.

글의 처음을 어떻게 시작할까는 선생님에게도 어려운 문제입니다. 이것 때문에 끙끙 앓기도 하니까요. 그럴 때는 이렇게 자기 감정을 먼저 드러내도 좋겠습니다. 그 까닭도 꼭 함께 쓰면 더 좋겠지요? '나는'과 '오늘'이라는 말을 넣지 않아도 이렇게 쓸 수 있으니 한번 잘 생각해 보세요.

제발 다음에는 안 데릴러 왔으면 좋겠다. "제발, 제발, 제발."

글은 간절함과 답답함을 풀어내는 또 다른 표현 도구입니다. 수호는 이 글을 담임인 저에게 보여 주고 위로도 받고 응원도 받았습니다. 이렇게 글로 쓰고 나니 속이 시원했다고도 하더라고요. 글은 이렇게 간절함과 답답함을 풀어내는 데도 쓰인답니다.

수호는 학교 오는 게 좋고, 곤충을 만나는 게 엄청 기쁜 아이입니다. 꼬마인형처럼 작은 아이가 찰랑찰랑 단발머리를 흔들며 뛰어다니는 모습을 보면 옛날 애니메이션 주인공인 '미래 소년 코난'을 보는 것 같습니다. 수업 시간에는 제 눈치를 보며 해야 할 건 한다는 마음으로 버티지만, 교실 밖으로만 나가면 온 세상이 자기 것인 양 뛰어다닙니다. 그런데 어머니가 병원에 가야 한다고 데리러 오니 얼마나 속이 상했을까요. 자기가 생각하기에는 별로 아프지도 않은데 말이지요. 병원에 가고 싶지 않은 수호의 간절한 마음 때문에 이따금 수호의 어머니는 마지못해 돌아서는 일도 있습니다. 한번은 이런 수호의 모습을 본 우리 반 재윤이는 수호가 참 '대단했다'라고 일기에 쓰기도 했지요.

날짜 년 월 일 요일

날씨 아침엔 춥고 오후엔 더운 날

제목 엄마를 이긴 수호

나는 학교에서 댄스를 하러 갔다. 댄스를 다 하고 돌봄을 갔다. 수호랑 간식을 먹고 재윤이 선생님이 올 때까지 노는데 수호네 엄마가 왔다. 수호는 화가 났다. 엄마한테 안 간다고 계속 말하다가 수호 엄마가 갔다. 수호가 이겼다. 대단했다.

1학년 유재윤

날짜 2025년 5월 3일 토요일

날씨 비가 왔는데 점점 맑아졌다. 하늘이 웃다가 울었다.

제목 엄마 보디가드

오늘 할머니와 할아버지가 집에 오셨다. 그런데 저녁밥을 먹을 때, 모두 이야기를 하며 먹고 있는데 엄마가 후딱 먹고 할머니, 할아버지, 아빠가 웃고 얘기하고 계실 때 엄마만 일을 하고 계셨다. 막 싱크대에 갔다가 또 냉장고에 뭐 넣고 닦고 하신다. 근데 생각해 보니 식탁 위에 놓인 그릇과 접시들은 싱크대 속으로 들어가 엄마가 싱크대 앞에서 고무장갑을 낄 것 같다. 일 하는 엄마와 웃고 떠드는 아빠, 할머니, 할아버지가 너무 차이가 난다. 엄마가 조금 짠하다. 지금부터 종이에 유성 매직으로 '엄마 보디가드'라고 쓰고 엄마 옆에 있을 거다.

3학년 도윤우

엄마 보디가드

글을 쓸 때, 제일 힘든 일 중의 하나가 제목 정하기입니다. 특히 어린이들은 훌륭한 내용과 달리 제목을 대충 써 버리는 경우가 잦습니다. 이 글의 제목도 처음에는 '엄마'였습니다. 감동이 큰 내용에 비해 제목이 아쉬웠지요. 그래서 마음이 가장 잘 담긴 부분을 찾아 제목을 다시 붙여 보자고 했답니다. 어떤가요?

지금부터 종이에 유성 매직으로 '엄마 보디가드'라고 쓰고 엄마 옆에 있을 거다.

윤우에게 왜 이런 생각을 하게 됐냐고 물어 보았습니다. 그랬더니 일기 글감을 찾던 중 자기 눈앞에서 벌어지는 장면이 낯설게 느껴졌다네요. 이처럼 익숙했던 것이 낯설게 찾아오는 순간을 잘 붙잡아 글로 쓰면 좋습니다. 세상을 낯설게 보는 연습이 좋은 글을 쓰게 한답니다.

날짜 년 월 일 요일

날씨 비가 왔는데 점점 맑아졌다. 하늘이 웃다가 울었다.

제목 엄마 보디가드

오늘 할머니와 할아버지가 집에 오셨다. 그런데 저녁밥을 먹을 때, 모두 이야기를 하며 먹고 있는데 엄마가 후딱 먹고 일어났다. 일하는 엄마와 웃고 떠드는 아빠, 할머니, 할아버지가 너무 차이가 난다. 엄마가 조금 짠하다.

지금부터 종이에 유성 매직으로 '엄마 보디가드'라고 쓰고 엄마 옆

오해는 풀어야겠습니다. 글을 쓴 윤우의 가정은 서로 존중하고 돕는 풍경이 더 많습니다. 그럼에도 가끔 이런 모습을 볼 때면 의문을 품었던 모양입니다. 다음은 윤우가 아빠를 어떻게 생각하는지 잘 보여 주는 다른 일기의 한 부분입니다.

바나나를 먹으면 바나나가 왜 바나나인지 궁금하다.
나는 아빠한테 물어봤다.
"먹으면 반하나?"
"푸하하! 어떻게 바나나에게 반해?"
아빠는 개그맨이다.
"아빠는 어떻게 나를 잘 웃겨?"
"윤우를 잘 알기 때문이지."
나도 커서 아빠 같은 어른이 될 거다.

날짜 2025년 5월 25일

날씨 구름이 하늘에 드문드문 있었다.

제목 우리 집 두 소의 비밀

우리 집에는 소 두 마리가 있다. 엄마랑 내가 소 두 마리가 살이 좀 찌면 잡아먹으려고 했는데 살이 찌기는커녕 살이 빠질 것 같다. 소 두 마리가 병에 걸렸기 때문이다. 한 마리는 몸살이 걸렸고 한 마리는 장염이 걸렸다. 그래서 밥도 못 먹고 힘도 빠져 누워 있다. 참 불쌍하다. 엄마가 죽도 만들어 먹이고 감기약도 먹이고 해서 조금 낫긴 했지만, 아직 많이 안 나았다. 사실 소 두 마리는 음매음매 진짜 소가 아니고 오빠와 아빠다. 장염이 걸린 소는 오빠고 몸살이 걸린 소는 아빠다. 오빠 소와 아빠 소가 빨리 나아서 같이 맛있는 것도 먹고 놀아 줬으면 좋겠다.

3학년 한시은

구름이 하늘에 드문드문 있었다.

흔히 일기 전용 공책에는 날씨가 그림으로 표기돼 해당하는 곳에 동그라미를 치게 하거나 '맑음, 흐림, 비 옴'으로 간단히 쓰게 합니다. 그러나 같은 더위도 느끼는 사람마다 다르듯이 똑같이 보고도 다른 느낌으로 날씨를 쓰거나 누구도 생각하지 못한 지점을 찾아 쓰기도 합니다.

우리 집 두 소의 비밀

원래 제목은 '소들만 걸리는 병'이었습니다. 시은이의 일기는 반전이 기막혀 너무너무 재밌게 읽히는데, 그래서 제목이 더 아쉬웠습니다. 제목과 내용이 조금은 어울리지 않았기 때문이었습니다. 어른도 힘들어 하는 게 제목 붙이기입니다. 이 제목은 시은이와 제가 찾아낸 겁니다.

시은이는 시골에서 삽니다. 원래는 도시에서 살았는데 부모님이 좀 더 좋은 환경에서 자라기를 바라는 마음으로 이사를 하셨대요. 시은이의 오빠는 시은이보다 열 살이 많습니다. 도시에 있는 학교에 다니는 오빠는 이따금 집으로 온답니다. 그래서 시은이는 늘 오빠를 그리워합니다. 다정하고 마음이 따듯한 어머니와 시은이는 아빠와 오빠를 우리 집에 사는 소라고 부르곤 했답니다. 그랬던 오빠와 아빠가 아프자 소에 빗대어 너무도 멋지고 재밌는 글을 써 냈습니다.

날짜 년 월 일 요일

날씨 구름이 하늘에 드문드문 있었다.

제목 우리 집 두 소의 비밀

우리 집에는 소 두 마리가 있다. 엄마랑 내가 소 두 마리가 살이 좀 찌면 잡아먹으려고 했는데 살이 찌기는커녕 살이 빠질 것 같다. 소 두 마리가 병에 걸렸기 때문이다.

한 마리는 몸살이 걸렸고 한 마리는 장염이 걸렸다. 그래서 밥도 못 먹고 힘도 빠져 누워 있다. 참 불쌍하다.

엄마가 죽도 만들어 먹이고 감기
약도 먹이고 해서 조금 낫긴 했지
만 아직 많이 아프다.

사실 소 두 마리는 음매음매 진짜
소가 아니고 오빠와 아빠다. 장염이
걸린 소는 오빠고 몸살이 걸린 소는
아빠다. 오빠 소와 아빠 소가 빨리
나아서 같이 맛있는 것도 먹고 놀아
줬으면 좋겠다.

2

#나 #학교 #친구 #이웃

나한테
딱 걸렸다

날짜 2008년 11월 23일 일요일

날씨 하루 종일 맑음.

제목 할아버지의 방귀

어제 저녁밥을 먹고 있는데 할아버지가 방귀를 "펑!" 하고 뀌셨다. 할머니가

"까스통 터지겠다."

하셨다. 조금 있다 또 연속으로 "퍼버버벙!" 뀌셨다. 나는 그때

"방귀 좀 그만 뀌라!"

했다. 하지만 또 "펑!" 조금 있다 또 "펑!" 우리 집이 날아갈 것 같다. 할머니는

"방귀 많이 뀌는 대회에 나가도 되겠네."

하셨다. 난

"하지만 냄새는 안 나서 다행이다."

했다. 어쨌든 할아버지 방귀 소리는 웃겼다.

2학년 김민규

일기에서 가장 중요한 건 솔직함입니다. 하지만 이렇게 누군가에게 보여야 하는 일기에 솔직함을 담기란 쉽지 않습니다. 2학년 김민규는 부끄러움을 무릅쓰고 솔직한 일기를 써 주었습니다. 이 일기를 다음 날 민규의 허락을 받고 들려주었을 때 다들 입, 코를 막고 얼마나 웃었는지 모릅니다. 모두 엄청 재미있어 하면서 말입니다. 민규도 그때만큼은 부끄러워하기보다 잘 쓴 일기를 들려주는 것이 좋아 기뻐하는 모습이었습니다. 아래 글을 쓴 준우도 부끄러움 없이 오줌 눈 이야기를 일기에 담았습니다. 여러분도 감추고 싶은 걸 부끄러워하지 말고 당당히 글로 써 보세요.

날짜 : 2024년 11월 25일 월요일
날씨 : 춥기도 하고 따뜻하기도 한 날
제목 : 새 신발

나는 학교 갔다 와서 자전거를 탔다. 그런데 할머니한테 화장이 돼 있어서 할머니한테 물었다.

"할머니 왜 화장이 돼 있어?"

그래서 할머니가 말했다.

"할머니 준우 신발 사 오려고."

나는 깜짝 놀라서 신이 났다. 나는 자전거를 타고 한 바퀴를 돌았다. 근데 갑자기 오줌이 마려웠다. 그래서 나는 오줌을 쌌다. 나는 내일을 기다렸다.

(1학년 문준우)

날짜 년 월 일 요일

날씨 춥기도 하고 따뜻하기도 한 날

제목 새 신발

나는 학교 갔다 와서 자전거를 탔다. 그런데 할머니 얼굴에 화장이 돼 있어서 물었다.

"할머니 왜 화장이 돼 있어?"

할머니가 말했다.

"할머니 준우 신발 사 오려고."

나는 갑짝 놀라고 신이 났다. 나는 자전거를 타고 한 바퀴를 돌았다. 근데 갑자기 오줌이 마려웠다.

그래서 오줌을 쌌다.

나는 내일을 기다렸다.

날짜 2008년 3월 27일

날씨 아침에 조금 추웠다.

제목 수영

4시 15분에 차 타고 수영장에 와서 샤워하고 체조하고 수영을 했다. 그런데 선생님은 팔을 빨리 돌려라 한다. 하지만 나는 팔을 빨리 돌리면 자꾸 가라앉는다.

2학년 이유진

유진이는 몸이 살짝 통통한 아이입니다. 이 일기를 써 놓고 제가 정말 잘 썼다고 칭찬하니 해맑게 웃던 모습이 생각납니다. 일기를 함께 나누며 유진이에게 어땠는지도 물었습니다. 난감해하면서도 자꾸만 가라앉아 얼마나 당황했는가를 몸으로 잘 표현해 주더군요. 다른 친구들도 같이 웃으면서 잠시 즐거운 시간을 보냈습니다.

일기를 써 오라고 할 때 많은 친구들이 묻는 게 있어요. 얼마나 길게 써야 하느냐고 말이지요. 짧더라도 솔직하고 자세하게 써 주면 그것으로 충분합니다. 길게 많이 쓰려고 애쓰지 마세요. 그날 있었던 걸 다 쓰지도 마세요. 하나만 자세히 써 보세요. 다율이처럼 말이지요.

하지만 나는 팔을 빨리 돌리면 자꾸 가라앉는다.

이 한 문장 덕분에 이 일기는 정말 좋은 글이 됐습니다. 저만 그렇게 생각하는 게 아닙니다. 이 글을 읽는 아이마다 킥킥 웃습니다. 특히 수영을 해 본 아이들은 다들 공감해요. 수영이 팔만 빨리 돌린다고 되는 게 아니라는 걸 잘 알기 때문이죠. 자기도 팔만 빨리 돌리다 가라앉았던 기억을 떠올리면서 박수를 치며 웃는 아이도 있었습니다.

날짜 : 2024년 12월 23일 월요일
날씨 : 쪼금 추운 날
제목 : 까분 날

나는 오늘 엄청 까불었다. 나는 어떻게 까불었냐면 선생님 말 따라 하고 그림 그리면서 이상한 말하고 노래 부를 때 웃긴 춤하고 더러운 양말 냄새 맡고 그렇게 까불었다. 그리고 점심을 먹고 와서도 까불었다. 선생님은 나한테 천벌을 내렸다. 천벌은 뽀뽀 백번이다. (1학년 천다율)

날짜 년 월 일 요일

날씨 쪼금 추운 날

제목 수영

4시 15분에 차 타고 수영장에 와서 샤워하고 체조하고 수영을 했다. 그런데 선생님은 팔을 빨리 돌리라고 한다. 하지만 나는 팔을 빨리 돌리면 자꾸 가라앉는다.

날짜 2024년 12월 4일 수요일

날씨 내 마음처럼 따뜻한 날

제목 **6층 할아버지를 만나면 두근두근**

나는 아파트에 산다. 내가 태어나기 전에 엄마, 아빠, 누나가 살고 있었다. 내가 태어나고 크면서 작았을 때에는 거북이처럼 천천히 걸어다니고 지금은 공룡처럼 엄청 커서 집을 쿵쿵쿵 뛰어다닌다. 엘리베이터에서 6층 할아버지가 타시면 뒤에 숨었다.

"안녕하세요. 할아버지~ 하준이가 뛰어서 시끄럽죠."

누나가 착한 척하면서 잘난 척한다. 그럼 할아버지는

"괜찮아, 괜찮아. 뛰어도 돼. 애들은 뛰면서 크는 거야."

라고 친절하게 말하신다. 그러면 나는

"할아버지, 이제부터 걸어다니고 뛰어다니지 않을게요."

말한다. 하지만 학교를 다녀와서 나는 또 집에서 뛰고 장난치고 호날두 흉내를 낸다. 학교 갈 때 6층에서 멈추면 할아버지가 탈까 봐 긴장하고 마음이 두근두근두근두근두근거린다. '할아버지 건강하세요.'

1학년 송하준

6층 할아버지를 만나면 두근두근

간혹 제목을 이렇게 길게 쓰는 경우가 있습니다. 하준이와 함께 '6층 할아버지를 만나면'이 중요한지 '두근두근'이 중요한지, 제목을 고친다면 어떻게 할지 생각해 보았습니다. 하준이는 둘 다 꼭 필요하고 중요하다고 했고요. 제목은 매우 중요해요. 글을 쓰기 전에 정하고 쓸 수 있어요. 쓰고 난 뒤에 다 쓴 글을 보고 결정해도 좋아요. 가장 중요한 건, 내가 쓴 글에 어울리는 제목이 무언지를 찾아내는 거예요. 결정하기 힘들 때 가끔은 부모님이나 선생님에게 여쭈어 보세요.

내가 태어나고 크면서 작았을 때에는 거북이처럼 천천히 걸어다니고 지금은 공룡처럼 엄청 커서 집을 쿵쿵쿵 뛰어다닌다.

하준이는 '거북이처럼' 걷다가 '공룡처럼' '쿵쿵쿵 뛰어다닌다고 썼습니다. 이렇게 빗대는 말과 흉내 내는 말을 넣어서 쓰니 더 실감이 납니다.

층간소음 문제가 일기 속에 곧잘 등장합니다. 그런데 이렇게 자세히 아래층에 사는 분과 이해하는 마음을 나누는 이야기는 없었습니다. 누나가 먼저 미안함을 담아 양해를 구하고 할아버지가 너그럽게 이해해 주시는 과정이 참 아름답습니다. 그런 누나를 얄밉게 바라보는 동생 하준이의 모습도 귀엽고요. 그래도 모든 걸 잊고 뛰어다니면서도 걱정을 하는 하준이의 모습이 사랑스럽습니다.

흉내 내는 말과 빗대는(견주는) 말

글을 쓸 때 흉내 내는 말과 빗대는 말을 쓰면 실감나게 전달할 수 있어요.

하준이도 '내가 작았을 때는 걸어다녔는데, 지금은 뛰어다닌다'고 쓸 수 있었겠지요. 그런데 '천천히'라는 말과 '쿵쿵쿵'이라는 말을 갖다 놓아 재미있게 써 주었어요. 이왕이면 '천천히' 대신 '살금살금' 혹은 '살살'이라고 했으면 뒤에 '쿵쿵쿵'과 이어져 더욱 멋진 문장이 됐을 거예요. 여기서 '살금살금'과 '쿵쿵쿵'은 모양과 소리를 흉내 낸 말입니다.

또 빗대는 말로 '거북이처럼', '공룡처럼'이라고도 썼어요. 그래서 살금살금 걸어다니는 것과 쿵쿵 뛰어다니는 모습을 읽는 사람이 상상할 수 있게 해 주었지요.

이렇게 글을 쓰면 좀 더 재미있게 읽을 수 있어요.

여러분도 하늘에 떠 있는 둥근 달을 '쟁반처럼 둥근 달'이라고 표현할 수 있고 '감자전처럼 둥근 달'이라고도 할 수 있겠지요. 초승달을 '손톱만 한 달'이라고 표현하면 더 실감이 나고 글을 쓰면서도 재미가 있을 거예요.

1. 논리적 사고의 개념

간단한 정보에서부터 전문적인 지식에 이르기까지 원하는 자료를 쉽게 얻을 수 있는 정보화 사회에 진입하게 되면서 '많이 아는 것'보다 필요한 정보를 선별하고, 알고 있는 것을 활용하여 '합리적인 사고와 판단'을 내릴 수 있는 논리적 사고 능력이 요구되고 있다. 본 장에서는 현대 사회에서 논리적 사고가 더욱 강조되는 이유를 구체적으로 알아보고 논리적 사고에 대한 사전적, 학술적 정의들을 탐색해 봄으로써 논리적 사고의 개념을 정리해 보고자 한다.

1) 논리적 사고의 필요성

우리는 하루 중에도 수많은 생각들을 하고, 그 생각에 따라 행동을 하거나 결정을 내린다. 점심 식사로 무엇을 먹을지 고민하는 모습을 상상해 보자.

A. "오늘은 왠지 따끈한 국물 요리가 먹고 싶지 않니?"
B. "문득 칼국수가 생각나네."
C. "아침부터 밥을 잔뜩 먹었더니 속이 더부룩하네. 좀 가벼운 메뉴를 먹고 싶어."
D. "저녁에도 가족들이랑 국수를 먹기로 했으니까, 점심은 다른 메뉴를 먹으면 좋겠는데?"

A와 B는 특별한 이유 없이 '왠지', '문득'이라며 감정에 충실해서 메뉴를 정했고, C와 D는 점심 메뉴에 대한 생각을 근거를 대며 말하고 있다. 이렇듯 우리는 때로는 감정적으로, 때로는 이성적으로 생각하고, 이 둘의 적절한 작용과 조화는 삶을 풍요롭게 한다.

그러나 점심 메뉴를 정하는 등의 가벼운 상황이나 감정에 호소해야 하는 상황들이 아니라, 더 신중하게 해결해야 할 크고 작은 문제들도 있다. 그리고 그 문제들을 해결하고 적절한 판단을 내리기 위해서는 논리적 사고가 반드시 필요하다. 특히, 현대 사회에서는 정보의 복잡화, 구성원의 다양화, 의사결정의 가속화로 논리적인 사고 능력을 기르는 일이 더욱 중요하다.

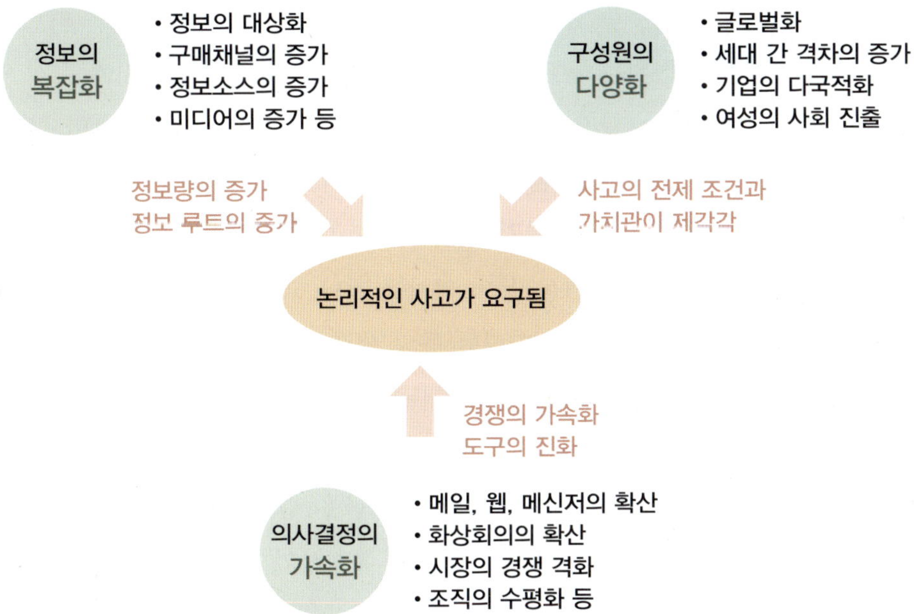

그림 1-1 | 논리적 사고가 강조되는 이유

출처: HR 인스티튜트 저, 현창혁 역(2014), 「로지컬 씽킹의 기술」, 비지니스북스. 재구성.

예를 들어, 전염병의 갑작스러운 확산으로 방과 후 과정 유아들의 등원 여부를 결정해야 하는 상황에서 ① 결정에 필요한 정보를 효율적으로 수집하고(정부 지침은 무엇인지, 타 학교급에서는 어떻게 등교 여부를 결정하고 있는지, 과거에는 유사한 상황에서 어떻게 대처했었는지 등), ② 유아들의 안전과 맞벌이 부모의 걱정 등을 고려하여 빠르게 의사결정을 내리고, ③ 부모님을 이해시키고 설득하기 위한 근거를 전달하여 결정에 따르도록 안내하는 모든 과정은 현대 사회에서 논리적 사고 능력이 강조되는 이유를 보여준다. '그렇게 생각한 이유', '그렇게 말한 이유', '그렇게 글로 쓴 이유'가 분명할 때 더 올바른 결정을 내리고, 행동의 방향을 빠르게 정하며, 다른 사람을 설득하기에 용이한 것이다.

2) 논리적 사고의 정의

논리(論理)의 사전적 정의는 '말이나 글에서 사고나 추리 따위를 이치에 맞게 이끌어 가는 과정이나 원리'이다. 한자로 '논(論)'은 말씀 '언(言)'과 생각할 '륜(侖)'이 합쳐진 글자로 '논하다', '따지다', '문제를 삼다'라는 뜻이 담겨있고, '리(理)'는 '깨닫다', '까닭'의 의미로, 두 단어를 합치면 '말의 법칙과 원리를 따지는 것'을 말한다. 또 논리(logic)의 어원은 '설명', '이유', '근거', '연설' 등의 의미를 지닌 고대 그리스어 'λόγος(logos)'에서 유래했다. 즉 논리는 이유를 묻고 따지는 등의 생각에서 끝나는 것이 아니라, 그러한 생각을 말이나 글로 나타나는 과정이 수반되는 것이다.

이러한 이유로 우리는 논리적인 사람을 '이치에 맞게 말한다', '합리적이다', '설득력 있다' 등으로 표현하고, 반대로 비논리적인 사람을 '감정적이다', '말이 통하지 않는다', '앞뒤가 맞지 않는다', '말문이 막힌다'라고 표현하기도 한다. 표 1–1을 보면 논리적인 사람과 비논리적인 사람의 차이점을 알 수 있다.

표 1–1 | 논리적인 사람과 비논리적인 사람

논리적인 사람	비논리적인 사람
개인적인 감정을 억제하고 많은 사람들이 동의할 합리적인 이유를 찾으려고 노력한다.	자신의 감정에 따라서 충동적으로 생각하고 행동하는 경향이 있다.
자신이 가지고 있는 첫인상과 그동안 가지고 있던 생각이 선입견과 편견이 아닌지 의심해 본다.	자신의 첫인상과 생각을 의심해 보려고 하지 않고 그것에 따라 판단한다.

논리적인 사람	비논리적인 사람
자신의 생각이 언제나 틀릴 수 있다는 것을 인정하고, 그것이 그럴듯한 이유로서 가치가 있는지 묻는 것을 게을리하지 않는다.	자신의 생각이 틀릴 수도 있다는 것을 인정하지 않으며, 그것들이 적합한 이유가 될 수 있는지 따져보지 않는다.
다른 사람의 생각이 자신의 생각과 다르다고 해도 주의 깊게 들으며, 그것과 비교해서 자신의 생각이 잘못임이 드러나면 그 생각을 바꾼다.	자신의 생각과 다른 어떤 이의 의견에도 귀 기울이지 않고, 다른 사람의 생각과 자신의 생각을 비교 · 검토하려고 하지 않는다.
복잡하고 이해하기 힘든 주장도 명확하게 이해하려고 노력하며, 그 주장이 어떤 근거에서 주장할 만한 것인지 따져본다.	복잡하고 이해하기 어려운 말을 이해하려고 노력하지도 않으며, 쉽게 믿거나 거부한다.

출처: 최훈(2019). 「논리는 나의 힘」. 우리학교.

그렇다면 '논리적 사고'는 어떻게 정의 내릴 수 있을까? 학자들은 논리적 사고의 개념을 표 1-2와 같이 다양하게 정의하고 있다.

표 1-2 | 학자들에 따른 논리적 사고의 정의

학자	논리적 사고의 정의
Wright(1984) 소홍렬(2000)	이유 혹은 근거가 분명하고 비약이 없으며, 사건(event)들 간의 관계를 타당성(validity)에 준거를 두고 검토하는 것
Fisher(1987) 방명숙 외(1995)	어떤 주장, 신념, 정보의 출처에 대한 정확성, 타당성, 가치를 판단하기 위해 정밀하고 객관적이고 지속적으로 분석하는 것
한국교육과정평가원 (2002)	어떤 견해를 받아들일지 또는 어떤 행위를 할지 결정하기 위해서 주어진 언어적 · 비언어적 자료의 논리적 구조와 의미에 대한 파악을 토대로 개념, 증거, 준거, 방법, 맥락 등을 고려하여 최선의 판단을 내리는 것

위의 내용들을 살펴보면 논리적 사고가 충족되기 위해서는 주장과 근거 사이의 유기적인 관계를 통한 합리적인 판단이 핵심이라고 할 수 있다. 어떠한 견해를 펼치려면

주장과 그 주장을 뒷받침하는 근거(이유)가 일치하고 있는가를 살펴야 하고, 그것으로부터 도출되는 결론이 일관성을 가지고 있느냐를 판단해야 하는 것이다.

이에 따라 본 책에서는 논리적 사고를 '**사고의 전개 과정에서 전후 주장과 근거 사이의 관계가 올바로 되어 있는가를 합리적으로 판단하며 성찰하는 것**'이라고 정의하고자 한다.

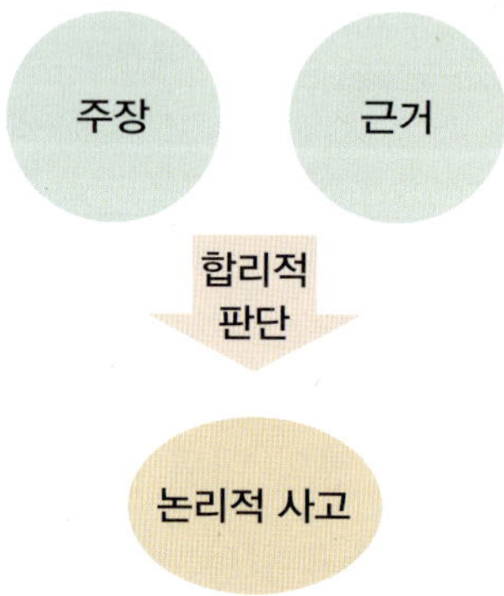

그림 1-2 | 논리적 사고의 정의

논리적 사고는 이성을 가지고 행동하는 인간이라면 누구나 기본적으로 수행하고 있으며 생활 속에서 밀접하게 작용하고 있다. 예를 들어, 달무리가 지면 다음날 비가 올 것이라고 예상하는 것은 경험적 근거를 통해 합리적으로 판단한 결과이다. 서울시 정책에 대하여 상반된 주장을 가진 서울 시장 후보들의 토론을 지켜본 유권자들이 투표를 하는 것도 논리적 사고 과정의 예이다. 이렇듯 논리적 사고는 건전한 판단을 가능하게 하며 우리 생활을 향상시킬 수 있는 힘을 기르는 과정이라고 할 수 있다.

2. 논리적 사고의 구성

논리적 사고는 지식이라기보다는 기술 혹은 태도에 가깝기에 연습을 통해 길러질 수 있다. 논리적 사고를 구성하고 있는 하위 개념들을 구체적으로 알아보면 논리적인 사람의 특징을 이해할 수 있을 뿐만 아니라, 부족한 부분을 훈련하여 논리적 사고를 증진시키는 데에 도움이 된다. 논리적 사고를 주장과 근거 사이에서 합리적 판단을 할 수 있는 '논리적 사고 능력'과 개방적인 마음과 객관성을 유지하려는 '논리적 성향'으로 구분하여 살펴보면 **그림 1-3**과 같다.

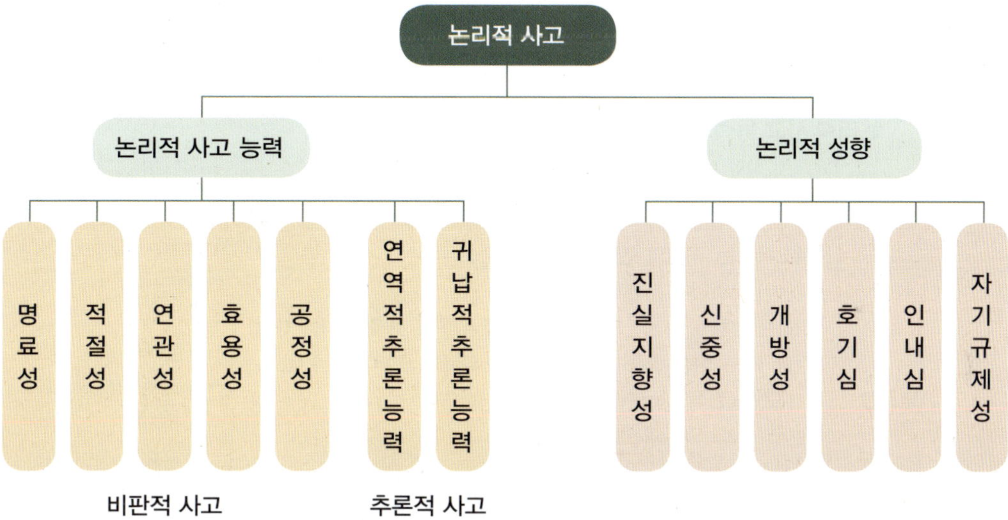

그림 1-3 | 논리적 사고의 구성

1) 논리적 사고 능력

논리적 사고 능력은 크게 비판적 사고와 추론적 사고로 구분할 수 있다. 비판적 사고는 주장에 대한 근거가 합리적인지를 살펴보는 것으로, 사고의 모든 과정에서 증거를 제대로 사용하였는지, 개념을 올바르게 사용하였는지, 방법을 제대로 적용하였는지, 여러 가지 관련 준거를 제대로 적용하였는지, 맥락을 잘 고려하였는지 등의 측면을 고려하는 것이다. 추론적 사고는 어떤 전제로부터 모순 없이 법칙에 맞게 결론을 이끌어 낼 수 있는 능력을 말한다. 연역적 추론은 전제들 속에 암묵적으로 들어가 있는 내용을 결론에서 명시적으로 밝혀준다는 점에서, 귀납적 추론은 전제들 속에 포함되어 있지 않은 새로운 지식을 결론으로 확보하여 지식을 확장시켜 준다는 점에서 차이가 있다.

비판적 사고(명료성, 적절성, 연관성, 효용성, 공정성)와 추론적 사고(연역적 추론, 귀납적 추론)의 개념과 각각의 예('실수로 친구의 인형 옷을 찢었을 때, 사실대로 잘못을 털어 놓을 것인가, 숨길 것인가'에 대해 유아들이 토론하는 상황), 관련된 논리적 사고 요소를 살펴보면 표 1–3과 같다.

표 1–3 | 논리적 사고 능력의 구성

구분		개념	예	논리적 사고 요소
비판적 사고	명료성	사고하려는 주제와 진술의 내용이 무엇인지 분명히 자각하는 능력 감정, 기분, 심상, 소원을 나타내는 표현적(expressive) 언어와 옳고 그름과 관계된 인지적(cognitive) 언어를 분별하고 명료하게 사용할 수 있어야 함	"나는 잘못을 숨기는 것은 조금 나쁜 것 같아." → '조금 ~한 것 같다'라는 표현은 명료한 표현이 될 수 없다.	• 문제와 개념 명료화하기(문제 파악하기) • 문제의 원인 인식하기 • 문제 해결을 위한 정보 수집하기 • 어떠한 사실이나 상황의 옳고 그름과 좋고 나쁨을 가려내기
	적절성	적절한 근거를 갖추고 주장에 대한 올바른 평가를 내릴 수 있는 능력 증거의 사용에 있어서 관련성, 신뢰성, 충분성, 반증 가능성을 검토하여 증거를 제시해야 함	"친구에게 솔직히 말하지 않으면, 친구가 더 화를 낼 수 있어. 그냥 그럴 것 같아." → '그냥 그럴 것 같아.'라는 말은 주장에 대한 근거가 될 수 없다.	

<table>
<tr><th colspan="2">구분</th><th>개념</th><th>예</th><th>논리적 사고 요소</th></tr>
<tr><td rowspan="3">비판적 사고</td><td>연관성</td><td>낱낱의 관념들을 서로 맞물리면서 조화를 이루게 하고 연결하는 능력
적절한 논증을 찾아 의미를 이해하고 구조와 기본 원리를 파악하는 것이 중요함</td><td>"나는 예전에 동생한테 껌을 주기 싫었는데 그냥 동생이니까 다 준 적이 있어. 그래서 마음이 너무 속상했어."
→ 진행되고 있는 주제와 연관성이 없는 경험을 이야기하고 있다.</td><td rowspan="5">• 순서화하기
• 다양한 해결 방법을 비교 · 분류 · 대조하기
• 개념이나 사물을 그 속성이나 요소로 분석하기
• 요점과 요지 및 의도 파악하기
• 논리적 근거 찾기
• 오류 찾기
• 결과 예측하기
• 최선의 해결 방안 선정하기
• 결정된 입장 시각화하기
• 분명하고 설득력 있게 표현하기
• 적용하고 평가하기
• 나열되어 있는 개념을 하나의 의미로 종합하기
• 논리를 근거로 추론하기
• 원인과 결과 관계 분석하기</td></tr>
<tr><td>효용성</td><td>정보나 견해가 현실적인 기준에 비추어 보았을 때 얼마나 유용한가를 평가하는 능력</td><td>"친구 몰래, 집에 가져가 엄마한테 인형 옷을 꿰매 달라고 하면 돼."
→ 현실적으로 유용하지 않은 방법을 말하고 있다.</td></tr>
<tr><td>공정성</td><td>내용의 일반화가 가능한가를 판단하는 능력
어떤 사고나 표현이 다른 사람이 수용할 수 있는 내용인가를 판단할 수 있어야 함</td><td>"인형 옷을 찢었다고 친구한테 말하면 친구가 화를 낼 테니까, 말하지 말고 그 대신 친구한테 예쁜 인형도 사주고 목걸이도 사주면서 잘해주면 돼."
→ 사실을 숨기려는 생각은 공정하지 못하기 때문에 모든 사람이 수용할 수 없다.</td></tr>
<tr><td rowspan="2">추론적 사고</td><td>연역적 추론 능력</td><td>널리 알려진 일반적인 사실이나 원리로부터 그 안에 소속되는 특수한 사실을 밝혀내는 능력
삼단논법이 대표적임</td><td>'우리 반 친구들은 모두 바느질을 못한다.', 민수는 우리 반 친구이다.', '그러므로 민수는 바느질을 못한다.'
→ '우리 반 친구들은 모두 바느질을 못한다.'라는 일반적인 사실로부터 특수한 사실을 밝혀내고 있다.</td></tr>
<tr><td>귀납적 추론 능력</td><td>관찰과 실험에서 얻은 특수한 사실로부터 보편적 진리를 추론해 낼 수 있는 능력</td><td>'부모님께 거짓말을 했다가 들통이 난 적이 있다.', '내 친구도 선생님께 거짓말을 했다가 들켰다.', '내 동생도 나한테 거짓말을 했다가 혼이 났다.' '따라서 대부분의 거짓말은 사실대로 밝혀지고 만다.'
→ 거짓말에 대한 여러 사람의 경험에서 보편적 진리를 추론해내고 있다.</td></tr>
</table>

2) 논리적 성향

논리적 사고 능력 못지않게 중요한 것이 정의적 특성인 논리적 성향이다. 정보화 시대를 살아가는 현대인들은 감각적인 멀티미디어에 길들여져 느낌으로 정보를 수용하는 반면, 어떠한 주장에 대하여 깊이 따지고 생각하고자 하는 경향성이 낮다고 할 수 있다. 이는 생각할 수 있는 능력이 없는 것이 아니라, 생각하고자 하는 마음이 점점 없어지고 있다고 해석될 수도 있다. 논리적 사고 능력이 있어도 논리적 성향에 문제가 있어서 그 능력을 제대로 발달시키거나 활용하지 못하게 되는 경우도 발생할 수 있기에 논리적 성향은 논리적 사고의 중요한 구성요인이라고 볼 수 있다.

논리적 성향(진실지향성, 신중성, 개방성, 호기심, 인내심, 자기규제성)의 개념과 각각의 세부 특성, 관련된 논리적 사고 요소를 살펴보면 표 1-4와 같다.

표 1-4 | 논리적 성향의 구성

구분	개념	세부 특성	논리적 사고 요소
진실 지향성	발견한 내용이 자신의 이익이나 선입견에 반하더라도 사고를 정직하고 객관적으로 수행하는 성향	– 정직하게 생각해 보았을 때 변경하는 것이 옳다고 생각될 경우 기꺼이 자기의 견해를 제고하고 수정하려는 의향 – 논쟁에서 이기려고 하기보다는 진실을 추구 – 오랜 신념을 버리는 두려움을 기꺼이 극복하고자 함	• 다양한 문제에 관심과 호기심 갖기 • 판단 유보하기 • 개선안 제시하기
신중성	성급하게 판단하거나 결정하지 않고, 판단에 앞서 신중하게 생각하는 성향	– 잘 알고자 함 – 판단을 내리는 데 있어서 신중하고 사려 깊음	
개방성	자기 자신이 편견을 가지고 있을 가능성을 민감하게 고려하면서 다양한 견해에 대해 알고자 하는 성향	– 다른 사람의 의견을 이해함 – 타인의 비판에 대한 열린 마음 – 소수의 의견 고려 – 대다수의 문제의 정답이 하나가 아닐 가능성을 인정	

구분	개념	세부 특성	논리적 사고 요소
호기심	다양한 문제에 대해 관심과 호기심을 가지는 성향	– 넓은 범위의 이슈들에 관해 끊임없이 호기심을 가짐 – 다양한 문제에 대한 관심	• 반대되는 주장이 있을 가능성 따져보기 • 정직하고 객관적으로 생각하기 • 끝까지 포기하지 않고 문제를 해결하기
인내심	끝까지 포기하지 않고 생각하는 성향	– 문제가 해결될 때까지 생각함 – 적절한 정보를 찾을 때까지 부지런히 노력함	
자기 규제성	쟁점의 핵심에서 벗어나지 않기 위해 자기 자신의 사고 과정을 점검하고 관리하는 성향	– 다양한 관점을 고려했는지 점검 – 당면한 관심의 대상에 주의를 집중할 것을 고려 – 타인에 대한 영향까지 고려	

3. 유아교사와 논리적 사고

유아의 논리적 사고 발달은 교사의 논리적 사고 및 교육 역량과 직결된다. 본 장에서는 논리적인 교사의 모습을 탐색하기 위하여 먼저 논리적인 교사와 비논리적인 교사의 특징을 비교해 보고, 교실에서 자주 발견되는 논리적 오류를 알아보고자 한다. 또 논리적으로 교실의 문제를 해결하기 위한 방법들을 구체적으로 살펴보겠다.

1) 논리적인 교사와 비논리적인 교사

논리적인 교사는 감정을 통제할 수 있으며, 자신과 다른 생각을 가진 유아의 의견을 수용하되 이치를 따지는 노력을 게을리하지 않는다. 반면 비논리적인 교사는 감정에 따라 충동적으로 행동하거나 자신의 생각에 의문을 품지 않고, 유아가 기존에 가지고 있던 생각을 바꾸려는 의지가 강하다. 다음의 예를 보며, 논리적 교사와 비논리적 교사를 비교해 보자.

<교사 A>

동료 교사 : 선생님! 문 앞에 모빌이 너무 예뻐요. 그런데 왜 문 앞에 달았어요?

교　사 A : 그냥요....

<교사 B>

동료 교사 : 선생님! 문 앞에 모빌이 너무 예뻐요. 그런데 왜 문 앞에 달았어요?

교　사 B : 그 모빌이 아이들이 만든 작품이에요. 네모난 문과 잘 어울리는 모양이죠? 문 앞에 걸어두면 내일 아이들이 와서 가장 먼저 볼 수 있잖아요. 자기가 만든 모빌이 걸려있는 것을 보면 놀라고 좋아할 것 같아요.

똑같은 상황과 질문에 대해 A교사는 자신의 행동에 대한 이유를 '그냥'이라는 말로 대신한다. 반면 B교사는 뚜렷한 목적과 이유를 가지고 모빌을 게시했음을 이야기하고 있다. 간단한 상황이지만 A교사의 반응에서는 더 이상 확장될 무엇인가가 없다. 반면 B교사의 경우 자신의 행동에 대한 근거를 가지고 있기에, 이를 바탕으로 유아들과 더 다양한 대화가 오고갈 수 있을 것이다.

<교사 A>

유　아 : 선생님! 문에 이거 뭐예요?

교 사 A : 너희들이 만든 모빌이잖아.

유　아 : 왜 붙였어요?

교 사 A : 너희들이 만든 거니까!

<교사 B>

유 아 : 선생님! 문에 이거 뭐예요?

교 사 A : 어제 너희들이 만든 모빌.

유 아 : 왜 붙였어요?

교 사 A : 응. 우리가 만든 모빌을 보니까 네모난 문과 잘 어울리는 모양인 것 같았어.

유 아 : 제가 만든 것은 이 부분이에요. 네모난 문에 잘 어울리는 다른 모양도 생각났어요. 오늘 조형 영역에서 더 만들어 볼래요.

교 사 A : 네 덕분에 또 새로운 모빌로 장식할 수 있겠구나.

그런데 교사의 논리적 사고는 유아를 가르칠 때에만 필요로 하는 것은 아니다. 일일 교육계획안, 가정통신문 등 각종 문서를 작성할 때에나 부모 상담을 할 때와 같이 수업 외의 제반 업무를 수행할 때에도 논리적 사고가 요구된다. 다음의 예를 살펴보며, A교사와 B교사의 차이점에 대해 생각해 보자.

<교사 A>

부 모 : 선생님! 우리 아이가 어떤가요?

교사 A : 잘 지내고 있습니다.

부 모 : 우리 아이가 사회성 발달이 좀 늦은 것이 아닌가요?

교사 A : 그렇지 않습니다. 잘 노는 걸요.

부 모 : 잘 어울려 놀이하는 친구들은 누구인가요?

교사 A : 두루두루 잘 지냅니다. 걱정하지 마세요.

<교사 B>

부 모 : 선생님! 우리 아이가 어떤가요?

교사 B : 잘 지내고 있습니다. 특별히 걱정되는 부분이 있으신가요?

부　모 : 우리 아이가 사회성 발달이 좀 늦은 것이 아닌가요?

교사 B : 왜 사회성 발달이 늦을 것이라고 생각하세요?

부　모 : 집에서 보면 뭐든지 엄마한테 해달라고 조르고, 아직도 혼자서 뭘 못해요.

교사 B : 아이들이 집과 유치원에서 하는 행동이 다소 차이가 있을 수 있어요. 제가 관찰한 바로는 OOO이는 신발 신기, 옷 벗고 입기, 화장실 가기, 점심 식사 등을 혼자서 무리 없이 잘 해내고 있습니다. 오히려 도움이 필요한 친구를 돕는 경우도 있었어요.

부　모 : 잘 어울려 놀이하는 친구들은 누구인가요?

교사 B : □□와 역할놀이를 많이 하고 있습니다. 가정에서도 친하게 지내는 친구들이 있나요?

부　모 : 집에서도 □□, ◇◇랑 친하게 지내요.

위의 예에서 A교사는 자녀의 사회성 발달에 문제가 있을지도 모른다고 염려하는 부모에게 특별한 근거가 없이 잘 지낸다는 말로 걱정하지 말 것을 당부한다. 과연 이러한 상담을 통해 부모의 고민은 잘 해결이 되고 교사와 부모 사이에 신뢰가 형성될 수 있을 것인가? 반면 B교사는 부모의 염려에 대해 일단 감정을 수용하고, 염려의 근원이 무엇인지를 묻는다. 그다음 그러한 염려가 잘못된 것일 수도 있다는 점을 알리기 위해 관찰 기록이라는 분명한 근거를 제시하며 유아의 사회성 발달 측면을 설명하고 있다. 더불어 교사가 알고 있는 것과 부모가 알고 있는 것 사이의 공통점을 찾을 수 있도록 질문(가정에서도 친하게 지내는 친구가 있나요?)함으로써 부모 스스로 자신의 걱정에 대해 되돌아볼 수 있도록 한다. 교사의 말을 신뢰하게 된 부모는 이후 날카로운 감시자가 아닌 훌륭한 협력자가 될 수 있을 것이다. 이처럼 교사의 논리적 사고는 전문성과 직결되므로, 다양한 교실 상황에서 열린 마음을 가지고 이치와 근거를 찾기 위해 노력해야 한다.

2) 교실에서 논리적 오류 발견하기

논리적 오류는 논리적 사고 과정에서 타당하지 않은 부분을 찾아내는 것이다. 교사가 논리적 사고를 바탕으로 학급운영을 하기 위해서는 교실에서 벌어지는 크고 작은 일들에서 오류를 발견하는 일부터 선행되어야 한다. 여기에서는 사례를 통해 교실에서 자주 발견되는 몇 가지 오류의 종류를 살펴보고자 한다.

(1) 성급한 일반화의 오류

일부의 사례만을 제시하거나 대표성이 없는 불확실한 자료만을 가지고 바로 어떤 결론을 도출하는 데서 발생하는 오류이다.

부 모 : 선생님, 요즘 우리 철수 어때요?
교 사 : 네. 잘 지내요. 오늘은 한 번도 울지 않았거든요.

위의 예에서 부모가 말한 '어때요?'라는 단어는 친구 관계를 물어본 것인지, 생활습관을 물어본 것인지, 학기 초 적응에 대해 물어본 것인지 등 다양한 의미로 해석될 수 있다. 따라서 교사는 철수가 한 번도 울지 않고 하루 일과를 보낸 것을 일반화하여 말하기보다는 부모에게 구체적으로 어떤 점이 궁금한지를 다시 질문하고 의도에 적합한 대답을 해야 한다.

(2) 허수아비 공격의 오류

상대방의 주장을 반박하기 쉽게 해석하여 공격함으로써 상대방의 주장을 왜곡해서 본디 주장보다 약하게 만들어 놓고 반박하는(진짜 사람 대신에 공격하기 쉬운 허수아비를 만들어 놓고 공격하는) 오류이다.

유 아 1 : (새로운 교구를 가지고 놀이하는 친구에게) 왜 너만 가지고 놀아!!
유 아 2 : 아무도 안 해서 내가 가지고 논 거야.
유 아 1 : 선생님이 다 같이 가지고 놀라고 주신 거잖아! 그럼 번갈아가면서 해야지 왜 너만 계속 가지고 노는데?
유 아 2 : 나도 조금밖에 안 놀았는데...

위의 예에서 유아 1은 유아 2가 단지 새로운 교구를 가지고 노는 모습을 장난감을 혼자 독차지하는 이기적인 모습으로 왜곡하여 말하고 있다. 유아 2는 유아 1에게 "나도 혼자만 가지고 놀 생각은 없어." 혹은 "나도 공평한 게 중요한 거 알아. 하지만 지금은 내 차례야."라고 말할 수 있어야 한다.

(3) 인신공격의 오류

발화자의 '말' 자체가 아니라 그 말을 하는 '발화자'를 트집 잡아 그의 주장을 비판하는 오류이다. 주로 주장하는 사람의 인품이나 성격, 직업, 과거의 정황 등을 비난함으로써 그 사람의 주장이 잘못되었다고 비판한다.

교 사 : 어! 지민이가 넘어져서 울고 있구나. 혹시 지민이가 왜 넘어졌는지 아니?
유 아 : 형철이가 그랬겠지요. 형철이가 원래 맨날 친구를 때리고 넘어뜨리거든요.
교 사 : 형철아, 네가 또 그랬니?

위의 예에서 형철이가 때렸을 것이라는 유아의 주장은 정확한 근거를 가지고 하는 말이 아니다. 따라서 교사는 형철이가 넘어뜨린 것을 직접 봤는지 되묻고 확실한 사실을 말하도록 안내해야 한다.

(4) 대중에 호소하는 오류

타당한 논거를 제시하지 않고 많은 사람들이 그렇게 생각하거나 행동한다는 것을 논거로 제시하는 오류이다. 즉, 많은 사람이 한다고 해서 그 일의 타당성을 인정할 수 없기 때문에 일어나는 오류이다.

> 교 사 1 : 올해 부모 참여 수업으로 뭘 해야 할지 모르겠어요.
> 교 사 2 : 요즘은 부모님들이 바빠서 참석을 많이 안 하시더라고요. 다른 유치원들도 점차 부모 참여 수업을 없애는 추세래요.
> 교 사 1 : 그래요? 그러면 우리도 올해부터 하지 말까요?

위의 예에서 교사 2는 정확히 다른 유치원 몇 군데에서 부모 참여 수업을 얼마나 축소하였는지 제시하고 있지 않았다. 또한 유치원의 행사는 다른 기관의 실행 여부보다는 해당 기관의 부모의 요구도 조사에 따라 결정되어야 한다.

(5) 애매어의 오류

어떤 단어나 문장이 두 가지 이상의 의미로 사용됨으로써 생기는 오류이다.

<가정통신문>

- 소풍 준비물 : 점심 도시락, 간식 적당량
- 우천 시, 소풍이 취소될 수 있습니다.

위의 예에서 '적당량'이라는 것은 사람에 따라 다르며, '우천 시'는 몇 시 기준으로 비가 올 경우를 말하는지에 대해 다르게 해석될 수 있기에 '간식 500ml 크기 비닐 팩에 담길 만큼만', '(소풍 당일 아침 8시 기준) 우천 시' 등으로 정확하게 표현되어야 한다.

(6) 동정에 호소하는 오류

타당한 논거를 제시하지 않고, 상대방의 동정이나 연민에 호소하는 논거를 제시하면서 논증을 구성하는 오류이다.

부 모 : 선생님, 우리 영희 내년에 꼭 사슴반에 배정해 주세요.
교 사 : 왜요, 어머님?
부 모 : 영희가 사슴반 선생님 아니면 유치원 다니지 않을 거라고 울고불고 난리가 났었거든요.
교 사 : 네, 그러면 사슴반에 배정되도록 힘써 볼게요.

위의 예에서 부모는 자녀가 울었다는 이유로 사슴반 배정을 주장하였으나, 반 배정을 위한 타당한 논거는 될 수 없기에 교사는 부모에게 반 배정 시, 고려해야 할 사항들에 대해 안내를 해야 한다.

(7) 선결문제의 오류

어떤 주장을 할 때 그 근거와 결론이 동일한 오류이다.

> 교 사 : 또 미영이에 대해 부탁할 것 있으신가요?
>
> 부 모 : 선생님, 우리 미영이 바깥놀이 나갈 때마다 자외선차단제 좀 꼭 발라주세요. 다른 애들은 몰라도 얘는 꼭 발라야 하거든요.
>
> 교 사 : 네, 알겠습니다.

위의 예에서 자외선차단제를 발라야 하는 이유를 부모는 주장과 동일하게 '꼭 발라야 해서'라는 근거를 대어 말하고 있다. 교사는 자외선차단제를 꼭 발라줘야 하는 중요한 이유가 있는지 다시 한 번 묻고 부모의 의견을 수용할 것인지 신중하게 결정해야 한다.

이 외에도 우리가 자주 저지르는 오류의 모습에 이름을 붙여 '~~오류'라고 부르기 때문에 오류의 종류는 논점 일탈의 오류, 순환논증의 오류, 대중에 호소의 오류, 무지에 호소의 오류, 흑백 논리의 오류, 원인 오판의 오류, 분할의 오류, 결합의 오류, 복합 질문의 오류 등 매우 다양하다. 각각의 논리적 오류의 이름과 정의를 반드시 기억할 필요할 필요는 없지만, 오류의 종류를 아는 것은 논리적 사고의 과정에서 어느 부분이 잘못되었는지 파악하고 향후 비슷한 오류를 피하는 데에 도움을 줄 수 있다.

3) 논리적으로 교실의 문제 해결하기

교실에서 논리적 오류를 발견하였다면 논리적으로 문제를 해결할 수 있어야 한다. 논리적 문제 해결의 과정은 '문제의 발견 및 정의', '자료 탐색 및 해결안 발견', '실행 및 평가'의 단계를 거쳐 이루어지게 된다. 각 단계에서 요구되는 논리적 사고의 요소를 관련지어 알아보면 다음과 같다.

| 1단계: 문제의 발견 및 정의 단계 |

문제를 해결하기 위한 일차적인 조건은 해결해야 하는 문제를 정확히 찾아내는 것이다. 그러나 문제를 발견하기란 그렇게 쉬운 것만은 아니다. 어떤 장면이나 상황이 불편하더라도 그것을 당연한 것으로 받아들이고 지나쳐 버릴 수 있기 때문이다. 그러므로 평소에 교실 장면이나 상황에 대해 스스로 '문제는 없는가', '더 낫게 할 수 있는 방법은 뭘까'라고 질문하는 문제 제기의 태도를 가지는 것이 중요하다. 당연하다거나 어쩔 수 없는 것으로 지나쳐버리는 것을 의식적으로 의문시하면서 문제를 발견해 내려고 노력해야 하는 것이다.

그림 1-4 | '문제의 발견 및 정의' 단계에서 요구되는 논리적 사고의 요소

| 2단계: 자료 탐색 및 해결안 발견 단계 |

어떤 문제를 해결해야 할지가 결정되고 나면, 문제를 해결하는 데 필요한 자료가 무엇인지 탐색하는 과정이 요구된다. 이 단계에서는 교사 자신이 소유하고 있는 경험과 지식을 최대한 사용해서 어떠한 자료나 지식이 요구되는지 분석해야 하며, 이를 통해 숨겨져 있는 자료까지 빠뜨리거나 간과하지 않고 중요한 자료들을 모두 탐색해 내는 것이 중요하다. 또한 자료 탐색을 기반으로 여러 아이디어를 생성한 이후에는 아이디어들을 분석하고 평가하여 더 유용하고 가치 있는 것을 선택해야 하는데 이러한 과정에서도 논리적 사고가 요구된다.

- 판단 유보하기
- 어떠한 사실이나 상황의 옳고 그름과 좋고 나쁨을 가려내기
- 순서화하기
- 다양한 해결방법을 비교·분류·대조하기
- 개념이나 사물을 그 속성이나 요소로 분석하기
- 요점과 요지 및 의도 파악하기
- 원인과 결과 관계 분석하기
- 논리적 근거 찾기
- 오류 찾기
- 나열되어 있는 개념을 하나의 의미로 종합하기
- 개선안 제시하기
- 반대되는 주장이 있을 가능성 따져보기
- 결과 예측하기

그림 1–5 | '자료 탐색 및 해결안 발견' 단계에서 요구되는 논리적 사고의 요소

| 3단계: 실행 및 평가 단계 |

적절한 해결안을 발견한 후 실행하는 단계에서는, 먼저 해결안을 실행하는 데 긍정적 · 부정적으로 영향을 미칠 수 있는 요인들을 확인해 내고, 선택한 해결안이 가지고 있는 한계를 극복할 수 있는 방법들을 찾아야 한다. 또 구체적인 실행 계획을 단계별

로 세워야 하는데 실행을 할 때 핵심적인 행위가 무엇이며, 그러한 행위에 도움이 되거나 방해가 될만한 근거는 무엇이고, 이를 어떻게 처리할 것인가 등과 같은 세부적인 요인을 고려해야 한다. 해결안을 실행한 후에는 실행 효과를 확인하고 분석해야 한다. 문제가 만족스럽게 해결되었으면 문제 해결 과정은 종결되지만 불만족스럽거나 부족하게 느껴지면 문제의 발견 및 정의, 자료 탐색 및 해결안 발견 등의 단계로 되돌아가야 하는 것이다. 또한 실행을 하는 동안에도 계획대로 잘 진행되고 있는지, 어떤 수정이 필요한지 등에 대한 평가를 해서 실행 과정을 조절할 수 있는 방법도 생각해야 하는데 이 과정에서 논리적 사고가 요구된다.

그림 1-6 | '실행 및 평가' 단계에서 요구되는 논리적 사고의 요소

이러한 문제 해결 과정을 돕기 위한 논리적 사고 개발 방법에는 여러 가지가 있으나, 그중 흔히 사용되는 방법은 '피라미드 구조 기법'과 'So what 기법'이다. 이 두 가지 기법의 의미와 특징, 실제 사례를 알아보면 다음과 같다.

(1) 피라미드 구조 기법

피라미드 구조 기법은 하위의 사실이나 현상부터 사고함으로써 상위의 주장을 만들어가는 방법으로 주장, 논거, 데이터를 체계적으로 정리하는 방법이다. 그림 1-7에서 보듯이 가장 아래층에는 관련된 사례를 정리한다. 그 위 층은 사례에 근거하여 논거(이유)를 증명하고 지지해주는 데이터를, 다시 그 위에는 주장 또는 결론을 뒷받침하는 자료로서 논거(이유)를 배치한다. 그리고 가장 위층에 주장하는 것이나 결론을 정리한다.

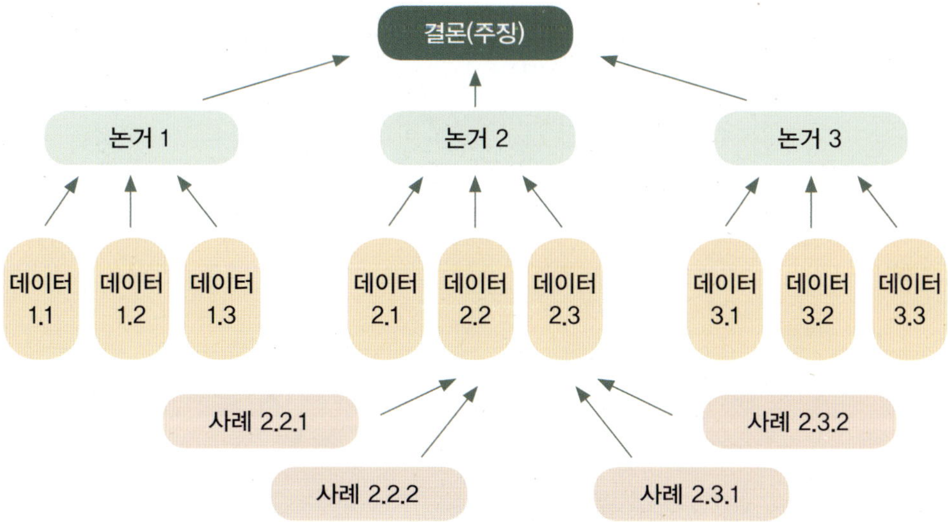

그림 1-7 | 피라미드 구조 기법

예를 들어, 교실의 놀이 공간을 재배치하기 위해 유아들이 놀이하는 모습에서 다양한 사례를 수집한다. 그리고 사례에서 발견된 모습들을 데이터로 분류하고(예: 놀이 영역의 크기, 놀잇감의 수, 놀잇감의 종류, 놀잇감의 사용 횟수, 놀잇감의 선호도 등) 각 데이터에 기초하여 논거(예: 역할놀이 영역이 가장 비좁다, 쌓기놀이 영역과 역할놀이 영역을 자주 오고 간다, 과학 영역의 놀잇감을 사용하는 횟수가 가장 적다)를 작성한다. 그리고 '역할놀이 영역과 쌓기놀이 영역을 통합하여 크기를 넓히고, 과학 영역을 없애는 대신 과학 교구를 역할놀이 영역에 함께 배치한다.'는 결론을 내린다.

연습문제

앞에서 제시하였던 '동정에 호소하는 오류'를 가지고 반 편성을 무리하게 요구하는 부모에게 **'반 편성은 다양한 요소를 고려하여 해야 합니다.'**라는 주장을 하려고 한다. 이 주장을 뒷받침하는 데이터를 찾아보고, 이를 몇 가지 논거로 정리하기 위한 피라미드를 완성해 보자.

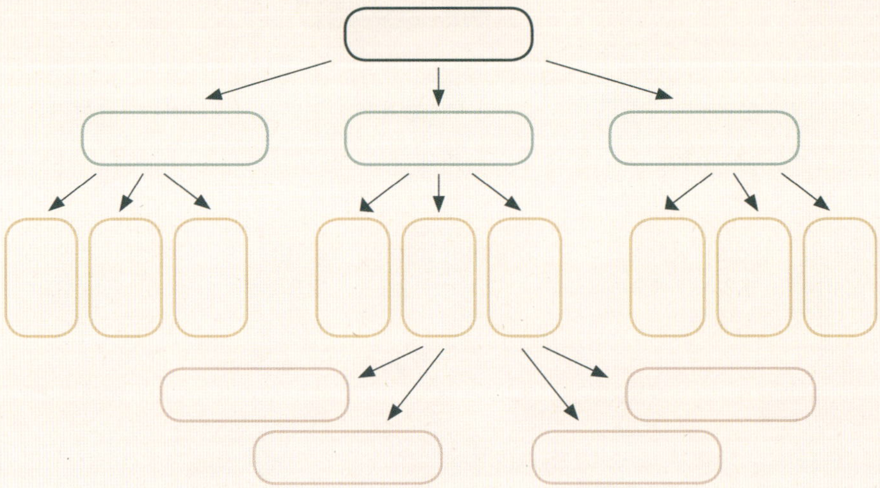

(2) So what 기법

So what 기법은 '그래서 어떻다는 거지?'하고 자문자답하며 눈앞에 있는 정보로부터 의미를 찾아내어, 가치 있는 정보를 이끌어내는 방법이다. 가능한 추론들을 모두 이끌어낼 때까지 동일한 질문(So what)을 계속한다. 유아들이 종이를 낭비하는 문제를 해결하기 위한 So what 기법의 사용의 예를 들어보면 다음과 같다.

[상　　황] 유아들이 A4용지를 너무 함부로 사용한다.

[So what?] 유아들은 A4용지로 책 만들기 놀이를 좋아한다.
↓
[So what?] 유아들은 구겨진 종이나 자투리 종이는 사용하려하지 않는다.
↓
[So what?] '종이를 아껴서 사용해요' 메모를 붙여놓아도 계속 낭비된다.
↓
[So what?] 종이를 아껴서 사용할 수밖에 없는 구조적 변화가 필요하다.
↓
[So what?] A4용지를 1/2, 1/4 등의 크기로 다양하게 미리 잘라놓는다.

이렇게 So what 기법은 '그래서 도대체 무엇이 어떻다는 거지?', '이걸로 뭘 알아낼 수 있지?'의 질문을 주어진 상황이 해결이 될 때까지 집요하게 계속한다. 이때 각각의 추론이 구체적으로 표현될 수 있도록 단어를 나열하지 않고 주어와 술어가 있는 문장으로 표현해야 한다.

연습문제

앞에서 제시하였던 '대중에 호소하는 오류'를 가지고 부모 참여 수업을 하지 않기로 했던 교사가 So what 기법으로 문제를 다시 해결해 보려고 한다. 문제가 해결될 때까지 질문에 대한 답을 문장으로 작성하며 'So what' 질문을 계속해 보자.

[상　　황] 작년 부모 참여 수업의 참여율이 매우 저조했다.

[So what?]

↓

[So what?]

↓

[So what?]

↓

[So what?]

↓

[So what?]

4. 유아와 논리적 사고

논리적 사고는 유아의 연령이 높아지고 발달이 진행됨에 따라 자연스럽게 향상되는 부분이 있으나 체계적인 지원과 의도적인 교육에 의해 더욱 신장될 수 있다. 본 장에서는 감각운동기와 전조작기 유아의 논리적 사고 발달 과정과 특징을 알아보고, 유아기 논리적 사고 발달을 위한 교사의 역할에 대해 살펴보고자 한다.

1) 유아기 논리적 사고의 특징

피아제(Piaget)는 유아기를 논리적 사고 발달에 중요한 시기로 보았으며 많은 학자들도 이에 동의한다. 유아는 동화와 조절을 하는 과정에서 기존의 생각을 바꾸고 좀 더 논리적으로 생각할 수 있게 된다. 유아가 자발적으로 활동(self-activity)하는 가운데 얻어지는 정신적인 움직임은 행동으로 나타나게 되며 이러한 모습이 논리적 사고의 발달인 것이다(Bruner, 1964).

피아제에 의하면 감각운동기 단계의 영아는 주로 반사적 행동과 신체적 운동을 통해 인지구조를 발달시킨다. 전조작기 유아는 정신적 표상이 가능하기 때문에 목적에 따른 행동을 하게 되는데 이때부터 논리적 사고와 관계있는 개념들이 발달하기 시작한다. 피아제가 말하는 감각운동기, 전조작기의 논리적 사고 발달 단계를 더 구체적으로 살펴보면 표 1-5와 같다.

표 1-5 | 영유아의 논리적 사고 발달

단계		논리적 사고 발달
감각운동기	생후 1개월	감각운동 도식에 의한 반사적 행동만 일어난다.
	1~4개월	물체가 보일 때만 그 존재를 인식하며 공간과 시간도 자신의 신체와 활동을 중심으로 인식한다.
	4~8개월	사물의 항존성을 인식하지만 가까이 있는 사물과 방금 전에 일어난 사건에만 국한된다.
	8~12개월	사물을 자신의 의지대로 조작할 수 있게 되며, 단순한 행동의 순서와 결과를 인식한다.
	12~18개월	목적이 있는 행동을 보이며, 사물의 보존을 이해하고 장소를 옮기는 물체를 쫓을 수도 있다. 행동에 의한 원인과 결과를 구분할 수 있게 된다.
	18~24개월	사물의 객관적 존재를 인식하고 그 본성을 표상화할 수 있을 뿐만 아니라 추론을 통해서 숨겨진 사물을 찾아낼 수도 있다. 또한 원인을 관찰하고 결과를 이해할 수 있으며 그 원인도 추론할 수 있을 만큼 인과 관계에 대한 개념을 가지게 된다.

단계		논리적 사고 발달
전조작기	전개념적 단계 (2~4세)	자신의 의사를 언어적으로 표현하기 시작하고 지금까지 감각 동작적인 행동에만 의존하던 것을 새로 학습된 언어로 대치하는 생활을 하게 되면서 논리적 사고가 더욱 발달된다. 또한 지금 눈앞에 없는 것도 다룰 수 있게 되며 표상에 의미를 붙일 수 있게 된다.
	직관적 단계 (4~7세)	개념화의 능력이 확대되고 보다 복잡한 사고나 표상 작용이 가능해진다. 일종의 추리에 의한 사고를 할 수 있지만 귀납적 추론이나 연역적 추론과 같은 완전한 논리적 추리를 할 수 없기 때문에 직관적으로 문제를 해결하는 경우가 일반적이다. 두 현상이 시간적 간격을 두고 일어나면 두 현상 사이의 인과관계를 인식하지 못하고, 반드시 두 현상이 거의 동시에 일어나야만 그 인과관계를 이해할 수 있다. 언어 발달은 급속도로 증가하여 자기 생각을 표현하며 남에게 언어로 전달하는 능력도 생긴다.

피아제 연구에서 나타난 전조작기 유아의 논리적 사고 발달의 특징은 다음과 같이 요약될 수 있다(이은성, 1993).

첫째, 상징의 발달이다. 이 시기의 유아는 단어나 문장과 같이 추상적인 형태의 상징보다는 사물 자체에 대한 상징이나 행위에 대하여 생략적인 형태를 주로 사용하게 된다. 즉 초기의 상징들은 언어적인 것이 아니라 운동적인 것이라고 할 수 있다.

둘째, 추리의 발달이다. 두 가지 일에 대한 추상적인 생각이 일어나며 이 두 가지 일이 서로 인과관계(Casuality)를 가진다는 것을 알게 된다.

셋째, 분류행동의 발달이다. 이 시기의 분류활동은 시각적 수준에 의해 분류하려는 경향이 두드러진다.

넷째, 의사소통의 발달이다. 다른 사람의 언어나 다른 전달매체를 통해서 학습할 수 있게 되며 또 다른 사람에게 정보를 전달할 수도 있게 된다. 또 다른 사람의 행동을 통제하고 그들로 하여금 자신이 원하는 행동을 하게 하기도 한다.

다섯째, 보존 개념의 발달이다. 어떤 물체의 모양이나 크기가 변한다고 하여도 그 물체의 지속성과 변화하지 않은 특징을 알 수 있다. 즉 물체의 외적인 모습은 변화해도 그 물체가 본질적으로 동일한 물체로 남아있음을 이해한다.

여섯째, 사회적 인지의 발달이다. 자신과 타인, 그리고 사회적 관계에 대한 지각, 사고 그리고 지식을 포함한다는 인식이 발달된다.

연습문제

다음의 블록놀이 상황에서 유아들의 논리적 사고 능력이 발견된 부분에 밑줄을 그어보자.

영 희 : 철수야, 나도 블록 좀 줄래?

철 수 : 싫어. 이거 다 필요해.

영 희 : 너 혼자서만 블록을 사용하니까, 내가 가지고 놀 게 없잖아. 나도 몇 개만 줘.

동 명 : 영희 말이 맞아. 그리고 혼자서 놀이하는 것보다 같이 놀면 더 재미있을 수 있잖아.

철 수 : 블록으로 우주선 만들 건데, 몇 개가 더 필요한지 아직 모른단 말이야. 그래서 내가 우선 다 가지고 있어야 돼.

영 희 : 그러면 우리 우주선을 함께 만들자.

철 수 : 알았어. 그러면 이쪽으로 와.

이상에서 알아본 논리적 사고 발달 단계는 개별 영유아의 사고 발달 수준에 따라, 또 주어진 문제나 상황에 따라 차이가 있을 수 있다. 그러나 영유아의 일반적인 논리적 사고 발달 단계를 이해하고 각 단계에 적합한 논리적 사고를 경험할 수 있는 기회를 제공해야 할 것이다.

2) 유아기 논리적 사고 발달을 위한 교사의 역할

논리 교육의 핵심은 유아의 궁금증과 호기심에서 출발한 생각을 바르게 이끌어주고 발전하도록 도와주는 것이다. 그렇다고 유아의 질문에 대해 그 원리나 개념에 대해 자세하게 설명해 줄 수는 없다. 오히려 이러한 방법은 유아가 스스로 생각할 수 있는 기회를 빼앗는 것이 될 수 있다. 바람직한 논리 교육을 위해서는 유아의 질문에 대해 정답을 제시하기보다는 생각할 수 있는 방법을 안내해 주어야 한다. 이를 위해서는 일상생활 속에서 교육의 기회를 민감하게 포착해야 한다. 유아기 논리적 사고 발달을 위한 교사의 역할을 놀이를 통한 교육과 대화를 통한 교육으로 나누어 살펴보면 다음과 같다.

(1) 놀이를 통한 논리 교육

4세 이전의 유아는 아직 자신의 생각을 말로 잘 표현하지 못하고 충분한 논리적 사고의 틀을 갖추지 못하였기 때문에 일상적인 놀이 속에서 논리적 사고를 할 수 있도록 하는 것이 좋다.

① 논리적 모델링하기

논리적으로 말하고 행동하는 성인의 모습은 유아가 논리적 사고 능력을 발달시키기 위한 가장 좋은 모델링이 된다. 부모나 교사가 유아와 함께 놀이할 때 벌어진 일들의 인과 관계나 다음에 벌어질 일을 추론해 보는 모습을 자주 보여주어야 한다.

② 매일 새로운 경험 만들기

매일 반복되는 환경에서는 호기심과 질문이 생기지 않는다. 따라서 유아에게 새로운 경험을 주는 일을 많이 해야 한다. 전람회, 공연, 체험활동, 시장보기, 여행 등을 통해 새로운 생각을 할 수 있는 다양한 상황과 만나는 경험은 사고의 폭을 넓히는 매우 중요한 요소이다.

③ 문학작품을 통한 이야기나누기

문학작품을 통한 간접 경험 속에서 새로운 생각들과 만날 수 있다. 문학작품을 감상하고 이야기의 결말을 예측해 본다든지, 일부 내용을 다른 상황으로 바꾸어 생각해 보도록 하는 것은 논리적 사고 향상을 위한 기초로서 좋은 방법이 된다.

④ 분류하기

"유치원 교실에 네모가 어디에 있을까?", "종이와 상자는 같은 네모지만 어떤 점이 다를까?", "여러 모양의 단추 중에서 같은 것들을 모아보자." 등 유아가 정한 기준에 따라 분류해 보도록 하고 분류한 것을 설명해 보도록 한다.

⑤ 비교하기

자기 스스로 다른 점과 같은 점을 찾을 수 있도록 하는 놀이도 좋다. 봄나들이에서 수집한 다양한 자연물을 보며 "어떤 점이 같을까?"라는 질문을 하며 여러 가지 기준으로 비교해 볼 수 있도록 하는 놀이도 도움이 된다.

⑥ 서열화하기

다양한 사물과 사건을 분류하고 비교하면서 기준("크기, 모양, 무게, 색깔대로 놓아보자.")에 따라 차례대로 놓아보도록 하는 놀이도 논리적 사고 발달에 도움이 된다.

⑦ 원인과 결과 따져보기

인터폰을 누르면 대문이 열리고, 스위치를 누르면 불이 켜지고, 버튼을 누르면 음악이 나온다. 무엇인가를 하면 상황이 변하는 것을 보면서 유아들은 원인과 결과의 관계를 알게 된다. 다만 그 상황을 그냥 무심코 지나가는 것이 아니라 "○○이가 그걸 누르니까 저 불이 켜지네!"라는 식으로 행동과 결과에 대해 연결지어 생각해 볼 수 있도록 언어로 다시 표현해 주는 것이 필요하다.

(2) 대화를 통한 논리 교육

4세 이후의 유아들은 대화를 통해서 논리적 사고를 더 효과적으로 기를 수 있다. 그러나 무작정 많은 대화를 하는 것보다도 다음과 같은 전략을 가지고 대화를 하는 것이 필요하다.

① 구체적인 소재로 대화 시작하기

대화의 소재는 항상 구체적인 일상에서 찾는 것이 중요하다. 블록을 갖고 놀이하는 유아에게 "어떤 모양을 만들려고 하니?", "오늘 놀이는 어땠니?"라고 물으며 유아의 행동에 관심을 보이고 구체적이고 맥락이 있는 질문을 던져 마음의 문을 여는 것이 필요하다.

② 긍정적인 칭찬을 하기

유아가 어떤 질문을 하더라도 먼저 긍정적으로 칭찬하는 것이 중요하다. "사람은 왜 죽어요?"라는 질문에 "아이가 뭘 그런 걸 묻니?"라는 답변보다 "선생님도 너만 했을 때 그런 게 궁금했었는데, ○○이도 그것이 궁금했구나?"라고 긍정적으로 받아주는 것이 필요하다.

③ 호기심의 발달을 알아보기

유아들이 질문을 한 배경을 알아본다. "글쎄, 왜 죽을까? 왜 그게 갑자기 궁금했니?"라고 말하면 유아는 "집에 오는 길에 개가 죽은 것을 봤어요."라고 이야기를 시작하게 된 구체적인 배경을 설명할 수 있다.

④ 함께 토론하기

일단 유아가 대화할 마음을 열었으면 본격적으로 토론에 들어간다. "누구나 죽게 될까?", "만약 죽지 않으면 어떻게 됐을까?"하고 유아가 경험했을 법한 구체적인 이야기들로 이끌어가 사고를 확장시키도록 한다.

연습해 보세요 유아의 비판적 사고를 촉진하는 질문

1. 생각을 명료화하는 질문의 예
   - 쉽게 말해 주겠니?
   - 그 말이 무슨 뜻이니?
   - 좀 더 자세히 말해 줄래?
   - 예를 들어 말해 볼래?
   - 누구 철수처럼 생각하는 사람이 또 있니?

2. 전제 혹은 가정을 탐색하는 질문의 예
   - 너는 ~~를 ~~라고 생각하고 그 말을 한 것이니?
   - 만약 내 생각이 틀렸다고 생각하면 왜 그렇게 생각하는지 말해 볼래?

3. 이유 · 증거 · 원인을 탐색하는 질문의 예
   - 왜 그렇게 생각하니?
   - 그 이유가 무엇이니?
   - 무엇이 그렇게 되도록 했다고 생각하니?

4. 관점이나 시각의 다양성을 탐색하는 질문의 예
   - 너와 다른 생각을 할 수도 있을까?
   - 다른 사람은 어떻게 생각할까?
   - 만약 이렇게 말하는 사람이 있다고 해봐. 너는 뭐라고 말할래?

5. 함축된 의미와 결과를 탐색하는 질문의 예
   - 네 말대로 하면 어떻게 될까?
   - 네 말대로 하면 ~~될 텐데 그래도 괜찮을까?
   - 나중에는 어떻게 될 것 같니?

6. 알게 된 방법이나 정보원을 탐색하는 질문의 예
   - 어떻게 그걸 알았니?
   - 그건 확실한 것이니?
   - 다른 사람들은 그것을 어떻게 알게 되었을까?

출처: 소선희, 선병남(1998)의 논문에서 발췌.

참고문헌

국가직무능력표준(2016). 문제해결능력(교수자용 매뉴얼). https://www.ncs.go.kr/th03/TH0302List.do?dirSeq=123에서 2020. 10. 1 인출.

김영석 (2013). **설득 커뮤니케이션**. 경기: 나남.

박찬옥, 지성애, 조형숙, 서동미, 곽현주, 엄은나, 한진원, 김현주, 김민정, 홍찬의(2010). **유아교사를 위한 논리 · 창의 교육**. 파주: 정민사.

이범수 (20187). **탁월한 의사결정을 위한 논리적 사고**. 서울: 북랩.

조선희, 전명남(1998). 유아의 비판적 사고를 촉진하는 질문에 대한 탐색적 연구: QFCT의 활용 가능성에 대한 유치원 교사의 지각과 5세 유아의 직접적 반응을 중심으로. **미래유아교육학회지, 5**(2), 249-270.

최훈(2019). **논리는 나의 힘**. 서울: 우리학교.

HR 인스티튜트(2014). **로지컬 씽킹의 기술**(30ポイントで身につく!「ロジカルシンキング」の技術). (현창혁 역). 서울: 비즈니스북스. (원전은 2012년 출판)

Piaget, J. (1973). *To understand is to invent: The future of education*. NY: Grossman.

CHAPTER

02

논리적 말하기의 기초와 기법

1. 논리적 말하기의 기초
2. 논리적 말하기의 기법

대학들은 말하기 관련 교양과목을 개설하여 대학생의 논리적 사고와 효과적인 의사소통 능력을 함양하고자 한다. 하버드 대학도 말하기 수업을 통해 말하는 사람의 강점과 약점을 분석하고 성공적인 설득과 주장의 방법 등을 지도하고 있다(류지나, 2020).

말은 사람과 세상을 움직일 수 있는 강력한 힘을 가지고 있는 만큼 말을 잘한다는 것은 원하는 목적을 효과적으로 달성하고 주변의 사람들과 성공적인 관계를 형성할 수 있다는 것을 의미한다. 말하기는 단순히 자신의 감정과 사고를 표현하는 수단 이상으로 상대방에게 영향력을 미칠 수 있으며, 사회적 관계에서도 사람들은 말하기를 통하여 관계형성과 유지, 효율적인 업무 수행과 문제 해결이 가능하다는 점에서 말하기의 중요성을 다시 한번 생각하게 된다. 말하기는 말하고자 하는 내용이 무엇인가, 누가 듣는가, 언제, 어디서 말할까, 어떤 방법으로 전달할까 등 고려해야 할 사항이 많다. 또한 말의 내용이 논리적일 때 더 효과적으로 전달된다는 측면에서 논리적 말하기에 관심을 가지게 된다.

2장에서 논리적 말하기의 기초와 논리적 말하기의 기법을 알아보고자 한다. 이를 통해 다양한 상황에서의 논리적 말하기 전략을 이해하고 소통할 수 있는 능력을 지원하고자 한다.

1. 논리적 말하기의 기초

말하기는 화자와 청자가 언어적 · 비언어적인 메시지를 주고받는 의사소통의 한 과정이다. 논리적 말하기는 자신의 의도와 대화의 목적을 상대방에게 분명하게 전달하여 원만한 관계 형성과 효과적인 문제 해결이 가능하도록 한다.

논리적 말하기를 위해서는 순환의 원리, 맥락의 원리, 협동의 원리를 지켜야 하며 말하는 사람과 듣는 사람의 특성, 이 둘의 관계, 시간과 공간적 상황, 담화의 주제와 형식 등의 다양한 요인을 고려해야 한다.

1) 논리적 말하기의 개념 및 중요성

(1) 논리적 말하기의 개념

논리적 말하기는 논리적 사고에 기초한 말하기이다. 논리적 사고는 상황적 맥락을 이해하고 객관적 사실에 근거하여 판단하며 이러한 과정을 통해 합리적인 결론을 이끌어 내는 사고이다.

따라서 논리적 말하기는 상대방과 주변 상황을 고려하며 합리적인 증거를 기초로 자신의 의견과 주장을 표현하는 언어 능력이다.

모리슨(Morrison, 2012)은 21세기 미래 사회에 효과적으로 적응하기 위한 핵심 역량으로 언어 능력을 제시하였다. 말하기는 자신이 알고 있는 정보, 생각, 감정을 소리라는 상징을 사용하여 다른 사람에게 체계적이고 효과적으로 표현하는 지적활동 과정이다(이차숙, 2005). 말하는 사람은 사회에서 통용되는 언어 체계를 따른 음성학적 상징을 사용해야 하며, 말의 다양한 표현 및 전달 방식, 화자와 청자의 상태를 고려하여 자신의 생각과 주장을 적절하게 전달할 수 있어야 한다. 말하기는 말하고 듣는 의사소통의 한 과정으로, 화자와 청자가 언어적 · 비언어적인 메시지로 표현된 느낌과 생각을 주고받고 이해하는 상호 협력적인 교섭 과정이다(권순희, 2000). 화자는 자신이 전달하고자 하는 메시지를 발화를 통해 청자에게 전달하고 청자의 반응을 듣고 자신의 의도가 정확하게 전달되었는지를 평가한다. 화자는 말하는 사람과 듣고 이해하는 청자의 역할을 동시에 수행하게 된다. 즉, 단순히 의미만 보내는 것이 아니라 함께 의미를 구성하는 과정이기 때문에 서로 영향을 주고받으며 끊임없이 의미를 수정, 확대한다(오현진, 2008). 따라서 말하기는 주변인과의 관계 형성과 유지라는 목적을 가지고 이루어진다. 화자는 청자는 누구인가 그리고 화자와 청자의 관계는 어떠한지를 고려하여 말을 하고 자신의 말로 상대방에게 긍정적인 영향을 미치고자 한다. 화자는 자신이 말하고자 하는 목적을 분명하게 인식하고 청자의 상황적 요소를 고려하여 적절하게 말할 내용과 방법을 조절해야 하며 말하는 중간, 중간 청자의 반응을 파악하기 위해 노력해야 한다. 이러한 관점에서 말하기는 다음과 같은 특성을 갖는다.

- 말을 통하여 타인과 관계를 맺고 유지한다.
- 말을 통하여 자신의 생각과 감정을 점검하고 자신의 생각을 수정한다.
- 말을 통하여 상대방과 서로 영향을 주고받으며 상대방을 변화시킨다.
- 말을 통하여 세상과 관계에 대한 자신의 감정을 표현한다.
- 소통을 통하여 공동의 목표를 달성한다.

또한 말하기는 의사소통을 돕기 위한 수단으로 화자와 청자가 감정과 정보를 공유하거나 자기주장과 설득을 목적으로 한다. 말하기는 타인에게 나의 생각과 감정을 전하고 목표 달성을 위하여 함께 소통하고 자신의 생각을 점검하기 위한 다양한 목적을 갖는다(유정아, 2009). 따라서 효과적으로 의사소통을 하기 위해서는 말하기의 목적을 먼저 생각해야 한다. 말하기의 목적은 말을 잘하는 것이다. 말을 잘 한다는 것은 말해야 하는 상황과 대상을 잘 판단하여 핵심적이고 논리적인 자기표현과 주장으로 상대방의 공감을 이끌어 내거나 설득하는 것이다. 즉, 말을 잘 하기 위해서는 상대방과의 관계 및 상황에 대한 이해를 기초로 적합한 어휘와 문장으로 자신의 의견을 표현하고 상대방의 말을 잘 듣고 이해할 수 있어야 한다. 말하는 사람은 상대방과 관계를 형성하고 감정을 공유하기 위한 것인가, 정보를 공유하는 것이 목적인지, 상대방을 설득해서 자신의 의견을 따르도록 하기 위한 것인지를 먼저 파악한다. 이러한 관점에서 사람들과의 관계 형성과 소통을 위한 것인지, 상대방 설득과 주장을 잘하기 위한 것인지의 목적에 따라 말하기의 내용과 방법을 정한다.

논리적 말하기로 성공적인 대인관계를 맺거나 효과적인 자기주장으로 상대방을 설득하고자 할 때 고려해야 할 사항은 다음과 같다.

- 상황에 적절하게 자신이 전달하고자 하는 내용을 언어적 · 비언어적으로 표현한다.
- 상대방을 설득하기 위한 말하기를 위해서는 상대방의 요구를 파악하고 자신의 요구를 간결하고 정확하게 말한다.
- 상대방과 긍정적인 관계를 형성하고 유지하기 위한 말하기 상황에서는 상대방을 배려하고 존중하는 말을 한다.
- 다양한 상황에서의 말하기 경험은 말하기에 대한 자신감을 키워준다. 긴장하지 않고 말하기 위해서는 자신의 감정을 조절하고 말하는 연습을 한다.
- 명확한 의사소통을 위하여 자신의 사고를 조절하고 대화 내용을 평가한다.

(2) 논리적 말하기의 중요성

사람들은 다양한 상황에서 다양한 목적을 가지고 의사소통을 한다. 형식적 · 비형식적인 상황에서 끊임없이 대화하며 감정과 사실을 교환하고 문제 해결을 위해 노력한다. 이때 말하는 사람의 부정확한 의사표현은 혼돈을 야기하고 상대방에게 불신을 초래할 수도 있다. 반면 타인의 요구에 근거한 논리적인 사고와 언어 표현은 말하는 사람의 의도를 명확하게 전달하면서도 상대방을 설득할 수 있는 힘이 있다.

여은호와 박경우(2009)는 말하기의 중요성을 개인적 측면과 집단적 측면으로 제시하였다. 개인적 측면에서의 말하기는 자신의 독특한 개성을 표현하는 수단이기에 중요하며 집단적 측면의 말하기는 다양한 사회구성원들과의 상호 이해와 합의를 이끌어 낸다는 측면에서 중요성이 있다. 또한 말하기를 관계지향과 사실 중심으로 구분하여 제시하였다(여은호, 박경우, 2009). 관계지향은 말하는 사람과 직접적으로 관련이 있는 사람과의 일상적 대화를 포함한다. 사실중심은 집단에서의 발표와 토론, 설명 등 객관적 사실이나 주장을 표현하는 것을 의미한다. 관계지향의 일상적 말하기 상황에서는 효과적인 자기표현을 통해 주변인과 친밀한 관계를 형성할 수 있다는 측면에서 말하기의 중요성을 생각할 수 있다. 사실중심의 토론, 토의 상황에서는 자신의 의견을 효과적으로 전달하여 상대방을 이해시키거나 설득할 수 있고, 발표 상황에서는 자신의 의견과 주장을 논리적으로 표현하여 조직의 목적을 효과적으로 달성할 수 있다는 측면에서 논리적 말하기는 중요하다. 이러한 관점에서 논리적 말하기의 중요성을 제시하면 다음과 같다.

| 개인적 측면에서의 중요성 |

- 타인과 구별되는 자신만의 개성을 표출할 수 있다.
- 창의적인 아이디어와 자신의 감정을 효과적으로 전달할 수 있다.
- 타인의 요구를 고려한 말하기를 통해 친밀한 관계를 형성하고 유지할 수 있다.
- 타인과의 갈등 상황에서도 원만하게 문제를 해결할 수 있다.

| 집단적 측면에서의 중요성 |

- 말하고자 하는 내용을 잘 조직하고 설명하여 타인을 이해시킬 수 있다.
- 명료한 자기주장으로 자신이 원하는 목적을 달성할 수 있다.
- 간결하고 명료한 보고와 설명으로 업무를 효과적으로 수행할 수 있다.
- 논리적 사고에 근거한 말하기는 합리적인 문제 해결에 도움이 된다.

유아교사의 경우에도 개인적, 일상적 대화로 유아, 부모, 동료교사와 친밀한 관계를 형성하며 학급운영 또는 유아지도를 위한 의사소통을 한다는 측면에서 유아교사의 논리적 말하기의 중요성을 생각해 볼 수 있다. 요컨대, 유아교사의 말하기 능력은 효과적인 학급운영과 교사 역할 수행뿐 아니라 교사의 효능감 발달에 긍정적인 영향을 미친다고 할 수 있다.

Tip

유아교사의 논리적 말하기의 중요성 (1)

유아를 효과적으로 지원할 수 있다.

교사는 유치원의 일과 중 다양한 형태로 유아에게 말하고 유아의 말을 듣는다. 유아교사는 질문을 사용하여 유아의 생각과 경험을 말하도록 유도하기도 하는데 유아는 교사와의 대화를 통하여 상대방의 말을 잘 듣고 이해하는 능력이 자라며 상대방이 요구하는 질문에 맞는 답을 할 수 있게 된다.

① 유아와 친밀한 관계를 형성한다.
유아교사가 유아 개인의 경험과 관련된 대화를 하면서 유아의 감정과 기분을 존중해 줄 때 유아는 교사에 대한 친밀감을 갖는다. 유아가 교사에게 친밀감을 가질 때 놀이에도 적극적으로 참여한다.

② 효과적으로 유아의 행동 지도와 생활습관 지도를 한다.
유아교사의 구체적인 언어 표현과 지도는 유아가 한계를 이해하고 자신의 행동을 조절하는 데 도움이 된다.

③ 유아에게 말하고자 하는 동기부여를 한다.
유아교사는 유아가 교사에게 요구를 말하거나 자신의 감정을 표현할 때 개방적이고 허용적인 분위기를 제공하며 구체적인 반응을 보여서 유아에게 말하고자 하는 동기를 부여한다.

④ 유아의 바람직한 언어습관을 발달시킨다.
유아교사는 유아에게 말하기의 바람직한 언어 모델을 제시하기도 한다. 유아교사는 완성된 문장을 말하고 유아들의 이야기를 잘 듣는 모범을 보여야 한다.

⑤ 유아의 사고를 확장한다.
유아교사는 설명이 아닌 질문을 통하여 유아의 사고를 확장할 수 있다.

Tip

유아교사의 논리적 말하기의 중요성 (2)

부모와 신뢰관계를 형성할 수 있다.

교사는 부모와 유아의 발달 및 행동문제에 대한 상담을 한다. 상담할 때 교사는 유아에 대한 부모의 의견을 듣기도 하지만 교사가 관찰한 유아에 대한 정보를 논리적으로 말할 수 있어야 한다.

① 부모가 유아에 대해 잘 이해할 수 있도록 돕는다.
유아에 대한 핵심적인 내용을 간결하게 전달했을 때 부모가 유아에 대해 더 잘 이해할 수 있다. 유아교사가 유아의 행동에 대해 장황하거나 반복된 표현을 하면 부모는 교사가 전달하고자 하는 핵심이 무엇인지 이해하기 어려울 것이다.

② 부모의 자녀 양육을 도울 수 있다.
유아에 대한 객관적인 관찰 정보와 발달특성을 근거로 유아지도 전략을 설명할 때 부모는 실질적인 자녀 양육 방법에 대한 도움을 받을 수 있다.

③ 부모와 신뢰 관계를 형성한다.
유아에 대한 부모의 질문에 대해 교사가 막연하거나 애매모호한 답변을 하면 부모의 신뢰를 얻기 어렵다. 교사가 구체적이면서 논리정연한 답변을 했을때 부모는 교사의 전문성을 존중하게 된다.

부모 상담의 목표는 유아의 발달을 지원하는 것으로 문제 해결을 위한 부모와 교사의 상호 협력적 의사소통이 전제되어야 한다. 또한 부모의 감정을 고려하여 말할 때 효과적인 상담이 진행될 수 있다.

Tip

유아교사의 논리적 말하기의 중요성 (3)

협력적인 동료관계를 형성하며 업무 효과를 높인다.

유아교사들은 교사들 간의 개인적 대화 외에 유치원의 교육과정 계획과 평가, 행사 운영, 교사의 업무 분장 등과 같은 다양한 안건에 대한 대화를 한다. 유치원의 특성에 따라 다르기는 하지만 원장과 교사들의 다양한 의견을 수렴하기 위한 회의 시간을 갖기도 하고 비형식적인 대화를 통해 문제를 해결한다. 이때 효과적인 대화는 업무의 효율성을 높이고 협력적인 동료 관계를 갖도록 하는 데 도움이 된다.

① 짧은 시간 안에 효과적으로 문제를 해결한다.
교사가 회의 안건 또는 대화의 주제를 이해하고 자신의 의견을 논리적으로 제시한다면 회의를 짧게 진행할 수 있으며 효과적으로 문제를 해결할 수도 있다.

② 자신이 맡은 업무에 대한 자신감과 책임감을 보일 수 있다.
자신의 의견을 자신 있게 표현하는 것은 업무에 대한 자신감과 책임감을 나타내는 것이기도 하다. 초임교사들은 자신의 의견을 말하지 못하고 원장 또는 선배교사들의 결정에 따르는 경우가 종종 있는데 상황을 고려하여 자신의 의견을 표현하는 연습이 필요하다.

③ 동료교사와의 갈등을 효과적으로 해결할 수 있다.
동료교사와의 갈등이 있을 때도 논리적 말하기 능력은 중요하다. 말을 하지 않거나 감정적으로 자신의 의견을 표출했을 때 갈등이 더 커지는 경우도 있다. 자신의 입장과 의견을 논리적으로 말하고 상대방의 의견을 잘 듣고 이해하는 능력은 동료와의 긍정적인 관계 형성에 도움이 된다.

2) 논리적 말하기의 기본 원리

말하기는 인간이 가지고 있는 의사소통의 행위 중 하나이다. 말하기 상황은 말하는 사람, 듣는 사람, 시간과 장소, 대화의 내용, 대화의 맥락으로 이루어져 있다(김순자, 2000; 조정숙, 이차숙, 노명환, 2012). 말은 글과 달리 말할 때 짓는 표정과 어조 또는 몸짓과 같은 비언어적 표현의 도움을 받아 감정과 정서가 함께 전달되는 장점이 있다. 말하는 사람은 언어적 · 비언어적으로 자신의 의견을 효과적으로 전달하고자 하며 듣는 사람은 상대방의 말의 의미를 파악하고 그에 적절한 화제를 이어가고자 한다. 즉, 말하는 사람과 듣는 사람은 말하기 원리를 지켜가며 대화를 지속해야 한다.

(1) 순환의 원리

대화는 말하는 사람과 듣는 사람의 소통을 전제로 한다. 이를 위해서 일방적인 말하기가 아니라 대화의 순환을 통한 의사소통을 해야 한다(장원길, 최경호, 박인성, 박정미, 2010). 때로 말하기는 탁구게임에 비교된다. 탁구공을 가진 선수는 상대방에게 공을 보내야 하고 공을 받은 선수는 다시 공을 상대방에게 보내야 한다. 이와 같이 한 사람이 말을 하면 상대방은 듣고, 들은 내용에 대해 반응하는 순환의 원리가 잘 지켜졌을 때 효과적인 의사소통이 가능하다. 만약 말을 듣는 사람이 상대방의 말에 대해 반응을 하지 않을 경우 순환의 원리는 지켜지지 않게 된다.

순환의 원리가 지켜지지 않은 대화	순환의 원리가 지켜진 대화
팀장: 이번 PT 발표 주제를 뭘로 할까요? 팀원: .... 팀장: 창의적 사고로 할까요? 팀원: 저는 잘 모르겠는데요. 팀장: 뭐라도 말해 봐요.	팀장: 이번 PT 발표 주제를 뭘로 할까요? 팀원: 4차 산업혁명을 반영하는 주제는 어떨까요? 팀장: 창의성으로 할까요? 팀원: 네, 찬성합니다. 창의성의 하위 내용을 반영하여 '새롭게 보고, 새롭게 말하기'는 어떨까요? 팀장: 좋은 의견입니다. 또 다른 의견 가진 사람 있어요?

순환의 원리가 잘 지켜지기 위해서는 상대방의 질문을 파악하고 질문의 내용에 근거하여 자신의 의견을 말할 수 있어야 한다. 유아교사도 유아와 주제에 대한 대화뿐 아니라 기분에 대해 끊임없이 대화를 한다. 이때 교사의 일방적인 설명이나 지시가 아니라 유아의 이야기를 듣고 이해하여 반응하는 상호작용을 한다. 주제에 대해 이야기 나누기(허미애, 2007)를 할 때 교사는 정보와 개념을 전달하고 유아들이 수동적으로 반응하는 것이 아니라 순환의 원리를 지켜서 자신의 의견을 말하고 다른 유아 또는 교사가 이에 반응하는 말하기가 되어야 한다.

(2) 맥락의 원리

논리적으로 말하기 위해서는 상황과 맥락에 근거하여 사고하고 이를 말로 표현할 수 있어야 한다(박찬옥 외, 2009). 맥락이란 이미 주어진 것이 아니라 대화 과정에서 탐색하고 결정하는 것으로 성공적인 말하기를 위해서는 상대방이 의도하는 맥락을 파악하고 반응할 수 있어야 한다(장원길, 최경호, 박인성, 박정미, 2010).

경 민 : 시간 빠르네요.
진 수 : 아휴! 할 일이 많아요.
경 민 : 그럼, 오늘 퇴근 늦어요?

경민이는 퇴근 시간이 가까워진다는 맥락을 반영하여 말하고 있고, 반면 진수는 상대방이 퇴근 시간을 염두에 두고 있음을 파악하지만 할 일이 많이 남아 있는 상황을 담아서 말하고 있다. 경민과 진수는 상대방의 말의 의도와 퇴근 시간과 남은 업무량의 상황적 맥락을 이해하기 때문에 "오늘은 퇴근이 늦어요?"라는 질문을 하기도 하고, 아래 상황에서와 같이 퇴근을 늦게 하지 않기 위해서 "일에 집중해요."라는 말을 하는 것이다.

경 민 : 시간 빠르네요.

진 수 : 6시에 퇴근해야 하는데 오늘은 이 일까지는 마무리해야 해요. 6시까지 마무리하려면 빨리 일을 진행해야 합니다.

경 민 : 우리 지금부터 일에 집중해서 빨리 끝내요.

말하는 사람은 의사소통의 목적, 의사소통의 맥락이나 상황에 일치하는 발화를 통해서 상대방과의 결속을 유지하고, 듣는 사람은 상대방의 말의 의미를 의사소통의 목적과 맥락 등을 고려하여 추론하고 해석한다(장원길, 최경호, 박인성, 박정미, 2010). 때로 듣는 사람은 대화에 드러나지 않는 말하는 사람의 숨은 의도까지 파악해야 한다.

교 수 : 지난 주 어디까지 했지요?

학 생 : 조금 전 수업이 이제 막 끝났어요.

교 수 : 쉬는 시간을 못 가졌겠네요.

대화를 통해 상대방과의 결속력을 갖기 위해서는 상대방의 말의 함축된 의미를 이해해야 한다. 위 대화에서 교수는 이전 수업이 늦게 끝나서 학생들이 쉬는 시간을 갖지 못했다는 상황적 맥락과 교수에게 쉬는 시간을 요구하고 있다는 숨은 의도를 이해하고 대화하고 있다.

언어적 표현이 미숙한 유아와 대화하는 유아교사는 유아가 왜 그러한 말을 하는지 상황과 맥락을 이해해야 할 때가 종종 있다.

미술 영역에서 만 4세의 수영이와 현민이가 그림을 그리고 있다. 수영이는 현민이의 그림을 보다가 종이에 낙서하듯 그림을 그린다.

수 영 : 난 막 그릴 거야.
교 사 : 수영이는 왜 그림을 막 그릴 거예요?
수 영 : 일부러 망치게 하는 거예요.

위와 같은 사례에서 교사는 수영이 주변에 누가 있는지, 무엇을 보고 있었는지를 관찰하고 수영이가 현민이의 그림과 자신의 그림을 비교하고 상처 받지 않기 위해서 하는 행동과 말이라고 이해를 한다면 "그림 그리는 건 정말 어려워. 선생님하고 같이 해볼까요?"와 같이 말할 수 있을 것이다.

(3) 협동의 원리

말하기와 듣기는 두 사람이 함께 의미를 구성하기 위해 메시지를 주고받는 과정이다. 따라서 두 사람이 공동의 목표 달성을 위해 서로 영향을 주고받는 상호 교섭적 과정이라 할 수 있다(오현진, 2008). 효과적인 의사소통을 위해서 말하는 사람과 듣는 사람은 현재의 대화 흐름에 합치하는 말을 하고 해석해야 한다. 대화하는 사람들은 서로의 이익을 추구하기 위해 대화의 협력을 해야만 한다(이만식, 김용경, 2013). 따라서 말하는 사람은 현재 진행되는 대화의 목적과 상황을 이해하고 이에 합당한 말을 해야 한다. 즉 자신의 말이 듣는 사람에게 수용되기를 원한다면 협동의 원리에 따라 대화의 주제와 내용을 말해야 한다.

경 준 : 어제 아르바이트 하느라 전화를 못했어. 미안해.

혜 정 : 됐어.

경 준 : 정말 미안해. 아직도 화났어?

혜 정 : 말 시키지 마. 나도 바빠.

경 주 : 뭐 하는데 바빠?

혜 정 : 몰라.

남자친구는 약속을 지키지 못한 것에 대한 미안한 마음을 표현하고 갈등을 해결하고자 하나 여자친구는 대화를 거절하고 있다. 이와 같이 상대방의 대화에 협력하지 않으면 대화를 이어갈 수가 없다. 또한 상대방이 대화에 소극적일 때도 협동의 원리는 지켜지지 않는다.

협동의 원리는 상대방의 의도를 추론하고 대화할 때 잘 지켜질 수 있다. 맥락의 원리에서 상황적 맥락과 상대의 의도를 잘 파악해야 했던 것처럼 협동의 원리에서도 상대방의 의도를 이해하는 것이 중요하다.

정 수 : 면접 잘 했어?

지 민 : 하늘 파랗다.

정 수 : 걱정 마.

지 민 : 고마워.

위 대화를 보면 서로 관련성이 없는 대화를 하는 듯하다. 그러나 상대방이 질문과 상관없는 대답을 해도 그 말의 함축된 의미를 대화자 서로가 합의하고 있기 때문에 대화는 지속될 수 있는 것이다. “하늘 파랗다.”라는 말의 이면에는 ‘어려웠다. 그래서 말하고 싶지 않다.’ 또는 ‘내 마음은 우울한데 내 마음과 달리 하늘은 파랗구나.’라는 의미가 담겨 있을 것이다. 상대방은 그러한 의미를 읽기 때문에 걱정하지 말라는 위로의 말을 하는 것이다. 만약 정수가 지민이의 의식의 흐름을 잘못 해석하거나 말의 의도를 논리적으로 추론하지 않는다면 대화의 협동은 어려울 것이다.

유아교사도 성공적인 대화를 위해서는 상대방과 상호 관련성을 맺고 상대방의 함축된 말의 의미를 해석해야 하는 상황이 있다. 특히 학부모와 상담할 때 부모의 숨겨진 의도를 파악해야 면담의 성과를 잘 이끌어 낼 수 있을 것이다.

교 사 : 어머니, 경수가 화가 나면 물건을 던지거나 울 때가 있어요.
경수 어머니 : 애들은 다 비슷하지 않나요?
교 사 : 공격적인 행동을 하면 경수와 함께 노는 친구들이 다칠 수도 있고, 또래 유아들이 함께 놀려고 하지 않을 수도 있어서요.
경수 어머니 : 경수는 집에서 책 읽는 것을 좋아하는데 유치원에서는 어때요?

위 대화에서 경수 어머니는 자녀의 부정적 측면에서 대해서는 듣고 싶지 않으며 화제를 다른 주제로 전환하고 싶어 한다고 해석할 수 있다. 이때 교사는 유아의 공격적 행동에 대해 상담을 지속하거나 부모가 원하는 주제로 전환하여 우선은 부모와의 대화를 유지할 것인지를 판단해야 할 것이다. 부모가 현재 유아의 공격적 행동에 대해 대화하고 싶어하지 않는다면 유아가 좋아하는 책 읽기나 다른 장점을 먼저 이야기하고 자연스럽게 또래관계 형성과 사회적 기술 지도의 필요성을 말하는 것도 좋을 것이다.

3) 논리적 말하기에 영향을 미치는 요인

말하기는 말하는 사람, 듣는 사람, 말하는 사람과 듣는 사람의 관계, 시간과 공간, 담화의 주제와 형식이 영향을 미친다.

(1) 말하는 사람

말하는 사람의 인지적 특성, 정서적 특성, 성격적 특성, 사회적 특성 등의 개별적 특성은 말하기에 영향을 미친다. 인지적 특성은 언어 수준, 상황에 대한 이해 능력을 의미하며 정서적 특성은 흥미, 동기, 태도를 의미한다. 성격적 특성은 내 · 외향성의 성향이나 자존심, 감정이입 수준을 의미하며 사회적 특성은 사회 · 경제적 수준, 교육 수준, 종교, 직업 등의 문화적 배경을 의미한다.

- 구체적인 수준에서 사고하는 사람의 경우에는 사실 중심으로 문제 해결을 위한 말하기를 할 수 있으며, 추상적 수준의 사고를 하며 정서적 특성이 강한 사람은 사실보다는 기분과 느낌 중심의 말을 할 수 있다.
- 감정이입을 잘하는 사람의 경우에는 상대방의 의견에 대한 공감적 표현을 자주 하지만 자존심이 강한 사람은 자신의 의견을 관철시키기 위한 주장을 더 많이 할 수도 있다.
- 관심 있는 주제이거나 자신 있는 업무일 경우에는 보다 적극적으로 자신의 전문적 의견을 표현하지만 진행되는 대화에 자신감이 없을 경우에는 의견을 제시하지 않거나 소극적 반응을 보일 수 있다.

(2) 듣는 사람

말하기는 듣는 사람의 영향을 받는다. 말하는 사람은 듣는 사람을 고려하여 적절한 어휘와 문장으로 자신의 주장과 의견을 표현한다. 따라서 말을 할 때는 듣는 사람의 인지적 수준, 집단규모, 흥미, 연령, 성별, 친밀감의 정도를 고려해야 한다. 화자는 상대방의 관심과 흥미를 파악하고 상대방의 연령과 이해 수준을 이해하고 말한다. 즉, 듣는 사람이 누구이며 무엇을 얼마나 알고 있는지, 무엇을 원하는지에 따라 말하기의 내용과 방법을 달리해야 한다.

- 상대방의 연령을 고려한 어휘를 선택하고 적절한 문장으로 표현한다. 교사가 연령이 어린 유아와 대화할 때는 단편적인 문장으로 교사의 요구를 표현하지만 연령이 높은 유아와 대화한다면 2~3개 이상의 지시가 포함된 복합 문장으로 교사의 생각을 말한다.
- 효과적인 대화를 위하여 상대방이 좋아하는 주제 및 일상 경험에 대해 질문하여 대화를 유지하고 상대방이 자신의 의견을 말하도록 동기부여한다.
- 상대방의 성격이 내향성일 경우 말하기를 강요하기보다는 편안한 분위기를 제공하고 인내심을 가지고 기다려 준다.
- 상대방이 주장이 강한 성향이라면 이야기를 잘 듣고 인정해 주며 협조를 요청하는 말을 한다.

(3) 말하는 사람과 듣는 사람의 관계

말하는 사람과 듣는 사람의 친밀도는 말하기에 영향을 미친다. 친밀도가 높을 경우에는 발화의 양이 많으며 공적, 일반적 내용보다는 개인적 생각과 의견을 주고받는 대화를 주로 할 것이다. 또한 예의범절을 갖춘 의사소통보다는 격식 없는 대화의 양이 더 많을 것이다. 반면 말하는 사람과 듣는 사람이 친하지 않을 경우는 공식적, 일반적, 보편적 대화 위주이며 대화의 양도 많지 않을 것이다. 격식과 형식을 지키는 의사소통이 될 것이다.

동료와 친밀한 관계가 형성되어 있다면, 공식적 업무 외에도 사적인 대화를 자주 시도하여 친밀감이 더 높아질 것이나 친밀감이 형성되어 있지 않다면 객관적 사실 확인이나 업무 지시 또는 업무 수행 여부 확인 등의 일반적 상호작용 위주가 될 수 있다. 이는 가족과의 관계에서도 동일하게 적용된다. 부모와의 관계에 편안함을 느끼는 자녀는 부모에게 학교에서의 개인적 경험과 자녀와 부모의 감정에 대한 대화 빈도가 높겠지만 반대의 경우에는 과제, 생활규칙과 같은 일반적 대화가 더 많을 수도 있다.

말하는 사람과 듣는 사람이 원만한 대인관계를 형성한 경우에는 공감적 화법이 가능하며 이를 통해 성공적인 사회적 관계 형성도 가능해진다. 상대방의 마음을 이해하는 공감적 화법은 화자와 청자의 관계적 측면을 강조하는 것으로 서로의 마음을 깊이 있게 이해하며 공유하는 인간관계 중심의 대화를 시도하는 것이다

(4) 시간과 공간

말하기는 시간과 공간의 많은 영향을 받는다. 말하는 사람과 듣는 사람이 동일하더라도 대화가 이루어지는 때와 장소에 따라 표현 내용과 방법이 달라진다(오현진, 2008). 화자와 청자가 사적인 공간에서 일상적 대화를 나눌 때와 공식적인 회의에서 업무 관련 대화를 나눌 때의 언어 표현은 다르다. 공식적인 공간이라면 구체적 어휘와 정교한 문장으로 명료하게 자신의 의견을 표현하지만, 사적인 공간에서는 화자와 청자가 공유하는 언어와 문장으로 대화가 가능할 것이다. 또한 동일한 표현도 시 · 공간적 배경에 따라 의미가 다를 수 있다. 추운 공간에서 "왜 이렇게 차가워?"라고 말했을 때는 온도가 낮아서 추위를 느낀다는 표현이지만 상대방이 화가 나 있거나 쌀쌀맞다고 느끼는 상황에서는 상대방의 감정이 차가워서 불편하다는 의미로 해석할 수 있을 것이다. 공간의 크기에 따라 목소리의 크기도 달라질 수 있다. 좁은 공간에서는 작게 말해도 의사전달이 가능하지만 넓은 공간을 큰 소리로 말해야 할 것이다. 회의공간이라면 객관적 사실에 근거하여 논리적 체계를 갖추고 일관성을 유지하면서 자신의 의견을 말하지만 사람들의 이동이 많은 공간에서 잠깐의 시간을 할애해서 대화할 때는 핵심만 간략하게 말하고 이에 대한 근거는 나중에 보고하는 것이 효과적일 수도 있다.

따라서 말하는 사람은 공간과 함께 시간을 고려하여 자신의 의견과 주장을 말할 수

있어야 한다. 말하는 사람은 주어진 시간에 끝마칠 수 있도록 말의 순서와 내용을 조직하여 성공적인 의사소통을 할 수 있어야 한다. 시간과 공간을 고려하여 말해야 하는 상황은 다음과 같다.

- 5분 스피치를 해야 할 때 현재의 상황과 이에 영향을 미치는 원인, 유사한 사례, 문제 해결 시 고려해야 할 다양한 위험 요인들, 해결책 등을 말하기에는 시간이 부족할 수도 있다. 시간 관리를 못할 경우 문제 상황과 사례만 나열하고 해결책을 제시하지 못할 수도 있다. 효과적인 시간 관리를 위해서는 상황에 대한 해결책을 발표하고 다양한 사례에 대한 정보는 문서로 제시할 수도 있다.
- 중요한 건의를 하고자 하는데 사람들의 왕래가 많거나 전화벨 소리 등으로 방해를 받을 수 있는 공간에서 대화한다면 서로가 심리적 압박을 받기 때문에 단편적인 정보 교류를 중심으로 대화를 나누게 되어 말하는 사람의 목표를 달성하는 데 실패하기 쉽다. 문제 해결을 위한 긴밀한 대화가 필요한 경우 조용한 공간을 선택한다.
- 상대방이 바쁜 일정으로 시간에 쫓기고 있다면 말하는 사람이 논리적으로 자신의 의견을 표현해도 상대방에게 잘 전달되지 않을 것이다. 꼭 해결해야 할 중요한 말이라면 상대방이 시간적 여유가 있을 때가 좋다.
- 말하는 사람과 듣는 사람이 갈등 없이 해결할 수 있는 가벼운 문제는 공간과 시간의 구애를 덜 받는다. 그러나 말하는 사람과 듣는 사람의 입장의 차이로 갈등이 있거나 문제의 사안이 복잡하여 쉽게 결론을 내기 어렵다면 조용한 공간에서 시간을 할애하여 주장의 근거를 논리적으로 제시하며 상대방을 설득해야 한다.

(5) 담화의 주제와 형식

말하기는 담화의 주제에 영향을 받는다. 친숙한 사람에게 일상적인 경험을 말할 때와 대중 앞에서 주어진 주제에 대한 정보와 개인의 의견을 말할 때는 말의 내용 수준과 말하는 방법이 다를 것이다.

또한 말하기의 형태는 담화의 형식에 따라 다르게 전개된다. 일상적인 자기 경험을 자유롭게 말할 때, 발표할 때, 토론할 때 등의 형식에 따라 말할 내용을 다르게 계획하고 조직한다.

- 주제에 대한 찬반 토론 또는 정보 교환을 할 때는 주제에 대한 객관적 사실이나 과학적 정보 등이 담화의 내용이 된다. 주제에 대한 개인의 의견을 표현해야 할 때는 개인의 기분 표현이나 추상적 표현보다는 구체적 사실과 분석적 내용을 논리적으로 말한다.
- 일상적 경험에 대해 말할 때는 보다 친밀감을 표현하며 분석적 · 평가적 언어 표현보다는 공감적인 말을 한다.
- 발표할 때는 서론, 본론, 결론을 구분하여 체계적인 말하기를 한다. 또한 발표할 때는 집단의 규모를 고려하여 목소리 크기와 톤을 조정하며 정중하고 완성된 문장의 형태를 말한다.
- 토론할 때는 토론의 주제에 대한 찬성 또는 반대의 의견을 말하며 자신의 주장에 대한 논증을 명확하게 제시하고 상대방의 의견에 대한 반론을 제시하는 형식의 말을 한다. 토론할 때는 "반대 측의 의견을 잘 들었습니다.", "제 의견을 말씀드리자면.......", "종합적으로.......", "결론부터 말씀드린다면........" 등과 같이 토론에서 주로 사용하는 언어적 표현을 사용하여 자신의 의견을 말한다.
- 상황에 따라 말할 내용이나 방식이 관습적으로 정해져 있는 경우도 있다. 행사, 병문안, 결혼식, 조문 상황에 적합한 표현이 있다.

2. 논리적 말하기의 기법

논리적 말하기는 문제의 초점을 파악하고 이와 관련된 정보를 수집하여 분석하며 비판적으로 사고하여 말하는 것이다. 논리적 말하기는 계획하기, 말하기, 평가하기의 세 단계로 구분할 수 있다. 계획하기 단계에서는 무엇을 말할 것인지에 대한 주제발견과 명료화를 하고 주제와 관련된 자료를 수집하여 적절히 배열한다. 말하기 단계에서는 듣는 사람을 고려하여 말할 내용과 전달 방식을 결정한다. 화자는 말의 언어적 요소와 목적적 요소를 고려하여 효과적으로 자신의 의견과 주장을 표현한다. 평가하기 단계에서는 화자가 표현하고자 하는 내용이 효과적으로 전달되었는지를 스스로 진단한다.

1) 계획하기 단계

논리적인 말하기를 위해 말하는 사람은 문제의 초점과 핵심, 목적이나 의도를 파악하고 말할 내용을 수집 · 분류하기 위한 준비의 시간을 갖는다. 자료 수집은 말할 목적과 의도에 맞는 문헌, 경험, 조사한 내용 등을 모으는 것이다. 마지막으로 내용의 조직 방법을 계획한다. 내용 조직에서는 유사한 내용끼리 묶거나, 화제 전개 순서에 맞게 정리한다.

말하는 사람은 말하기의 유형, 주제, 쟁점에 따라 효과적인 말하기의 내용과 방법을 결정한다. 즉, 말하기 유형이 대화인지, 토론인지, 설명인지에 따라 각 말하기 유형에 맞는 표현 계획을 세워야 한다. 그 다음에는 표현 계획을 올바른 문장으로 구성하여 표현할 준비를 해야 한다.

(1) 주제 발견

계획하기 단계에서 제일 먼저 해야 할 일은 주제를 발견하는 것이다. 즉, 문제의 초점을 파악하여 말하기의 주제를 결정하는 것으로 주제는 화자의 의도성과 관련이 있으며 상대방의 흥미와 호기심을 유발할 수 있어야 한다. 주제를 선정할 때 고려할 점은 다음과 같다(Osborn & Osborn, 2006).

- 어떤 목적을 가지고 말하려고 하는가?
- 내가 흥미로워하는 주제인가?
- 나는 말하고자 하는 그 주제에 대해 충분히 알고 있는가?
- 내가 말하고자 하는 주제에 대한 경험을 가지고 있는가?
- 나의 지식과 경험을 상대방과 공유할 수 있는가?
- 효과적으로 그 주제를 전달할 수 있는가?
- 주어진 시간 안에 전달할 수 있는 주제인가?

(2) 주제의 명료화

일단 주제를 선정하면 이를 명료하게 정리할 수 있어야 한다. 주제의 명료화란 말하기를 통해 성취하고자 하는 것이 무엇인지를 구체화하고 말의 내용을 간결하게 조직하는 것이다.

학생이 사회봉사에 대해 설명해 달라고 한다. 사회봉사의 의미와 중요성, 사회봉사의 방법과 절차, 사회봉사의 시기, 사회봉사를 위한 봉사자의 자질과 태도, 사회봉사의 유형 중에서 학생이 듣고 싶은 주제는 무엇이며 어떡하면 핵심적인 내용을 전달할 수 있을까?

전체 학생을 대상으로 사회봉사에 대한 오리엔테이션 교육을 계획하는 것이라면 사회봉사의 교육적 가치부터 시행방법까지 논리적 사고의 체계에 따라 말의 내용을 계획할 수 있을 것이다.
그러나 시행방법에 대한 구체적인 내용을 원할 경우, 사회봉사의 시기와 시간, 대상 선정방법, 관련 서류만 요약하여 내용을 전달할 계획을 세운다.

(3) 주장의 근거 자료 수집 및 확인

말하는 사람이 말을 통해 상대방을 이해 또는 변화시키기 위해서는 주장하고자 하는 주제에 대한 근거가 명확해야 한다. 말하는 사람은 주제와 관련된 이야기(narrative), 예시, 증언, 사실, 통계 자료를 수집하여 자신의 주장을 뒷받침할 수 있는 근거로 삼는다(김재봉, 2017).

대학의 총장님에게 프로그램 운영 예산을 증액해주길 요청하고 싶다면 왜 예산을 늘려야 하는지 상대방이 납득할 만한 논리적 근거 자료를 제시해야 한다.

최근 3년간의 학생 1인당 지원 예산 변화, 타 대학과의 통계 비교, 학생들의 요구에 대한 면담 내용, 학생 지원 프로그램과 학생 만족도와의 성취 비교 자료를 수집하여 주장의 근거로 제시하기 위한 계획을 세울 수 있다.

통계 자료를 활용하거나 구체적인 예시와 전문가 의견을 인용하면 말의 내용에 대한 신뢰감을 준다. 다만 통계 자료와 참고 자료를 인용할 때 다음의 사항을 고려해야 한다.

- 정보는 내가 말하고자 하는 내용과 관련이 있는가?
- 최근의 정보인가?
- 믿을 만한 자료인가?
- 객관적인 정보인가?
- 상대방이 관심을 가질만한 정보인가?

(4) 내용의 순서 배열

말하고자 하는 주제를 명료히 하고, 그 근거가 명확해지면 말하고자 하는 내용의 순서를 어떻게 배열할까를 계획한다. 순서배열에는 대체로 주제의 하위 범주별로 논리적 전개를 하는 범주적 설계, 원인을 분석하고 결론을 제시하는 인과적 설계, 서론-본론-결론으로 제시하는 이야기 설계 방식 등이 있다(김재봉, 2017). 본 교재에서는 이야기 설계 방식에 대해 제시하고자 한다. 말의 서론은 시작 부분으로 상대방이 주의를 집중할 수 있는 내용을 말한다. 본론에서는 자신의 주장과 관련된 사실, 통계 자료, 찬성과 반대의 의견을 제시한다. 결론은 앞서 말한 내용을 간략하게 요약하고 자신의 주장을 제시한다.

① 서론

- 말을 하거나 구조를 잡을 때는 강한 임팩트가 있어야 한다(김은성, 2017).
- 서론에 흥미로운 이야기나 공감대를 형성할 수 있는 이야기를 한다.
- 서론은 짧으면서 논점을 명확하게 문제를 제기하거나 주의를 환기시키는 말로 시작한다.
- 인상적인 서론을 위해서 구체적인 예시나 일화로 시작하는 말하기를 할 수 있다.
- 일반적으로 개념정의로부터 시작하거나 주장을 단도직입적으로 제시할 수도 있다.

② 본론

- 본론에서는 주장을 명확하게 주장하기 위해서 말의 순서를 구조화한다.
- 타당한 논거를 제시하기도 하고 사례를 들어 의미를 해석하는 말을 한다.
- 자칫 사례와 증거를 나열하면 지루한 말이 될 수 있으며 일반적인 주장은 발표의 가치가 없을 수 있다.
- 통계와 연구 결과들을 활용하면 신뢰감을 줄 수 있지만 특수한 결과를 일반화하는 오류를 범하면 안 된다.
- 발표 내용을 구성할 때는 자신의 주장과 반대되는 의견에 대한 반박을 먼저하고 자신의 주장을 마지막에 할 수도 있고, 두 개의 대립되는 의견을 비교하면서 자신의 주장을 제시할 수도 있다.

③ 결론

- 결론에서는 앞서 발표한 내용을 요약하여 말하고, 핵심적인 부분을 강조하여 말한다.
- 인용문을 사용하여 강렬한 마무리 말을 하는 것도 효과적이다.
- 또는 발전적인 제언을 말하기도 한다.

단계	주요 내용	소통과 공감
서론	주의집중, 환기	• 서로 소통하지 못하는 상황의 이미지(그림 또는 사진 등) 제시 • 소통과 공감의 중요성과 방법에 대한 주제 소개
본론	핵심 내용 전달	• 소통과 공감의 중요성 • 소통과 공감이 어려운 현대인의 문제 • 문제의 원인 분석(사회구조와 세대별 인식의 차이 분석 자료 제시, 인터뷰 내용 제시, 전문가 의견 제시) • 구체적 해결책 또는 대안 제안
결론	요약진술, 결론	• 요약 • 결론 제시(속담 또는 명언을 인용할 수 있음)

(4) 말하기 개요 작성하기

말할 내용을 계획했다면 마지막으로 서론, 본론, 결론의 내용을 기록해 본다. 즉흥적으로 말하기보다는 말할 내용의 개요를 작성하고 연습한다면 말하기 능력은 더 향상될 것이다. 말할 내용의 개요를 작성할 때 핵심어를 우선 기록하고 실제 말할 내용을 기록하는 것도 효과적이다.

2) 논리적 말하기 단계

말하기에는 공식적인 말하기와 사적 말하기가 있다. 둘 다 메시지 전달이 목적이지만 공식적인 말하기는 발표, 연설 등이 예가 될 수 있으며, 사적 말하기는 관계 형성을 위한 대화가 그 예이다. 사전인 대화는 명확한 목적을 가지고 의사소통한다기보다는 관계 맺기 및 정서적 교류의 목표가 더 크다고 볼 수 있다. 따라서 말의 내용 조직이 완벽하지 않을 수 있으며, 지식과 사실보다는 개인적 경험과 생각을 말하는 경향이 있다. 반면에 공식적 말하기는 화자가 청자에게 지식에 기반을 둔 정보를 전달하거나 청자의 생각을 변화시키고자 하는 목표가 분명하다(김재봉, 2017). 말의 내용이 조직적이며 공식적인 언어를 중심으로 표현하기 때문에 논리적인 말하기가 되어야 한다.

또한 화자는 말의 언어적 요소와 목적적 요소를 고려하여 말할 수 있어야 한다. 언어적 요소를 고려한 말하기는 정확한 음성과 발음, 적절한 어휘와 문장으로 표현하는 능력을 의미한다.

말의 목적적 요소는 자신의 의견을 주장하거나 설명하기, 듣는 사람을 설득하기 위한 목적을 담고 있다. 언어적 요소 또는 목적적 요소를 고려한 말하기는 논리적 사고에 기초한 말하기가 되어야 한다.

계획하기 단계에서 말하고자 하는 주제와 내용을 선정하고 말할 내용의 개요를 정리했다면, 화자는 말하기의 언어적 요소와 목적적 요소를 고려하여 논리적으로 말한다.

(1) 언어적 요소

언어적 요소는 직접적 요소와 간접적 요소로 구분할 수 있다(오현진, 2008). 직접적 요소는 청각기관에 의해 이해되는 음성과 발음, 어휘, 문장, 담화이고 간접적 요소는 신체적으로 표현되는 몸짓과 표정이다. 김정자(1991)는 화자의 태도와 표현에 따라 청자는 같은 말이라도 다르게 해석할 수 있다고 하였다. 원만한 의사소통을 위해서는 상황에 따라 표현과 말한 때의 태도를 효과적으로 조절하는 능력이 있어야 하며 상대방의 몸짓언어와 언어를 이해할 수 있어야 한다. 즉, 말하기는 언어 이외의 비언어적 표현방법을 적절히 활용할 수 있어야 하며, 상대방의 얼굴표정, 몸동작, 말의 높낮이, 빠르기, 억양, 강세 등의 비언어적 표현이 주는 메시지를 이해할 수 있어야 한다.

① 음성과 발음

청자는 화자가 말하는 내용은 물론 음성과 발음을 통해서도 메시지를 전달받는다. 화자가 지나친 감정을 드러낸 흥분 상태이거나 긴장으로 목소리가 떨릴 때 청자는 화자의 말보다는 상대의 불안과 긴장감이 주는 숨은 메시지를 전달받는다. 또는 화자가 지나치게 크게 말하거나 작게 말한 경우에는 정확한 내용 전달이 안 되어 청자가 내용을 제대로 이해하지 못하게 된다. 따라서 효과적인 말하기를 위해서는 차분한 태도와 적절한 크기의 소리, 좋은 음색, 정확한 발음을 하도록 연습을 해야 한다(이만식, 김용경, 2013).

성대가 긴장되면 숨이 차고 긴장된 목소리가 나오기 때문에 좋은 음색을 얻기 위해서는 호흡 조절을 잘 해야 한다. 숨을 크게 들이마시고 천천히 내뱉거나(정승혜, 문금현, 2000), 속으로 열까지 수를 세면서 천천히 숨을 들이마시고 같은 속도로 내뱉는 연습을 한다.

- 성대의 긴장을 풀기 위해서는 한숨을 쉬는 연습도 도움이 된다.
- 적절한 목소리 전달을 위해서는 분명하고 명확한 발음으로 말해야 한다. 발음을

정확하게 하는 연습을 위해서 규칙적으로 글을 소리 내어 읽는 연습을 권한다.

- 말하다 보면 큰 소리로 내야 할 상황이 있다. 이때 발음을 신경쓰지 않고 목소리의 성량만 높이면 상대방에게 소음처럼 들릴 수 있다. 반대로 성량이 떨어지면 상대방이 말을 듣지 못할 수도 있다. 평소 자신의 성량을 잘 파악해 두었다가 대화의 상황에 맞게 조절할 수 있어야 한다.
- 말의 속도도 의사소통에 영향을 미친다. 느린 속도는 말하고자 하는 내용을 정확하게 전달할 수 있다. 반면 빠른 속도는 청자가 지루하지 않게 화자의 말을 들을 수 있다는 장점이 있다. 따라서 한 가지 속도로만 말하기보다는 말의 내용에 따라 속도를 조절할 수 있어야 한다.
- 말을 할 때 강조해야 할 부분에서 힘주어 말하기와 석설하게 말을 멈추기, 자연스러운 억양으로 말하기를 연습한다.

Tip

유아교사의 효과적인 말하기를 위한 tip

- 이야기나누기를 할 때 강조해야 할 개념 또는 어휘가 있을 경우에는 천천히 평소보다 큰 소리로 말한다.
- 유아가 주의집중해야 할 상황에서는 아주 작은 소리로 느리게 말하다가 점점 큰 소리로 말하고 다시 작아지는 소리로 말하는 것도 효과적이다.
- 유아에게 새로운 어휘를 소개할 때는 정확한 발음으로 천천히 말한다.
- 활동 또는 행사 진행을 위하여 큰 소리로 말해야 할 때는 배에 힘을 주고 큰 소리를 내는 연습을 한다.

② 어휘

효과적으로 말하기 위해서는 대화에 사용되는 어휘(단어)를 직절하게 구사할 수 있어야 한다(이만식, 김용경, 2013). 단어 없이는 발화가 존재할 수 없으며(박영순, 2007) 단어 하나가 문장의 의미를 나타낼 수도 있으므로 발화할 때 제시된 어휘가 상황이나 목적에 맞는지, 의미의 중복은 없는지를 잘 판단해야 한다. 화자가 청자의 관심사, 수준, 말하는 상황과 장소에 맞는 어휘를 선택할 경우 자신이 의도했던 의사소통의 목적을 보다 쉽게 달성할 수 있다.

대화 사례	수정
민영: 특강은 어땠어? 수민: 좋았어. 민영: 뭐가? 수민: 잘 하더라. 민영: 그래서 뭘 잘 했냐고? 수민: 강의를 잘 했어.	민영: 특강은 어땠어? 수민: **4차 산업혁명시대**와 **교육**의 **과제**라는 **주제**인데 교사들에게 도움이 되는 강의였어. 민영: 그랬구나. 특강에 대해 또 해줄 말 있어? 수민: **강사**가 **미래 교육**의 방향을 구체적으로 제시하고 **교육 방법**에 대한 다양한 의견을 제시해 주었어. 민영: 도움이 되었겠다.

위 대화 사례에서 민영이는 수민이의 대답을 통해 얻고자 하는 구체적인 정보를 파악하지 못하고 있음을 알 수 있다. 이러한 이유는 민영이의 질문에 대해 수민이가 구체적 어휘를 사용하여 말하지 않기 때문이다. 특강이 좋았던 점을 말할 때 '4차 산업혁명시대', '교육', '과제', '미래 교육', '교육 방법' 등 교육과 관련된 어휘를 사용하여 문장으로 표현하면 전달하고자 하는 내용은 더 구체적이고 듣는 사람도 이해가 더 잘 될 것이다.

Tip

TIP. 단어를 수정해 보세요.

한문으로 자신의 이름을 쓰세요. → **한자**로 자신의 이름을 쓰세요.
이 꽃은 **너무** 아름답다. → 이 꽃은 **매우** 아름답다.
저희 나라가 처한 상황은....... → **우리나라**가 처한 상황은........

③ 문장

메시지를 정확하게 전달하기 위해서는 완성된 문장 표현을 해야 한다. 구체적 어휘를 사용한 완성된 문장으로 말할 때 말하는 사람의 발화 의도가 분명하고, 듣는 사람도 이해하기 쉬어서 말하는 사람의 질문에 어떠한 반응을 해야 하는지 판단하기 쉽다.

대화 사례	수정
민영: 너도 들었어? 수민: 뭘? 민영: 내일 과제 안 해도 된대. 수민: 왜? 누가 그래? 민영: 나도 들었어. 수민: 그러니까 누구한테 들었냐고.	민영: 독후감 안 내도 된다는 말 들었어? 수민: 누가 그래? 민영: 과대표가 교수님께 제출 날짜를 확인했는데 내일이 아니고 다음주 수요일이래. 수민: 독후감 완성하려면 시간이 필요했는데 다행이다.

민영이의 "너도 들었어?"라는 질문은 수민이가 누구에게 무슨 정보를 들었는지를 기억하고 대답하기에는 막연한 질문이다. 또한 "내일 과제 안 해도 된대."라는 말은 왜 안 해도 되는지를 판단하기에 충분한 정보가 제시되지 않은 문장이다. 듣는 사람이 말한 사람의 의도와 전달되는 말의 내용을 잘 이해하기 위해서는 주어와 동사, 목적어 등의 문장의 구성요소를 포함된 완성된 문장으로 질문하고 대답해야 의사소통은 명료해진다.

또한 문장으로 말할 때는 문법에 맞는 표현을 해야 한다. "선생님이 블록놀이할 때 어떻게 하기로 했어요?"라는 문장은 선생님이 블록놀이를 하는 주체가 되기 때문에 말한 사람의 의도는 이해되지만 적절한 표현은 아니다. "선생님이 블록놀이할 때 어떻게 해야 한다고 말했어요?"라고 해야 말한 주체가 교사가 될 것이다.

문장을 말할 때는 강하게 말할 부분과 약하게 말한 부분이 있다. 문장이 주성분과 어간[1]은 분명하게 표현하고 어미, 조사, 접속사 등은 굳이 강조하지 않아도 된다.

---

1 활용어가 활용할 때에 변하지 않는 부분. '보다', '보니', '보고'에서 '보-'와 '먹다', '먹니', '먹고'에서 '먹-' 따위이다(표준국어사전).

맞벌이 가정의 증가에 따른 영유아 돌봄의 **사회적, 국가적 책임**이 강조되고 있습니다. 이에 따라 국가와 지방자치단체 차원의 돌봄 정책도 다양하게 시행하고 있습니다. 유아교육과 학생으로서 돌봄에 대한 이해가 필요할 것이라고 판단을 하여 **발표 주제**를 (잠시 공백) **'영유아의 안전과 행복을 증진시키는 돌봄 정책'**으로 정하였습니다. 영유아 **돌봄의 필요성**과 (잠시 공백) **최근의 돌봄 정책 방향**, (잠시 공백) **돌봄 사례**에 대한 자료를 조사하여 발표하고자 합니다. 발표 시간이 10분 이내여서 준비한 자료를 다 보여드릴 수는 없어서 안타깝습니다. 일부의 자료는 설명 없이 진행하겠습니다. 부족하지만 최선을 다해서 준비했습니다. 잘 들어주세요.

위 발표 내용 중에서 핵심 단어와 주요 내용은 큰 소리로 빠르게 또는 천천히 말하여 듣는 사람의 주의를 집중할 필요가 있으며, 일반적인 내용은 중간 크기의 목소리와 속도로 말할 수 있다.

또한 문장을 말할 때 중요한 부분에서 잠시 공백을 두었다가 말하면 듣는 사람이 집중을 더 잘할 수 있다. 이 잠깐의 시간 동안 청자는 화자가 말한 내용을 정리하여 이해하고 다음 말을 들을 준비를 한다. 이름이나 숫자같이 중요한 단어를 말할 때는 천천히 말하여 부각하고 나머지 부분은 빠르게 말한다. 이와 같이 말의 속도를 조절할 경우 듣는 사람이 더 효과적으로 주의집중을 한다. 문장을 효과적으로 말하는 방법은 다음과 같다(유정아, 2009).

- 문장의 주성분과 어간은 잘 들리게 말한다.
- 중요한 부분 앞에서 공백을 두어 듣는 사람이 집중하게 한다.
- 어구마다 높낮이를 달리하여 멜로디를 부여한다.
- 감정을 실어 내용을 실감나게 전달한다.

④ 담화

담화는 둘 이상의 문장 집합으로(국립국어원 표준국어대사전) 문장들의 의미가 서로 연계되어야 한다. 담화는 크게 공식적(형식적) 담화와 비공식적(비형식적) 담화로 나눌 수 있다(다음국어사전). 비공식적 담화는 형식이 자유로운 담화로 '대화'가 대표적이다. 형식적 담화는 특정한 형식에 맞추어 전개하는 담화로 면접, 발표, 토의, 토론, 연설 등이 해당된다. 담화는 정보 제공, 사교, 약속, 호소의 기능을 갖는다.

담화의 형식이 무엇이든 간에 발화의 내용을 전개하는 방식은 짜임새 있으며 이해 가능한 내용이어야 한다. 그래야 청자가 듣고 신속하게 의미를 해석하고 반응할 수 있다.

효과적인 담화를 위해서는 화자와 청자가 자신이 역할을 잘 수행해야 한다. 화자는 청자의 주의와 관심을 끌 수 있는 정확한 발음과 적절한 단어, 문장을 선택하여, 전달하고자 하는 내용을 체계 있게 전달한다.

아래 담화는 팀장과 팀원이 현장 탐방을 가기 전날 나누는 대화 내용이다. 팀장이 한 말의 의미를 해석하는 데 어려움은 없지만 논리적이지는 않다.

팀 장 : 내일 화요일에 현장 탐방을 가요.
어제 말씀드렸지요? 수목원에 간다고요.
모이는 장소는 현관입니다.
점심은 각자 해결하고 모입니다. 내일은 간단하게 시설만 점검해요.
바람이 불 수 있다고 합니다. 간단한 겉 옷 챙겨오세요.
팀 원 : 현장 탐방이 끝나면 회사로 다시 들어오나요?
팀 장 : 아니요. 시간 봐서 퇴근하면 됩니다.

위의 내용을 논리적으로 표현한다면 다음과 같이 정리할 수 있을 것이다.

팀 장 : 어제 말씀드린 바와 같이 내일은 수목원 현장 탐방을 갑니다. 13시에 회사에서 출발하니까 점심은 각자 해결하시고 현관에서 모이면 됩니다. 바람이 불 수도 있으니 가벼운 겉옷도 준비하세요. 내일은 수목원의 시설만 점검하니까 5시 정도에 끝납니다.

팀 원 : 현장 탐방이 끝나면 회사로 다시 들어오나요?

교 사 : 5시에 수목원에서 퇴근하면 됩니다.

위의 문장과 아래 문장을 비교한다면 아래 문장이 더 논리적인 짜임새를 가지고 있다고 볼 수 있고, 중복된 어휘인 "내일"과 "화요일" 중 하나의 어휘만 선택하였으며 문장과 문장의 연결을 적합하게 수정하였다. 또한 조사를 수정하거나 첨가하였다. "(회사에 들어가지 않고) 5시에 (현장 탐방이 끝나면) 수목원에서 퇴근하면 됩니다."가 완성된 문장이지만 간결한 문장 표현과 명확한 의미 전달을 위해서는 일부 어휘를 생략할 수도 있다. 이와 같이 의사소통의 명확성을 위해서는 담화의 내용을 짜임새 있게 전개하는 것이 효과적이다.

Tip

효과적인 담화를 위한 tip

- 담화를 편안하게 시작하기 위해서는 스몰토크(smaill talk)부터 시작한다. 스몰토크는 계절인사 또는 사적인 대화를 의미한다.
- 청자들이 말하는 사람의 모든 내용을 다 주의 깊게 듣지는 않는다. 말한 내용

Tip

을 정리하고자 할 때는 "요약해서 말씀드리면", "다시 한 번 정리해서 말씀드리면"과 같은 용어를 사용하여 듣는 사람이 집중하도록 한다.

- 화제를 전환하고자 할 때는 "그런데", "아무튼" 등의 용어를 사용한다.
- 소음이 심한 곳을 피하고 온도와 습도가 지나치게 높거나 낮은 곳을 피한다.
- 상대방이 하는 말에 집중하려고 노력한다.
- 상대방의 말의 의도를 파악하려고 노력한다.

또한 효과적인 담화를 위해서는 화자의 말을 잘 들어야 한다. 상대방의 말을 잘 듣는 것은 화자의 진정한 의도를 찾아내는 역동적인 상호작용의 과정이다(유정아, 2009). 청자는 화자가 전달하는 내용을 잘 듣고 즉각적인 반응을 보이고 이해하지 못하는 부분에 대해서는 질문으로 확인해야 한다. 또한 말하는 사람의 이야기를 중간에 끊을 경우 상대방의 이야기 흐름이 끊길 수도 있으므로 화자에게 충분한 시간을 가지고 말할 수 있는 기회를 주어야 한다. 또한 상대방의 말에 대해 자신의 입장에서 해석하고 단정 짓기보다는 말하는 사람의 의도를 파악하고 상황적 맥락을 이해한 후 자신의 말을 한다. 잘 듣기 위해서는 다음의 사항을 고려한다.

- 듣기에 대한 동기부여를 한다.
- 꼭 들어야 하는 말을 선별하여 주의집중한다.
- 잘 듣지 못하는 이유가 무엇인지 파악한다.
- 상대방의 말에 자신의 경험과 해석을 가미한다.
- 의문이 생길 때는 질문을 하여 의문을 해소하고 대화를 이어간다.

듣기의 과정				
청각적 자극을 구별하여 듣기	의미부여하기	저장된 기억에서 불러내기	메시지 해석, 판단하기	상대방의 말에 반응 (대답 또는 질문)
→	→	→	→	

⑤ 표정과 몸짓

말하기는 화법에 대한 전반적인 지식을 포함하나 말할 때의 상황에 대한 고려가 제대로 이루어지지 않을 경우 진정한 의미의 의사소통 과정을 이해하기 어렵다(이진경, 2003). 효과적인 의사소통을 위해서 화자는 말할 때의 상황과 자신의 표정과 몸짓이 전달하는 메세지까지도 고려할 수 있어야 한다.

- 화자는 상대방을 보고 성실한 태도로 말한다.
- 미소를 짓는 부드러운 표정을 연습한다.
- 바른 태도로 말한다. 몸을 뒤로 빼거나 기대어 말하거나 다리를 떠는 행동은 상대방에게 불쾌감을 줄 수 있다.
- 몸을 앞으로 기울이고 청자와 눈을 자주 마주친다.
- 상대방이 말할 때 고개를 끄덕이거나 호응하는 말은 상대방에게 호감을 준다.
- 과도한 몸동작을 피한다.

(2) 목적적 요소

의사소통의 목적에 따라 말하기의 내용이 결정된다. 말하기의 목적적 요소는 설명, 주장과 설득, 요청 또는 부탁, 감사, 사과로 구분할 수 있다.

① 설명

설명은 어떤 사건이나 현상이 발생하게 되는 원인이나 과정, 결과 등을 청자에게 명확하게 밝혀서 알려주거나, 기초적인 개념이나 의미를 청자에게 전달하는 것이다(이창덕 외, 2000). 이때 설명하는 사람은 청자의 특성, 연령, 교육 정도, 흥미, 가치관, 관심 분야를 고려해야 한다. 화자는 청자가 중요하게 여기는 부분이 무엇이며 어떤 것을 기억해야 하는지 판단해야 하며 설명을 듣는 청자의 주의를 집중시키고 주의 환기를 위한 전략을 사용해야 한다. 설명의 마지막에는 핵심 내용을 요약하여 다시 말하는 것이 효과적이다.

효과적으로 설명하기 위해 말하는 사람은 정의 및 기본 개념을 먼저 제시하기도 한다. 그리고 정의와 기본 개념을 부연 설명할 수 있는 부가정보를 제시하여 말한다.

효과적으로 설명하기의 예시	
개념정의	인정하기는 상대방이 하고 있는 활동 과정에 관심을 보이고 언어적 또는 비언어적으로 긍정적인 격려를 해주는 것이다(박찬옥 외, 2015).
부가정보	유아가 놀이에 몰입하고 있거나 스스로 문제 해결을 잘 하고 있을 때, 즐겁게 놀이하고 있을 때는 교사의 지나친 개입이 방해가 될 수 있다.
부가정보	이런 경우 미소와 칭찬으로 유아의 놀이를 인정해주면 유아는 놀이에 더 즐겁게 참여하고 놀이를 지속할 수 있다.

특정 사물이나 현상의 중요 단어를 반복적으로 제시하고 예를 들며 상세하게 설명한다. 중요 단어는 이와 비슷한 단어로 대치하며 제시하고, 어려운 단어에 대한 낱말 풀이를 하기도 한다. 청자의 이해를 돕기 위한 방법으로는 강조하는 말을 사용한다. "이게 중요한 내용인데요."와 같은 말은 듣는 사람에게 중요한 말이므로 집중해야 한다는 메시지를 전달한다. 또한 앞의 설명에 대한 최종 정리와 다음에 제시될 내용에 대한 안내를 한다.

구현정(2009)은 효과적인 설명의 원리를 정보량의 원리, 관련성의 원리, 정보성의 원리로 제시하였다. 정보량의 원리는 설명을 할 때 청자가 받아들일 수 있는 수준의 양을 설명한다는 의미이며 관련성의 원리는 설명하는 내용이 청자의 필요와 요구와 관련된 내용이어야 한다는 것이다. 정보성의 원리는 새로운 것을 설명할 때는 이전의 것과 연결하여 설명하는 것이 효과적이라고 하였다(구현정, 2009).

설명의 원리	설명하기
정보량의 원리	상대방의 연령 및 발달 수준에 적합한 수준의 양을 설명한다.
관련성의 원리	상대방이 관심을 보이는 내용을 설명한다.
정보성의 원리	이전에 경험한 내용과 관련지어 새로운 내용을 연계한다.

② 주장과 설득

주장이란 화자가 옳다고 생각하는 내용을 말로 표현하여 청자를 설득하는 데 그 목적이 있다. 청자를 설득하기 위해서는 먼저 자신이 주장하고자 하는 바가 무엇인지를 명확하게 정리할 수 있어야 한다(오현근, 2008). 사람들은 토론, 프레젠테이션 등의 상황에서 자신의 주장과 주장의 근거를 제시한다. 일반적인 말하기와 달리 자신의 의견을 주장할 때는 증거와 출처를 제시하여 말의 논리적 근거를 밝히고 주장의 타당성과 필요성을 제시할 수 있어야 한다.

가. 토론

토론은 하나의 문제 또는 주제에 대한 자신의 주장을 말하면서 상대방을 설득하는 과정이다. 갈등이 되는 상황 또는 주제를 합리적으로 해결하기 위해서 상호 논의하는 것은 토의와 유사하지만 토론은 반대 의견을 가진 사람과 대립적인 관계에서 상대방의 의견을 비판하는 논쟁적 요소가 더 강하다고 할 수 있다.

토론은 찬성과 반대의 상반된 주장이 오고가는 상황에서 자신의 주장이 옳다는 것을 드러내고 상대방의 주장을 듣고 수용 또는 반대 의견을 표현하는 것이 말하기의 목표이다. 이러한 목표를 달성하기 위해서는 말의 모순이 없어야 하며, 주장에 대한 논거가 명쾌해야 하고, 감정 개입이 없어야 한다. 토론자는 자신의 주장을 말하고 그 주장의 근거를 제시해야 한다. 또한 상대방의 말을 잘 듣고 논리적 모순이나 부정확한 정보에 대한 공격을 할 수 있어야 한다. 화자는 질문을 통해 상대방의 주장에 모순이 있음을 지적할 수 있으며 상대방의 주장과 유사한 상황 또는 전문가의 의견, 신문보도자료, 통계자료를 예를 들어 반박 또는 자기주장을 할 수 있다. "통계에 의하면", "연구결과에 의하면" 등의 말은 자기주장을 증빙하거나 상대방의 주장을 반박할 때 사용하는 언어 표현이라고 할 수 있다.

따라서 토론을 잘하기 위해서 정보를 수집하고 중요한 정보를 조직하는 능력이 있어야 하며 논리적인 관련성을 파악하는 능력과 명확하고 효과적으로 설득력 있게 말하는 능력이 있어야 한다. 또한 토론자는 상대방의 의견을 확인하기 위한 질문을 효과적으로 할 수 있어야 하며 상대방의 주장에 대한 반론을 제시할 수 있어야 한다.

| 확인 질문하기 |

- 상대방이 발언한 내용에 대해 질문한다.
- 상대방의 논점이나 발언 중 취약부분이나 논리적 허점을 잘 듣고 질문한다.
- 논점을 뒷받침하는 논거의 타당성을 묻는다.
- 발언 내용을 단순히 확인하는 질문을 피한다.

| 반론 말하기 |

- 상대방의 주장 중 허점, 부족한 점에 대해 왜 잘못되었는지를 말한다.
- 상대방의 논점이 주제에서 벗어나지 않았는지 검토한다.

- 상대방의 근거가 타당한지 검토한다.
- 상대방의 주장이나 논거를 활용하여 반대 의견을 제시한다.
- 제시하지 않는 내용을 예를 들어 반론하지 않는다.
- 자료가 명확하고 정확한 자료인지, 자료의 모순은 없는지 파악하고 질문한다.

| 최종 발언 말하기 |

- 앞서 말한 내용을 간략하게 요약하여 정리하되 꼭 전하고자 하는 내용을 핵심적으로 전달한다.
- 주장을 함축하여 전달할 수 있는 비유나 일화 등을 활용하여 말한다.

효과적인 토론의 TIP	
발표와 경청	• 적절한 속도와 명확한 발음으로 토론 내용 말하기 • 짧은 문장으로 발언 내용을 전달하기 • 상대방이 말할 때 논점이 무엇인지 경청하기
효과적인 질문하기	• 발표 문장의 표현 익히기 • 예상 질문지 작성하기 • 핵심 질문 표시하기
말하기 연습하기	• 말하고자 하는 내용이 생각났을 때 기록하기 • 토론 중에도 말할 내용 기록하기 • 자신이 제시하고자 하는 의견을 녹음하고 평가하기

나. 프레젠테이션

프레젠테이션의 경우는 청중의 감성과 심리적인 면에 호소하여 설득하는 경우가 많다. 연설자는 주장하고자 하는 바와 주장의 목표가 무엇인지 확인하고 청중의 마음을 움직이기 위하여 상대방의 감성적인 면에 호소하지만 자신의 주장이 믿을만한 사실이라는 믿음을 제시할 수 있어야 한다(구현정, 2009). 오현근(2008)은 화자가 주장하는 내용에 대한 지적 신뢰도와 전문성, 도덕적 품성, 청자와의 관계 등이 주장의 성과에 영향을 미친다고 하였다.

화자는 효과적인 주장과 설득을 위하여 상대방의 마음을 여는 친근한 말하기 전략, 유머를 통해서 상대방의 기분을 좋게 하는 전략, 상대방이 잘 모르는 일에 대해서는 친절한 설명하기 전략, 자신의 뜻을 들어주면 상대방에게도 어떤 긍정적인 효과가 있는지에 대한 보상제공 전략, 논리적으로만 설득하기 어려운 사항에 대해 감정에 호소하는 전략을 활용한다(박영순, 2007).

프레젠테이션 상황에서의 말하기는 계획하기 단계에서 서론, 본론, 결론으로 내용을 조직한 내용을 잘 숙지하고 자연스럽게 표현하면 된다. 프레젠테이션은 주어진 시간을 준수해야 하며, 발표 공간을 잘 활용할 수 있어야 한다. 또한 청중의 반응을 수시로 파악하며 상호작용하기 위해 노력해야 한다.

③ 요청 또는 부탁

요청 또는 부탁이란 화자의 이익이나 필요를 충족하기 위하여 상대방이 자기 의도대로 생각하게 하거나 행동하게 하는 것을 목적으로 말하는 것이다(성환갑, 이주행, 이찬규, 2001).

상대방에게 요청 또는 부탁의 말을 할 때는 요청의 내용을 파악해야 한다. 요청의 내용 중에는 상대방이 쉽게 승낙할 수 있는 내용도 있으나 상대방의 희생 또는 손해를 감수해야 하는 내용도 있을 수 있기 때문이다.

간단한 내용의 요청은 요청하고자 하는 내용과 그 이유를 간결하게 제시하면 될 것이다. 옆 사람의 물건을 잠시 빌려 쓰고 돌려준다거나 시간을 물어보는 것과 같은 요청은 상대방의 희생을 요구하는 것이 아니기 때문에 추가적인 설명이나 미안함과 보상에 대한 내용을 상세히 말하다보면 말이 길어지고 오히려 듣는 사람이 요청의 내용을 해석하는 데 방해가 될 수 있다. 요청하는 말의 내용에 비해 말하는 데 드는 시간과 상대방이 긴 내용을 듣고 이해하는 데 드는 인지적 부담이 더 크기 때문에 필요한

요청 내용	가위 안 쓰시면 잠시만 빌려주세요.
요청의 사유	교실에 두고 왔네요.

말만 간결하게 하는 것이 효과적이다.

반대로 어려운 내용을 요청할 경우는 요청하는 내용을 말하고 요청의 이유와 미안한 마음, 보상에 대한 약속을 표현한다. 유아교사가 당직을 바꿔 달라고 부탁하거나, 자기의 업무를 도와달라고 요청해야 하는 경우는 상대 교사가 자신의 일정을 변경하거나 시간을 할애해야 하기 때문에 쉽게 들어주기 어려울 것이다.

미안한 마음의 표현	미안하지만
요청의 내용	이번 주 금요일 당직 업무를 대신해 줄 수 있어요?
요청의 사유	금요일에 가족모임이 있어서 퇴근하고 바로 가야 해서요.
보상의 약속	다음 주 금요일은 제가 할게요.

또한 상대방에게 요청 또는 부탁을 할 때는 청자의 성격, 가정배경, 연령, 경험 수준, 기분상태 등을 고려해야 한다. 완고하거나 고지식한 사람에게 요청한 때와 허용적인 사람에게 요청한 때의 내용과 요청의 수준이 다를 것이다. 또한 요청하는 내용과 관련된 업무경험이 많을 때와 반대로 그 부분에 대한 경험이 적을 경우에도 요청의 내용이나 이에 대한 부연설명의 양이 다를 수밖에 없다. 유아교사의 경우에도 동료교사가 몹시 분주하거나 학급운영의 어려움을 경험하고 있다면 부탁을 들어주기 어려울 수 있으며, 초임 또는 저경력 교사일 경우 교육행사 계획과 운영에 대한 선배교사의 요청이 부담스러울 것이다. 부모상담의 상황에서 부모가 자녀양육에 대한 어려움과 맞벌이와 잦은 야근으로 인한 피로감을 호소하고 있을 때 퇴근 이후 자녀와 놀이할 수 있는 충분한 시간을 할애해야 하며 교실에서 진행되는 주제에 대해 사전 경험을 해 달라는 요청은 부모의 심리적 거부감을 불러일으키게 된다. 따라서 유아교사가 유아, 동료교사, 부모에게 효과적인 요청과 부탁의 말을 하기 위해서는 상대방에 대한 파악과 배려가 동반되어야 한다.

④ 감사

감사(국립국어원 표준국어대사전, 2020)는 고마움을 나타내는 인사와 그러한 마음이다. 감사의 표현은 상대방이 자신에게 베풀어준 호의나 도움이 무엇인지를 상대방의 입장에서 인지하는 것이다. 감사의 말은 사회적 관계를 형성하고 유지하는 데 필수적인 표현으로 상대방에게 감사의 마음을 제대로 표현하되 부담을 주지 않아야 한다(오헌근,

2008).

가벼운 감사의 말을 할 때는 감사의 말만 할 수도 있고, 감사의 말과 감사의 이유를 함께 제시하기도 한다.

감사의 이유	혼자 들기 무거웠는데
감사의 말	도와주셔서 감사합니다.

그러나 상대방에게 큰 은혜를 받았고 상대방의 도움이 크다고 생각할 때는 위와 같이 간략한 감사의 말만 하는 것이 실례가 될 수 있다. 이때는 감사의 말과 감사의 이유, 상대방의 희생에 대한 언급, 감사한 마음을 잊지 않겠다는 보답의 말을 함께 한다.

상대방의 입장	요즈음 행사 준비로 바쁘실 텐데
감사의 사유	일지 작성하는 것을 도와주셔서
감사의 말	진심으로 고맙습니다.
감사에 대한 보상	잊지 않고 다음에 선생님이 행사 준비하는 것을 도울게요.

⑤ 사과

사과는 자기의 잘못을 인정하고 용서를 비는 것이다(국립국어원, 2020). 사과하기 위해서는 상대방의 입장에서 자신의 행동을 돌이켜보고 자신의 행동으로 인하여 상대방이 느꼈을 감정과 피해를 생각해야 한다. 또한 사과를 해야 하는 상황과 상대방이 받아들일 수 있는 적절한 사과 표현이 무엇인지 알아야 한다. 사과의 말과 행동이 적절하지 않을 경우 오히려 상대방을 더 불쾌하게 할 수도 있다. 반대로 지나친 사과의 말은 자신 없는 사람처럼 보일수도 있고 상대방을 불편하게 할 수도 있다.

길을 지나다가 실수로 상대방과 몸이 부딪친 경우처럼 가볍게 실수한 경우라면 상대방에 대한 관심과 사과의 말만 하거나 앞으로 조심하겠다는 말 정도가 적합할 것이다.

사과의 말	죄송합니다.
상대방에 대한 이해	불편하셨죠.
앞으로의 행동에 대한 약속	앞으로는 주의하겠습니다.

그러나 자신의 실수가 약속을 어긴 것이거나 타인에게 피해가 있었을 경우는 진지한 사과를 해야 한다. 진지한 사과란 자신의 잘못을 인정하고 그러한 잘못을 하게 된 이유를 설명함으로써 상대방의 이해를 구하는 것이다. 또한 자신의 잘못으로 인해 발생한 문제를 해결하기 위해 어떤 노력을 하고 있는지와 신뢰를 회복하기 위해서 앞으로는 어떻게 행동할지에 대한 다짐과 약속의 말을 한다.

변명	차를 놓쳐서
사과의 이유	출근이 늦었습니다.
사과의 말	정말 죄송합니다.
앞으로의 행동에 대한 약속	앞으로는 일찍 출근하겠습니다.

3) 평가하기 단계

논리적 말하기의 세번째 평가하기 단계에서는 말하는 사람이 구체적 어휘와 문장으로 표현하고자 하는 내용을 효과적으로 전달하였는지를 진단한다. 즉, 문법적으로 오류는 없는지, 적절한 어휘를 사용했는지에 대한 평가와 듣는 이의 반응을 토대로 말하고자 한 목적을 달성했는지를 평가하는 것이다. 평가의 내용과 방법은 무엇에 중점을 두는가에 따라 언어적 요소와 목적적 요소에 기초한 평가와 총체적 관점과 분석적 관점의 평가로 나눌 수 있다.

(1) 언어적 요소와 목적적 요소 평가

앞서 논리적 말하기 단계에서 말의 언어적 요소와 목적적 요소를 제시하였다. 평가하기 단계에서도 언어적 요소를 고려하여 말하였는가, 말하고자 했던 목적을 효과적으로 달성하는 말하기였는가를 평가의 내용으로 제시하고자 한다.

① 언어적 요소 평가

발하기의 언어적 요소는 정확한 발음과 명료한 음성, 전달하고자 하는 말의 내용에 적절한 어휘의 구사, 완성된 문장 표현, 소통과 공감할 수 있는 담화 수준, 이 외에 말하는 사람의 표정과 몸짓이 포함된다. 말하기 단계에서 제시된 언어적 요소에 근거한 평가의 내용은 다음과 같다.

가. 음성과 발음

"유아으 발달단계를 고려하여 으른이 행동의 지침을 쩡학히 제시해야 하며....지역뼐로 살펴보았을 떄 의앙시의 유아교육기관은.....쪼금의 차이가 있기는 하지만 따른 지역에 비해서는......"

발표자인 미정이는 청중들이 자신의 특정 발음을 듣고 웃어서 발표를 할 때마다 긴장하게 된다. 또한 듣는 사람들이 자신의 발표에 집중하지 않는다는 생각이 들 때마다 빨리 발표를 마무리하기 위하여 말이 빨라지고 있음을 느낀다.

위의 발표자가 고려해야 할 내용은 말할 때의 음성과 발음이 적절한가에 대한 평가이다. 자신의 말을 녹음하여 들으며 평가할 수도 있고, 동료들이 말한 사람의 음성과 발음을 평가해 줄 수도 있다.

- 발음은 분명한가?
- 문장의 주요 어휘를 강하게 말하는가?(유정아, 2009)
- 문장의 조사, 어미, 접속사 등을 약하게 말하는가?(유정아, 2009)
- 말을 하다가 강조하고 싶은 부분에서 잠시 공백을 두기도 하는가?(유정아, 2009)
- 말의 속도는 적절한가?
- 주요 단어, 숫자, 이름 등 부각하고자 하는 내용을 천천히 강하게 말하는가?
- 감탄, 놀람, 의문 등의 감정을 표현하며 말하는가?
- 말의 속도와 높낮이가 지루하지 않고 리듬이 있는가?

나. 어휘와 문장

"유아들이 운동하면서 놀거나 체육 활동을 하면서 노는 것은 유아의 발달에 도움이 됩니다........유아가 놀 때도 발달단계가 있는데 인지발달이 높은 유아들의 놀이 발달단계와 인지발달이 낮은 유아의 놀이가 다르다는 것을 알 수 있는데 인지발달이 높은 발달단계에서는 유아가 인지적으로 사고하면서 놀지만 낮은 발달단계에서는 그냥 놀잇감을 흔들거나 치면서 놀이한다고 합니다....... 교사는 유아의 놀이를 관찰하고 중요한 순간에 놀이 지원을 하여 유아의 놀이가 확장됩니다."

말은 어휘와 문장으로 구성되기 때문에 논리적으로 말을 잘 했는지의 여부는 적절한 어휘를 사용하고 문장의 구성력이 좋았는지에 의해 평가된다. 위 문장에서 중복되는 의미를 가진 어휘가 반복되거나 문장이 간결하지 않은 부분은 말하기 평가의 내용이 된다.

- 구체적 어휘를 사용하여 말하는가?
- 의미가 중복되는 어휘를 표현하지는 않는가?
- 주어와 서술어의 연결이 적절한 문장으로 표현했는가?
- 문장은 간결하면서 핵심적인 내용을 전달하는가?
- 시제 능을 적절하게 표현한 문장으로 말하는가?
- 지나치게 감탄사를 많이 사용하지는 않는가?
- 의문문과 서술문을 적합하게 표현하는가?

위 사례의 발표 내용을 수정하면 다음과 같을 것이다.

"유아들의 운동놀이는 유아의 신체발달에 도움이 됩니다........유아의 놀이 발달단계에 따라 놀이유형의 차이가 있습니다. 발달단계가 높은 수준의 유아들은 인지적 사고를 활용한 놀이를 주로 하는 반면 발달단계가 낮은 유아는 놀잇감을 단순히 흔들거나 치면서 놀이한다고 합니다....... 교사는 유아의 놀이를 관찰하고 중요한 순간에 놀이 지원을 하여 유아의 놀이 확장을 도울 수 있습니다."

다. 담화

학생: 학교가 지루하고 따분해요.

교사: 학교가 왜 따분해? 학교가 재밌는 곳은 아니잖아? 지금은 공부가 더 중요한 시기지.

학생: 학교에서 배울 것이 없어요.

교사: 왜 배운 것이 없어? 불필요한 과목이 뭐가 있어? 다 너희들이 졸업해서 취업을 하는데 도움이 되는 과목인데?

학생: 취업을 해도 제가 원하는 일이 아니라 곧 포기할지도 몰라요.

교사: 포기할지 안 할지 모르잖아. 우선은 졸업하고 네가 학고 싶은 일은 취미로 해도 되잖아?

위 사례의 교사는 학생의 생각을 귀기울여 듣기보다는 설득하려고만 한다. 듣는 사람의 의견을 고려하지 않는다면 진정한 담화는 어려울 것이다

담화는 말하는 사람이 듣는 사람의 관심과 이해 정도를 고려하면서 핵심적인 내용을 전달해야 하므로 다음 사항을 평가해 본다.

- 말의 내용은 논리적인가?
- 상대방이 이해할 수 있도록 내용을 조직하여 말하는가?
- 상대방의 반응을 고려하여 말하는가?
- 상대방의 의도를 파악하고 상대방이 관심 갖는 내용을 말하는가?
- 상대방의 이야기를 잘 듣고 말하는가?

라. 표정과 몸짓

> "넌 얼굴을 찡그리면서 말하더라. 화났어?"
> "그리고 말할 때 다른 곳을 쳐다보고 말해서 누구에게 하는 말인지 잘 모르겠어."
> 주민이는 동료들의 평가를 통해 말할 때 자신이 짓는 특정 표정과 몸짓에 대해 알게 되었다. 교사는 다양한 사람들과 효과적으로 의사소통할 수 있어야 하기 때문에 자신의 표정과 몸짓에 대해 평가해 보고 싶어졌다.

말은 언어적 표현 외에도 시각과 촉각 등의 감각적 요소를 통합적으로 활용하여 표현하기 때문에 말하는 사람은 자신의 얼굴표정과 몸짓을 평가해 보아야 한다(이만식, 김용경, 2013).

- 표정이 부드러운가?
- 입의 한 쪽을 올리거나 내리지는 않는가?
- 눈썹을 올리거나 찌푸리지는 않는가?
- 코웃음 치는 표정이나 소리를 내지는 않는가?
- 이마를 지나치게 찌푸리는 않는가?
- 긴장하여 피부가 빨개지거나 반대로 하얘지는가?
- 긴장하여 땀을 흘리는 경우도 있는가?
- 말할 때 바른 자세로 말하는가?
- 특정한 신체의 부분을 반복적으로 움직이지는 않는가(발 흔들기 등)?
- 듣는 사람을 쳐다보고 말하는가?
- 듣는 사람이 여럿일 경우 고르게 쳐다보며 말하는가?
- 말할 때 적절하게 공간을 이동하거나 몸을 숙여 소통하고자 하는가?

표정과 몸짓은 말하는 사람의 감정을 전달하므로 말하는 사람이 짓는 특정한 표정과 몸짓은 말하는 사람의 긴장과 불안감, 듣는 사람에 대한 내면의 감정과 기분을 은연중에 표현할 수 있으므로 사전에 점검할 필요가 있다.

② 목적적 요소 평가

말의 목적은 설명, 자기주장과 설득, 요청 또는 부탁, 감사, 사과의 메시지를 전달하는 것이다. 이중 설명, 자기주장과 설득은 논리적 말하기 능력을 더 요구한다. 이러한 차원에서 설명, 자기주장과 설득을 위한 말하기의 평가 내용을 제시하면 다음과 같다.

가. 설명

"4차 산업혁명 도래와 지식사회 변화에 따른 교육적 요구도 변화하고 있습니다. 미래사회의 교육은 지식의 전수가 아닌 지식창출과 문제해결력 육성이 핵심입니다. 4차 산업혁명 시대에는 기초교육이 중요합니다. 그 한 방법으로 STEAM 교육을 제안합니다. STEAM은 Science 과학, Technology 기술, Engineering 기계, Art 예술, Mathematic 수학의 융합을 의미합니다. 이미 초등학교 교육과정에도 STEAM 교육을 적용하고자 노력하고 있으며...... 대학교육의 혁신을 요구하고 있습니다. 대학교육에서도 융합교육으로 학문 간의 경계를 제거하기 위한 노력을 기울여야 합니다. 융합교육을 위한 구체적인 방법을 설명하면 다음과 같습니다......"

설명은 청자가 이미 알고 있는 것을 설명하는 것이 아니라 화자가 새롭고 중요한 정보를 제공하여 듣는 사람이 잘 이해하도록 하는 데 말하기의 목적이 있다. 그러므로 평가의 내용은 다음과 같다.

- 말하는 주제가 중요한 정보를 전달하고 있는가?(김재봉, 2017)
- 내가 말하는 내용에 청중들이 관심을 보이는가?
- 청중들이 더 알고 싶어 하는 내용이 반영되었는가?
- 나는 말하는 내용을 충분히 이해하고 있는가?
- 듣는 사람의 호기심을 자극하며 말하는가?
- 듣는 사람의 기억을 돕기 위하여 중요한 내용을 강조하는가?(김재봉, 2017)
- 전문용어의 경우에는 개념 정의를 하고 예시를 들어서 설명하는가?
- 신뢰할 만한 증거(통계자료, 연구 결과 등)를 활용하여 말하는가?

나. 자기주장과 설득

토론주제: 교실에 CCTV를 설치하는 것을 찬성한다.

[반대의견]

제가 먼저 발언하겠습니다. 저는 CCTV를 교실마다 설치하는 것에 반대합니다. 교실마다 설치하기보다는 유치원의 사각지대에 설치해야 한다고 생각합니다. CCTV로 아동학대를 예방할 수는 있겠지만 교사의 입장에서 볼 때 감시받는 느낌이 들 것입니다. 부모님들께서 아이들을 걱정하시는 마음을 충분히 알지만 그렇다고 해서 교실마다 CCTV를 설치하고 교사의 행동을 일일이 관찰하는 것은 부적절하다고 생각합니다. 교실마다 CCTV를 설치한다면 그 이유는 아동학대를 예방하기 위해 교사의 행동을 관찰하는 것이 아니라, 교사도 파악하지 못한 공간을 확인하기 위해서 필요할 것입니다.

[찬성의견]

반대 팀의 의견을 잘 들었습니다. 저는 CCTV설치 의무화를 찬성합니다. CCTV 설치는 영유아들이 안전하게 생활하고 있는지를 관찰하고, 교사의 아동 폭력을 근절할 수 있는 방법이라고 생각합니다. CCTV가 있을 경우에 선생님들

> 은 자신의 행동을 한 번 더 생각하고 감정을 조절할 수도 있을 거라고 생각합니다. 이러한 차원에서 CCTV 설치 의무화를 찬성합니다. 반대 팀의 의견도 무조건적인 CCTV 설치 반대가 아니라 교실의 사각지대를 관찰하기 위한 CCTV 설치는 찬성한다고 들었습니다. 그렇다면 반대 팀도 CCTV 설치를 찬성하는 것은 아닐까요?

자기주장과 설득의 대표적인 말하기 유형은 토론과 프레젠테이션일 것이다. 토론 상황에서의 논리적 말하기는 다음의 내용을 평가할 수 있다.

- 자신의 주장에 대한 타당한 증거는 제시하는가?
- 상대방의 주장을 반박할 수 있는 근거자료를 준비하는가?
- 상대방의 주장을 반박하기 위한 적절한 질문을 하는가?
- 주어진 발언 시간을 지키는가?
- 상대방의 의견을 끝까지 듣는가?
- 주제에서 벗어난 발언을 하지 않는가?
- 간결하고 분명하게 자신의 의견을 말하는가?

프레젠테이션 상황에서의 논리적 말하기를 평가하기 위해서는 다음의 내용을 검토해 본다(장원길, 최경호, 박인성, 박정미, 2010).

- 여유 있게 청중 앞에 등장하는가?
- 긴장하지 않고 당당하게 청중 앞에 등장하는가?
- 청중을 향해서 바른 태도로 인사하는가?

- 발표 장소의 중앙에 위치하되 좌, 우의 사람들에게도 인사하는가?
- 서론 부분에서는 청중들의 호기심을 자극하는가?
- 서론 부분과 본격적인 프레젠테이션 사이의 연결은 매끄러운가?
- 프레젠테이션의 목표를 분명하게 인식하고 말하는가?
- 자기주장을 뒷받침하는 설명은 명쾌한가?
- 설명은 충분한가?
- 다양한 관점을 균형 있게 설명하는가?
- 설명을 보조하는 자료와 소품은 적절한가?
- 결론은 분명하게 제시하는가?
- 청중들의 반응을 살피면서 말하는가?
- 발표하면서 청중들과 시선을 맞추는가?
- 음성의 크기는 적절한가?
- 말의 속도는 적절하며 내용에 따라 말의 속도는 변화가 있는가?

위에서 제시한 논리적 말하기 평가 내용 중 언어적 요소는 언어 능력 중심의 평가라 할 수 있다. 언어 능력 평가는 문법과 어휘를 이해하고 응용하는 언어 지식 관점에서의 평가이다(황지유, 2020). 언어 능력은 의미 전달과 듣는 사람과의 협상 또는 설득을 위하여 적절한 어휘와 문장을 사용해야 하기 때문에 논리적 사고 능력과 상호작용적이다(황지유, 2020).

목적적 요소의 평가는 의사소통 능력 평가로도 볼 수 있다. 언어 지식과 언어사용 능력을 포함하며 듣는 사람과 대화의 상황 등 의사소통의 발생 맥락까지를 고려하는 포괄적 관점이다. 최근의 말하기 평가는 어휘나 문법적인 언어적 요소 평가의 협의의 개념에서 언어의 실제적 말하기 맥락을 강조하는 의사소통의 개념으로 확대되었다. 의사소통의 관점에서 말하기 능력을 평가했을 때 말하기 수행의 과정에 중점을 둔 포괄적인 평가가 가능하다고 할 수 있다(황지유, 2020). 이러한 차원에서 설명, 자기주장과 설득 등의 말하기의 목적적 요소에 대한 평가는 내용의 논리성과 함께 말하는 사람의 언어적 표현 능력까지를 총체적으로 평가한다.

(2) 총체적 관점과 분석적 관점의 평가

논리적 말하기 평가의 또 다른 차원은 총체적 관점과 분석적 관점에서의 평가 방법이다(박창균, 2018). 총체적 평가 방법은 전반적으로 말을 잘 했나 또는 못했는가에 중점을 두고 판단하므로 말하는 과정에서 특정 어휘나 문법의 오류가 있어도 전체적인 인상에 의해 긍정적인 평가를 할 수도 있고, 반대로 낮은 평가를 할 수도 있다. 총체적 평가는 실제 의사소통의 맥락에서 말하기의 수행 과정에 중점을 두며, 평가하는 사람이 특정 인상적인 부분을 높이 평가할 수도 있기 때문에 주관적인 평가가 될 수 있다(박창균, 2018). 따라서 말하는 사람의 어떤 부분이 장점이며 보완해야 할 점인지를 세부적으로 파악하기에는 한계가 있다.

분석적 평가는 언어 능력을 구성하는 어휘, 문법, 말의 내용, 말의 조직 방법 등 각각의 요소에 대한 평가를 하므로 구체적이고 객관적인 평가라고 할 수 있다(박창균, 이정우, 2019). 분석적 평가는 말하기의 강점과 보완해야 할 부분을 세부적으로 파악할 수 있다는 것이 장점이다. 그러나 평가하는 데 시간이 오래 걸리고 각각의 요소를 분석하여 평가하는 것이 실제 말하기 능력의 전체를 설명할 수는 없다는 단점이 있다(박창균, 이정우, 2019).

논리적 말하기는 총체적이거나 분석적인 관점을 분리하여 평가할 수 없으므로 절충의 평가 방법이 필요하다. 그래서 최근에는 두 가지 평가 방법을 절충하는 방식을 제안한다(박창균, 이정우, 2019). 즉, 총체적으로 전반적인 의사소통 능력을 평가하고, 이후 분석적으로 대화의 적절성, 언어의 풍부함, 유창성, 발음과 문법의 정확성 등의 언어 능력을 평가한다(박창균, 2018).

① **총체적 평가**

총체적 말하기 평가 방법에서는 말의 전반적인 분위기와 말하는 사람의 태도, 다른 사람과 소통하기 위한 전반적인 노력을 평가한다. 총체적 평가의 내용은 다음과 같다.

- 말의 전반적인 흐름이 연결되는가?
- 시청각 자료를 적절하게 사용하는가?
- 화자는 열정적으로 말하는가?
- 자연스러운 몸짓을 사용하여 말하는가?
- 청중을 응시하면서 말하는가?
- 적절히 공간을 이동하면서 말하는가?
- 청자의 반응을 살피면서 말하는가?
- 청자와 공감하면서 말하는가?

발표자가 자료만 보고 청중을 응시하지 않거나, 긴장하여 몸을 움츠리고 말한다면 청중과 소통하기에도 어렵고 듣는 사람도 불안감을 전달받을 것이다. 말하는 사람이 긴장하고 있거나 자신 없는 태도를 보인다면 듣는 사람은 말하는 사람의 말하기 능력을 낮게 평가할 것이다. 반면, 말하는 사람이 듣는 사람의 반응을 살피고 적절히 공간을 이동하면서 말하거나 언어적 표현 외에도 손짓과 표정 등의 다양한 비언어적 표현을 적절히 사용한다면 인상적인 말하기로 기억할 것이다.

총체적 말하기 평가에서는 말하기의 언어적 요소 중 말하는 사람의 음성과 발음, 표정과 몸짓 등을 평가한다.

② **분석적 평가**

분석적 평가에서는 화자가 청자에게 내용을 정확하게 전달하였는가, 전문적 내용을 포함하여 말하는가, 전체적인 말의 전개는 논리적이었는가, 단어와 문장은 명료하게 표현했는지, 음성은 분명했는지 등을 평가한다. 분석적 평가에서는 말의 언어적 요소와 목적적 요소를 구체적으로 평가한다. 분석적 평가의 내용은 다음과 같다.

가. 어휘와 문법

- 적합한 어휘를 사용하는가?
- 다양한 어휘를 사용하는가?
- 화자가 사용하는 어휘는 명료한가?
- 문법에 맞게 말하는가?(어순, 문형, 연결어미, 절, 시제, 부정문 등)
- 문장 구조는 적절한가?
- 의미를 정확하게 전달할 수 있는 어휘와 문장인가?

나. 발음

- 구, 어절 또는 개별 단어의 발음, 억양, 악센트가 명료한가?
- 구, 어절 또는 개별 단어의 발음, 억양, 악센트가 정확한가?
- 발음이 자연스러운가?
- 효과적으로 의미를 전달하는가?
- 어휘와 어휘, 문장과 문장 사이의 적절한 쉼을 유지하는가?

다. 말의 내용

- 듣는 사람의 요구 또는 말의 목적에 적절한 내용을 전달하였는가?
- 화자는 주제에 대해 정확한 정보를 알고 있는가?
- 화자가 주장하고자 하는 주제에 대한 객관적 정보를 제시하는가?

라. 말의 조직

- 말의 시작(서론)과 전개(본론), 마무리(결론)가 논리적으로 구성되었는가?
- 말의 내용이 일관성이 있는가?
- 앞의 내용과 다음 내용의 연결은 자연스러운가?
- 핵심적인 내용을 전달하는가?
- 단순한 내용을 반복적으로 표현하는가?
- 말의 내용을 조직적으로 연결하여 학문적 체계를 갖추어 말하는가?

분석적 말하기 평가 방법은 말하는 사람의 언어 능력뿐 아니라 의사소통 능력의 전반적인 요소들을 분석하여 평가한다. 상대방의 요구와 상황적 맥락을 고려하여 말의 내용을 선정하였는지와 말의 전개가 논리적인지를 평가한다는 차원에서 총체적 관점보다는 논리적 사고에 근거한 말하기 평가라고 할 수 있다.

Tip

프레젠테이션 평가하기

다음은 프레젠테이션의 각 단계에서 요구하는 중요한 요소이면서 평가의 내용이다. 각 질문을 읽고 스스로 프레젠테이션 능력을 평가할 수 있다.

단계	평가의 내용
서론	• 청중이 주제에 몰입하도록 했는가? • 청중의 주의를 충분히 끌었는가? • 프레젠테이션의 제목과 목적을 언급했는가? • 개념 정의를 했는가? • 전달하고자 하는 내용이 청중들과 어떤 관련성이 있는지를 제시하는가? • 이 주제에 대한 발표자의 전문성을 제시하는가?
본론	• 쉽고 명확하게 말하는가? • 내용과 분량이 적절한가? • 목적에 부합하는 내용을 말하는가? • 내용의 전환이 부드럽게 연결되는가? • 내용의 전개가 논리적인가? • 정확하고 믿을 만한 증거를 제시하는가? • 핵심적인 내용을 전달하는가?
결론	• 주요 내용을 요약하여 말하는가? • 말의 목적을 다시 한 번 상기시키는가? • 인상적인 말로 마무리하는가?
기타	• 시간을 엄수하는가? • 바른 자세로 프레젠테이션을 하는가? • 제스처, 표정 등의 비언어적 표현을 사용하는가? • 청중들과 상호작용하기 위해 노력하는가? • 주어진 공간을 적절히 이동하면서 말하는가?

출처: 유정아(2009). 유정아의 서울대 말하기 강의. 문학동네.

Tip

자신 있는 말하기 자기평가

다음은 말하기에 대한 자신감의 정도를 스스로 평가하기 위한 질문이다. 다음의 질문에 대해 '항상 그렇다.'고 생각할 때는 ④, '그런 편이다.'고 생각할 때는 ③, '그렇지 않은 편이다.'라고 생각할 때는 ②, '전혀 그렇지 않다.'고 생각할 때는 ① 에 체크한다.

no	평가항목	평가			
		①	②	③	④
1	사람들과 만났을 때 말의 주도권을 잡는 편이다.				
2	낯선 사람에게 말을 잘 붙인다.				
3	목소리가 크고 자신감에 차 있다.				
4	내가 말하는 중에 다른 사람이 끼어들면 양보한다.				
5	남이 말한 것을 거의 다 기억한다.				
6	사람이 많은 자리에서도 의견이 있으면 일어서서 말한다.				
7	회의나 여러 명이 의논할 때 내 의견을 분명히 말한다.				
8	내 주장을 관철시키기 위해 말할 때가 있다.				
9	윗사람에게 내 생각을 말할 자신이 있다.				
10	처음 만나는 이성에게도 말을 잘 붙일 수 있다.				

[평가방법]

- ①은 4점, ②는 6점, ③은 8점, ④는 10점을 부여한다.
- 각각의 점수를 합산한다.
- 점수가 80점 이상이면 어느 곳에서나 말을 잘 하는 사람이다.
- 점수가 50점 이상이면 약간의 연습을 하면 자신감을 더 가질 수 있다.
- 40점~49점 사이라면 타인 앞에서 말하는 연습이 필요하다.

출처: 김재봉(2016). 언어심리 기반의 말하기와 글쓰기 이해와 활용. 형설출판사.

Tip

정확하기 말하기 평가하기

다음은 자신의 의견을 정확하게 전달하고 있는지에 대한 자기 평가 질문이다. 다음의 질문에 대해 '항상 그렇다.'고 생각할 때는 ④, '그런 편이다.'고 생각할 때는 ③, '그렇지 않은 편이다.'라고 생각할 때는 ②, '전혀 그렇지 않다.'고 생각할 때는 ①에 체크한다.

no	평가항목	평가			
		①	②	③	④
1	내 발음에 문제가 있다고 생각한다.				
2	내 목소리에 불만을 느낀 적이 있다.				
3	다른 사람이 내 말을 듣고 다시 한 번 설명해 달라고 반문한 적이 있다.				
4	말을 잘 못해서 듣는 사람과 다툰 적이 있다.				
5	내가 말할 때 다른 사람이 자주 끼어든다.				
6	'내가 왜 이런 말을 하지?'라고 후회한 적이 있다.				
7	대중 앞에서 말하는 것은 나와 무관하다고 생각한다.				
8	다른 사람을 설득해 본 적이 없다.				
9	할 말을 참지 못하고 즉각 말한다.				
10	사람을 만나면 할 이야기가 없다.				

[평가방법]

- ①은 10점, ②는 8점, ③은 6점, ④는 4점을 부여한다.
- 각각의 점수를 합산한다.
- 점수가 80점 이상이면 자신의 의견을 정확하게 전달하고 있는 편이다.
- 점수가 60점 이상이면 약간의 연습으로 자신의 의견을 정확하게 표현할 수 있다.
- 40점~59점 사이라면 반드시 정확한 의사표현을 위한 연습을 해야 한다.

출처: 김재봉(2016). 언어심리 기반의 말하기와 글쓰기 이해와 활용. 형설출판사.

참고문헌

구현정(2009). **대화의 기법: 이론과 실제**. 서울: 경진.

권순희(2000). 대화 지도를 위한 '청자 지향적 관점'의 표현 연구. 서울대학교 대학원 박사학위논문.

김순자(2000). 이야기꾸미기 활동이 유아의 말하기 능력에 미치는 영향. 원광대학교 교육대학원 석사학위논문.

김은성(2017). **인류 최고의 설득술, 프렙, 설득하지 못하는자, 설득 당하게 될 것이다**. 앤파커스.

김재봉(2016). **언어심리 기반의 말하기와 글쓰기 이해와 활용**. 서울: 형설출판사.

김재봉(2017). **말하기와 글쓰기의 이론과 실제**. 서울: 형성출판사.

류리나(2020). **하버드 100년 전통 말하기 수업**. 경기: 리드리드 출판.

박영순(2007). **한국어 화용론**. 서울: 박이정.

박찬옥, 서동미, 곽현주, 박성희, 한남주(2015). **유아교육과정**. 경기: 정민사.

박찬옥, 지성애, 조형숙, 서동미, 곽현주, 엄은나, 한진원, 김현주, 김민정, 홍찬의(2013). **유아교사를 위한 논리창의교육**. 경기: 정민사.

박창균 (2018). 말하기 평가 방법에 대한 비교 연구. **학습자중심교과교육연구, 18**(3), 819-837.

박창균, 이정우 (2019). 말하기 평가 방법의 활용 방안. **화법연구, 43**(1), 1-24.

성환갑, 이주행, 이찬규(2001). **삶을 함께하는 국어 화법**. 서울: 동인.

여은호, 박경우(2009). '말하기'의 중요성에 대한 한국인들의 인식에 관한 탐색적 연구. **언론과학연구, 9**(4), 435-463.

오현진(2008). 말하기, 듣기 교육에서의 적절성에 관한 연구. 고려대학교 대학원 박사학위논문.

유정아(2009). **유정아의 서울대 말하기 강의**. 경기: 문학동네.

이도형(2006). 말하기 교육 내용 체계화. **한국어교육학회, 120**, 225-248.

이만식, 김용경(2013). **글쓰기와 말하기 어떻게 할 것인가**. 한올출판.

이문규(2006). 소통 능력 신장에 중점을 둔 말하기 교육내용 선정의 방향. **국어교육, 119**, 297-324.

이진경(2003). 화법의 교육내용에 대한 연구. **화법연구, 6**, 197-219.

이차숙(2006). **유아언어교육의 이론과 실제**. 서울: 학지사.

이창덕, 임칠성, 심영택, 원진숙, 박재현(2017). **화법교육론**. 서울: 역락.

장원길, 최경호, 박인성, 박정미(2010). **매혹적인 말하기와 프레젠테이션**. 글누림출판사.

정승혜, 문금현(2006). **대학생을 위한 화법 강의**. 태학사.

조정숙, 이차숙, 노영란(2012). **유아언어교육**. 서울: 한국방송통신대학교 출판부.

최민하(2005). 미디어 교육이 초등학교 고학년 아동들의 논리적 사고력에 미치는 영향: TV와 인터넷을 중심으로. 전주교육대학교 교육대학원 석사학위논문.

최현섭, 박인기, 이창덕, 고대혁, 박병기, 최인자, 서홍교, 정혜승, 정현선(2007). **상생화용: 새로운 의사소통 탐구**. 서울: 커뮤니케이션북스.

황지유 (2020). 한국어 말하기 평가의 측정 도구 설계 방안 연구: 채점과 과제 설계 방안을 중심으로. 연세대학교 대학원 박사학위논문.

Osborn, Michael & Osborn, Suzannie(2006). Public Speaking(7th ed). Houghton Mifflin Company.

국립국어원 표준국어대사전. https://stdict.korean.go.kr/search/searchView.do?pageSize=10&searchKeyword=%EA%B0%90%EC%82%AC(2020.12.20. 인출)

국립국어원 표준국어대사전. https://stdict.korean.go.kr/search/searchResult.do?pageSize=10&searchKeyword=%EB%8B%B4%ED%99%94(2020.12.20. 인출)

다음국어사전. https://dic.daum.net/word/view.do?wordid=kkw000060045&supid=kku000075782(2020.12.20. 인출)

CHAPTER

03

논리적 글쓰기의 기초와 기법

오늘날 우리 사회는 다양한 분야의 지식을 통합하고 이를 논리적으로 표현할 줄 아는 창의·융합형 인재 양성의 중요성을 강조하고 있다. 특히 자신의 생각과 주장을 정확하고 논리적인 글로 표현하여 타인과 소통하고 교감하는 것은 현대 사회의 구성원이 갖춰야 할 필수적인 능력이라고 할 수 있다(이상호, 이현지, 2008). 논리적으로 글을 쓰는 능력은 유아교사의 업무를 효과적으로 수행하기 위한 기본 요건이기도 하다. 교사의 글쓰기 능력은 유아의 교수·학습에 관한 문서에서부터 유치원의 공문서나 가정통신문 작성에 이르기까지 문서 실무 전반에 걸쳐 자주 활용되는 기본적인 능력이기 때문이다. 이에 예비교사의 논리적 글쓰기 능력을 높이기 위한 프로그램들이 직전교육과정의 주요 교육내용으로 포함되어 있으며, 논리논술교육의 중요성이 더욱 강조되고 있는 실정이다.

3장에서는 논리적 글쓰기의 개념 및 중요성과 원리, 글쓰기에 영향을 미치는 요인 등 논리적 글쓰기의 기초에 대한 이해를 바탕으로 예비유아교사 및 현직교사들이 논리적 글쓰기의 원리와 기법을 살펴보고 익히는 데 도움이 되는 내용을 알아보고자 한다.

1. 논리적 글쓰기의 기초

글을 쓰는 일은 자신이 표현하고자 하는 것에 관한 정보를 떠올려 해석하고 조직하며, 깊은 사고와 표현을 통해 의미를 재구성하는 과정이다. 즉 글쓰기는 능동적으로 의미를 구성하는 사고의 과정이자 문제 해결 과정이란 점에서 모든 영역의 학습에 꼭 필요한 기본 역량이라고 할 수 있다(박혜경, 2016).

논리적으로 글을 쓰는 과정은 논리적 글쓰기의 개념과 중요성에 대한 바른 인식으로부터 시작될 수 있다. 또한 논리성을 갖추어 글을 쓰는 작업에 바탕이 되는 기초 지식을 충분히 이해하는 과정이 우선되어야 한다. 다음은 논리적 글쓰기의 기초를 이해하는 데 도움이 되는 내용으로 논리적 글쓰기의 개념과 중요성, 기본 원리와 영향 요인에 대해서 살펴볼 것이다.

1) 논리적 글쓰기의 개념 및 중요성

(1) 논리적 글쓰기의 개념

논리적 글쓰기는 한마디로 말해서 '논리적인 사고에 기초한 글쓰기'이다. 여기서 논리적 사고란 '타당한 준거를 바탕으로 주장과 근거 사이의 관계를 성찰하는 사고'로(박찬옥 외, 2010) '말을 하거나 글을 쓸 때 이치에 맞게 사고하는 것'을 의미한다(손평효, 2015). 따라서 논리적인 글이란 '읽는 이가 글쓴이의 관점을 이해하고 타당하다는 생각이 들도록 글쓴이 자신의 생각이나 주장을 객관적 이치에 맞게 증명하면서 체계적으로 풀어써놓은 글'이라고 정의할 수 있다(박종덕, 2005; 이선애, 2020). 이를 위해서는 글쓴이의 생각과 의견이 명확하게 드러나도록 자료와 주장을 체계적이고 논리적인 순서로 배치할 수 있어야 한다. 즉 명료한 개념과 적합한 근거를 바탕으로 일관성 있는 주장을 하며, 중복이나 착오가 없고 전제와 결론 간에 비약이 없어야 한다(구연상, 2007).

논리적 글쓰기는 의미상 논술(論述)이라는 용어와 밀접하게 관련된다. 논술의 사전적 의미를 살펴보면 '어떤 사물을 논하여 말하거나 적음'을 뜻한다(한글학회, 1991). 표준국어대사전(2008)에서는 논술의 개념을 '어떤 것에 대하여 의견을 논리적으로 서술함 또는 그런 서술'이라고 정의하고 있다. 이처럼 논술은 말하기와 글쓰기를 모두 포함하는 보다 포괄적인 개념이라는 것을 알 수 있다(곽재용, 2007).

논술이라는 용어에 포함된 상세한 의미를 살펴보면 '논(論)'이란 사고 능력을 의미하는 개념으로 '글쓴이가 가진 지식의 정도와 생각, 견해, 논리적 사고력 등 사고 능력을 총체적이고 비판적으로 드러내는 것'을 의미한다(김규태, 방경곤, 이병환, 권민석, 2013). 박정일(2006)은 논술의 개념을 '어떤 문제나 쟁점의 논증을 통한 문제 해결적 글쓰기'라고 정의하여 '논리'로서의 논술을 강조하였다(유봉현, 2008).

- 총체적: 사물과 사물, 전체와 부분 사이의 관계를 고려하는 것
- 비판적: 기존의 고정된 관념과 상식을 넘어서 새로운 대안을 제시하는 것

논술에서 술(述)은 '서술 능력으로 말이나 글의 구성력과 문장력'을 포함하는 개념이다(김규태 외, 2013).

- 구 성 력 : 전체적으로 짜임새 있는 글을 엮을 수 있는 능력으로 글 개요를 바탕으로 소주제로 구성된 서론, 본론, 결론 속에 문장과 주장들을 적절히 배치하는 능력
- 문 장 력 : 문법과 맞춤법에 맞게 생각을 표현하는 능력

원진숙(2007)은 '어떤 문제나 쟁점에 대한 자신의 생각이나 주장을 다른 독자에게 설득시키기 위해 합리적 논증 과정을 통해서 해결하고 그 결과를 언어로 서술하는 글쓰기 방식'을 논술이라고 정의하였다. 이와 같이 논술(論述)은 논증(論證)과 서술(敍述)이 합쳐진 개념으로 '주어진 문제에 적합한 논거를 들어 주장을 서술하는 것'을 뜻한다(박종덕, 2005). 결론적으로 논리적인 글쓰기는 설득과 논증의 글쓰기 요소와 독해력, 문제해결력의 논리가 충족된 글쓰기라고 할 수 있다.

논리적 글쓰기와 예술적 글쓰기는 다음과 같은 점에서 뚜렷하게 구분된다(이상호, 이현지 2008).

구분	예술적 글쓰기	논리적 글쓰기
유형	시, 소설, 수필, 희곡	논문, 비평문, 보고서
글쓰기의 목적 및 특성	• 주관적이고 상상적인 느낌을 표현하기 위한 예술적 목적의 달성을 위한 글 • 음악이나 미술, 연극과 같은 예술 활동을 위한 글쓰기 • 다양한 비유, 은유적 표현 사용 • 다양한 해석 가능성을 지님 • 미학적 판단에 의해 좋은 글을 결정함	• 타인에게 자신의 생각과 주장을 정확하게 전달, 합리적 의사결정이나 설득을 목적으로 함 • 언어 본래의 목적에 부합되는 글쓰기 • 하나의 문장이 하나의 의미만을 지칭함 • 주장에 대한 분명한 근거가 제시되며 근거와 주장의 관계가 합리적으로 기술되어 있는 글

이상의 내용을 토대로 논리적 글쓰기의 개념을 정리해 보면 '주어진 문제에 대해 명확한 개념과 적합한 근거를 바탕으로 자신의 주장을 논리적이고 체계적으로 풀어쓰는 것'으로 일반적인 글쓰기를 넘어 논증의 요소를 포함하는 글쓰기를 의미한다는 것을 알 수 있다.

논리적 글쓰기란?

주제에 대해 명확한 개념과 적합한 근거를 바탕으로 자신의 주장을 논리적이고 체계적인 글로 풀어쓰는 것

논리적인 성격을 바탕으로 한 글쓰기에는 논문, 논설문, 설명문 등이 포함되며, 각각은 다음과 같은 특징을 지닌다.

- 논　문 : 어떤 주제에 대하여 글쓴이의 생각이나 주장을 전문적이고 학술적인 방법으로 밝히는 글
- 논설문 : 어떤 주제에 대하여 설득력 있는 논거를 바탕으로 글쓴이의 생각이나 주장을 논리적으로 전개한 글
- 설명문 : 독자가 쉽게 이해할 수 있도록 어떤 사실이나 이치를 객관적이고 논리적으로 풀어쓴 글

논리적인 글이 되기 위해서는 주장에 대한 근거를 논리적으로 제시하고 입증함으로써 글의 설득력을 확보해야 한다. 즉 자신의 생각이나 주장을 이치에 맞게 객관적으로 증명하면서 체계적으로 글을 풀어쓸 줄 알아야 한다(박종덕, 2005). 논리적인 글의 특성은 다음과 같다(구연상, 2007; 박규철, 신승제, 2017; 유시민, 2015; 이선애, 2020).

- 글의 주제가 분명하며 일관성이 있다.
- 주제(주장)를 뒷받침하는 근거(사실과 정보)나 예시가 타당하며 개연성이 높다.
- 사실에 근거하여 객관적인 내용을 서술하고 있다.
- 정확한 어휘와 문장으로 표현되어 있으며 글쓰기 규칙에 맞게 서술되어 있다.
- 문장과 문장, 문단과 문단의 호응이 잘 맞고 유기적으로 연결되어 있다.

(2) 논리적 글쓰기의 중요성

4차 산업혁명사회에서는 수많은 정보를 분류하고 활용할 줄 아는 창의융합형 사고력의 중요성을 강조하고 있다(Golinkoff & Hirsh-Pasek, 2016, 김선아 역, 2018; 이종만, 2020에서 재인용). 이는 비판적 사고 및 창의적 사고를 바탕으로 한 문제 해결 능력과 밀접하게 관련된다. 비판적 사고와 창의적 사고는 논리적 사고의 핵심적 구성요소이며, 궁극적인 문제해결을 위해서는 당면한 문제를 파악하기 위한 비판적 사고와 새로운 해결책을 생각하고 이를 실현시키는 창의적 사고가 모두 필요하다(Golinkoff & Hirsh-Pasek, 2016, 김선아 역, 2018). 이러한 사회적 요구를 바탕으로 우리사회의 교육은 단순히 기존의 지식을 학습자에게 전달하거나 가르치는 것을 넘어 사고력을 향상시키는 교육으로 급격히 전환되고 있으며, 사고력 증진을 위한 방법으로 글쓰기의 중요성을 특히 강화해가는 추세이다(권순희, 2009).

논리적으로 글을 쓰는 능력은 교사의 직무를 효과적으로 수행하기 위해 기본적으로 갖춰야 할 자질이자 요건이다. 그러나 글쓰기 능력은 관련 경험과 연습 없이 저절로 길러지는 능력이 아니다. 따라서 예비교사 시기부터 바른 어법과 어휘 구사력, 올바른 문장에 기초한 논리적 표현 등 글쓰기 실력을 연마하고 기르기 위한 노력을 기울일 필요가 있다. 임용고시를 준비하는 경우라면 논술문 작성법에 대한 좀 더 전문적인 공부와 세밀한 준비가 필요하기도 하다. 이와 같은 필요와 당위성을 바탕으로 2009년 교원양성교육과정 체제의 개편 이후 현재에 이르기까지 전국의 모든 교원양성대학에서는 예비교사의 논리적 사고 및 논술 교육과 창의성 지도에 중점을 둔 교육과정이 운영되고 있다(교원자격검정 실무편람, 2019). 특히 논리적 글쓰기 능력은 새로운 시대의 적응 및 소통을 위한 필수 능력이라는 공동의 인식을 토대로 이와 관련된 교육은 앞으로 더욱 강화될 것으로 예상된다.

논리적 글쓰기 경험이 갖는 교육적 가치를 요약해 보면 다음과 같다(강수진, 2013; 정은숙, 1990).

- 논리적 글쓰기 경험을 통해 비판적이고 창의적이며 통합적인 사고 능력을 기를 수 있다.
- 논리적 글쓰기를 계획하거나 준비하면서 정보를 비판적으로 읽고 분석하는 능력을 기를 수 있다.
- 글을 쓰는 과정에서 더 많은 탐구를 할 수 있고 새로운 분야에 대한 호기심을 키울 수 있다.
- 논리적 글쓰기에 대한 꾸준한 경험을 통해 명확한 근거를 바탕으로 자신의 생각이나 주장을 논리적으로 펼치고 상대방을 설득하는 의사소통 기술을 연습할 수 있다
- 논리적 글쓰기를 하는 과정에서 다양한 전문적 자료로부터 필요한 부분을 적절히 인용하는 능력을 키울 수 있다.
- 논리적 글쓰기 경험을 통해 문제 상황에 합리적으로 대응하는 능력과 문제 해결을 위한 다양한 대안을 창의적으로 찾아내는 힘을 기를 수 있다.

2) 논리적 글쓰기의 기본 원리

논리적인 글은 글쓴이가 전하고자 하는 의미를 독자가 쉽게 이해할 수 있도록 설득

력을 갖춘 글이다. 즉 글쓴이의 생각이나 주장이 잘 드러나도록 관련된 지식이나 근거가 논리적이고 체계적인 짜임과 순서로 전개된 글이 논리적인 글이라고 할 수 있다. 논리적인 글쓰기를 위해 기본적으로 고려해야 할 원리는 다음과 같다(김재봉, 2014; 오정훈, 2009; 이상호, 이현지, 2008).

(1) 통일성의 원리

통일성이란 '글의 처음부터 마무리까지 글 전체에서 글의 주제와 글쓴이의 주장이 일관성 있게 표현되도록 글을 쓰는 것'을 의미한다. 글의 주제가 하나의 맥락으로 이어지지 않고 왔다갔다하는 글은 독자들이 글의 주제와 내용을 이해하는 데 혼돈을 준다. 따라서 논리적인 글이 될 수 있도록 글의 주제 및 소주제와 이를 뒷받침하는 문장이 내용적으로 일치하도록 통일성의 원리를 지켜 글을 써야 한다.

(2) 연결성의 원리

연결성이란 '주제를 뒷받침하는 문장들을 적합한 순서로 배열하면서 글을 쓰는 것'을 의미한다. 문장과 문장을 자연스럽고 매끄럽게 연결하면 외적 · 의미론적 일관성을 유지할 수 있다. 이와 같이 문장과 문장, 문맥과 문맥이 자연스럽게 이어지는 글을 통해 내용에 대한 독자의 이해도와 글의 설득력을 더욱 높이도록 한다.

(3) 강조성의 원리

강조성이란 '글의 주제 또는 소주제가 분명하게 드러나도록 글을 쓰는 것'을 의미한다. 이러한 원리를 잘 지켜서 쓴 글을 읽을 때 독자는 글쓴이의 의도와 주된 생각에 보다 집중할 수 있고 글의 내용을 더욱 잘 이해할 수 있다.

(4) 명료성의 원리

명료성이란 '글쓴이가 독자에게 전달하고자 하는 내용(주장)이 명확하게 전달될 수 있도록 글을 쓰는 것'을 의미한다. 주장에 대한 논거를 명확히 제시하고, 글쓴이의 의도와 글의 맥락에 가장 적합한 어휘로 표현된 명료한 글일 때 글쓴이의 의도가 독자에게 더욱 빠르고 효과적으로 전달될 수 있다.

(5) 논리적 적합성의 원리

논리적 적합성이란 '논리적으로 합당한 근거를 바탕으로 설득력 있는 주장을 하는 것'을 의미한다. 논리적 글쓰기를 위해 연역 논증과 귀납 논증 방식 중 하나를 사용하거나 두 논증 형식을 섞어서 사용할 수도 있다.

연역 논증	• 일반적 원리에서 개별적 사실을 이끌어 냄 • 논증 형식이 올바르고 전제들이 참이라면 결론은 필연적으로 참일 수밖에 없는 논증 형식 • 전제들이 참이라면 결론이 거짓일 가능성은 단 1%도 존재하지 않음 • 전제들이 대단히 강력하고 형식적으로 단단한 논리 구조를 가지고 있어 예외가 없는 논증 형식
귀납 논증	• 개별적 사실에서 일반적 원리를 이끌어냄 • 논증 형식이 올바르고 전제들이 모두 참일 경우 결론이 참일 수 있는 개연성이 높은 논증 형식 • 전제들이 모두 참이라면 결론이 참일 가능성이 높지만 100% 참이라고 규정할 수 없는 논증 형식 • 주로 실례가 있거나 혹은 실험이나 관찰 등을 통해 얻은 결론이 논거로 채택될 때 많이 사용함 • 자신의 주장을 100% 보증하는 것이 아니므로 주장이 틀릴 가능성을 열어놓음

(6) 한국어 약속 체계 준수의 원리

논리적 글쓰기의 가장 기본적이고도 중요한 원칙은 한국어의 문법 체계와 형식에 맞는 정확한 언어 표현을 통해 글을 쓰는 것이다. 독자들은 주어-목적어-서술어의 짜임이 정확하고 안맞게 기술된 글을 읽을 때 그 의미를 오해 없이 더욱 쉽게 이해할 수 있다.

(7) 문어체 기술의 원리

문어체는 구어체와 달리 현재 상황(맥락)을 공유할 수 없는 1:불특정 다수 간의 의사소통 시에 사용하는 말투로 메시지 전달의 오류를 일으킬 수 있다. 이를 예방하기 위해서는 정확한 언어 체계를 지켜서 글을 쓰는 것이 중요하다. 즉 문자를 통한 메시지 전달이 갖는 탈맥락적(현재 맥락을 공유하지 못하는) 특성에 유의하여 글을 써야 한다. 아울러 대명사를 지나치게 자주 사용하는 것은 의미의 혼돈을 유발시킬 수 있으므로 지시하는 대상을 분명히 풀어서 기술하는 것이 좋다.

3) 논리적 글쓰기에 영향을 미치는 요인

글쓰기 능력에 영향을 미치는 요인에는 어떠한 것들이 있을까? 그들 중 글쓰기 능력에 가장 영향력이 높은 요인은 무엇일까? 이러한 질문과 관련하여 전문가들은 글쓰기 능력의 차이를 설명하는 가장 결정적인 요인으로 읽기와 쓰기 경험의 양과 질을 강조한다. 평소 읽기 경험이 충분하지 않은 사람이 글쓰기를 잘하는 것은 결코 쉬운 일이 아니다. 또한 어떤 주제에 대하여 실제로 글을 써보는 경험이 쌓이지 않고는 글쓰기 실력이 향상될 수도 없다. 평소 더 많이 읽고, 좋은 글을 쓰기 위한 연습을 충분히 할 때 높은 수준의 글쓰기 능력을 발휘할 수 있는 것이다. 글쓰기 능력에 영향을 미치는 요인에 대해서 구체적으로 살펴보면 다음과 같다(김양희, 2015; 김재봉, 2014; 유시민, 2015).

(1) 관련된 주제에 대한 지식 정도

주제 및 이야기 구성에 관한 지식은 글쓰기를 위한 주요 재료이자 아이디어의 양을 결정하는 요인이 된다. 주제에 관한 기본 개념이 풍부한 사람은 보다 논리적인 글을 쓸 수 있다. 독서는 글쓰기를 위한 지식을 넓히고 심화하는 가장 기본적인 바탕이며 효과적인 방법이다(김양희, 2015). 많이 읽을수록 자신의 생각을 정확하고 풍요로운 글로 표현할 수 있다. 양질의 독서는 과거 선현의 지혜(hindsight)와 현재의 문제를 파악

(insight)하여 미래를 통찰(foresight)할 수 있는 안목을 기르고 논리적 사고 능력을 배양하는 데 매우 효과적인 경험이 되기 때문이다(명지원, 2011). 뿐만 아니라 다른 사람의 생각이나 표현기법을 참고하는 것은 글쓰기 능력의 발달에 도움이 된다(오현희, 2011). 따라서 논리적인 글쓰기를 위해서는 평소 다양한 분야에 대한 독서를 꾸준히 함으로써 지식 수준을 높이는 것이 중요하다.

(2) 텍스트 독해 및 요약 능력

독해 능력은 논리적 사고가 필요한 과제 해결 과정에서 가장 바탕이 되는 능력이다. 즉 주어진 텍스트를 해석하고 요약하는 능력은 논리적인 글쓰기를 위한 기본이라고 할 수 있다. 독해 능력이 좋은 경우 텍스트에 대한 더 빠르고 정확한 이해와 해석, 요약이 가능하다. 반면 독해력이 부족할 경우 글쓰기를 포함하여 논리적 사고를 요하는 어떤 과제도 잘해내기 어렵다(유시민, 2015).

- 독해
  텍스트에 담겨져 있는 정보와 감정, 논리를 분석하고 해석하며 비판하는 것
- 요약
  글의 핵심 내용을 찾아 간단히 정리하는 것/ 글의 논거를 찾고 그 논거에서 다시 주제를 뽑아 한 줄로 정리하는 과정

요약하기는 글의 개요를 짜기 위한 기본 작업으로써 논리적 글쓰기의 바탕이 된다. 요약하기의 절차는 다음과 같다(한효석, 2015).

<table>
<tr><td>1</td><td>요지 파악
(결론 단락 찾기)</td><td>결론(글의 요지)이 포함되어 있는 문단을 찾는다. 결론은 대부분 글의 맨 뒤쪽에 있다.</td></tr>
<tr><td>2</td><td>주제 파악
(주장 찾기)</td><td>결론 문단에 있는 중심 문장에 밑줄을 그어 글쓴이의 주장 내용을 파악한다.</td></tr>
<tr><td>3</td><td>논거 파악
(문제점 & 근거 찾기, 내용 단락 나누기)</td><td>주장과 그 주장을 뒷받침하는 근거를 찾고 중심 문장에 밑줄을 긋는다. 중심 문장에서 핵심어를 찾고, 그 핵심어를 뒷받침하는 문장에서는 어떻게 풀이하고 있는지 살펴본다.</td></tr>
<tr><td>4</td><td>대의 파악
(줄거리 파악하기)</td><td>글의 처음부터 끝까지 밑줄 그은 부분을 연결하여 읽으면서 글 전체의 흐름을 살펴본다. 글 전체를 보면 각 단락을 어떻게 줄여야 할지 알 수 있게 된다.</td></tr>
<tr><td>5</td><td>요약 내용
정리하기</td><td><table>
<tr><th></th><th>성격</th><th>중심 생각(문장)은?</th></tr>
<tr><td>서론</td><td>무엇이 문제인가?</td><td></td></tr>
<tr><td>본론</td><td>그렇게 주장하는 근거는 무엇인가?</td><td></td></tr>
<tr><td>결론</td><td>주장하는 것이 무엇인가?</td><td></td></tr>
</table></td></tr>
</table>

(3) 정보처리 능력

글을 쓸 때 주로 사용하는 정보처리 방식은 글의 수준을 결정하는 중요한 요인이다. 정보처리 방식의 유형에는 지식 서술 전략과 지식 변형 전략이 있다.

지식 서술 전략

주제에 대해 단순한 사실이나 지식 등 알고 있는 바를 열거하는 방식

지식 변형 전략

글쓴이의 신념이나 지식 등 개념적 지식과 글쓰기의 목표를 어떤 식으로 달성할 것인가와 같은 초인지적 지식을 사용하는 방식

다양한 장르의 책을 많이 읽는 것은 글쓴이의 정보처리 능력을 증진시키는 데 도움이 된다. 책의 특성에 따라 글쓰기 역량에 미치는 긍정적인 효과는 다음과 같다(유시민, 2015).

책의 특성	책이 글쓰기 역량에 미치는 긍정적인 효과
개념과 지식을 담은 책	논리적 글쓰기를 위해 필요한 지식과 어휘 학습 및 독해력 신장에 도움이 됨
정확하고 바른 문장을 구사한 책	자신의 생각을 보다 적합한 문장으로 표현하는 능력 발전에 유익함
지적 긴장과 흥미를 일으키는 책	좋은 문장과 훌륭한 내용을 읽는 것에 대한 즐거움을 향유할 수 있음 지식과 어휘, 문장과 논리력 향상에 도움이 됨

(4) 문장 구성의 정확성

문장 구성의 정확성은 어휘 구사 및 문장 표현, 문장과 구의 적합한 순서 배열, 조사나 접속어의 사용 등에 의해 결정된다. 또한 이러한 요소들이 충족된 글은 글쓴이가 전하고자 하는 생각이 읽는 이에게 정확하게 전달되어 소통의 효과가 높아질 수 있다.

(5) 글의 조직화 능력

글의 조직화 능력이란 주제 및 글쓴이의 주장을 뒷받침하는 문장들을 알맞게 배열하고 조직하는 능력을 의미한다. 글의 조직성을 높이기 위해서 다음과 같은 전략들을 활용할 수 있다.

글의 조직성을 높이는 전략	글의 조직화 전략 적용 예
글의 조직성과 응집성을 높이는 연결 장치(지시어, 접속어 등) 사용하기	현대 우리사회에서는 ~ 일반적인 추세이다. 이는(이러한 현상은)~
문단 사이를 이어주는 전이문장 사용하기	한편 일각에서는

글의 조직성을 높이는 전략	글의 조직화 전략 적용 예
다음에 나올 내용을 연결해주는 신호 사용하기	다음에서 구체적인 내용을 알아보고자 한다.
적절한 곳에서 정보 요약하기	이상의 내용을 요약해 보면, 논리적 글쓰기란 ....을 의미하는 개념으로 정의할 수 있다.
서론에서 앞으로 전개될 내용을 요약하여 기술하기(두괄식 기술)	
주요 메시지가 일관성 있게 전개될 수 있도록 지속적으로 점검하기	

- 두괄식: 글의 첫머리에 중심내용이 오는 산문 구성 방식
- 미괄식: 문단이나 글의 끝부분에 중심내용이 오는 산문 구성 방식

출처: 표준국어대사전(2008)

(6) 글 유형에 대한 개인적 선호 경향

글쓴이가 어떤 유형의 글을 선호하는가 하는 것은 글의 논리성 수준에 영향을 미친다. 글의 유형(형식)은 글을 쓰는 목적에 따라 다음과 같이 구분될 수 있다.

글의 유형	개념	종류
정보적인 글	사실을 기술하는 데 목적이 있는 글	설명문, 보고서
정서적인 글	감정을 중심으로 진술하는 글	시, 수필
설득적인 글	주장에 대한 진술에 목적을 둔 글	논설문, 논술문

2. 논리적 글쓰기의 기법

논리적 글쓰기는 논리적 사고력 및 관련 지식, 풍부한 어휘력과 문장 구성력, 표현력 등 통합적이고 포괄적인 능력을 필요로 하는 작업이다. 그러므로 단시간 동안의 집중적인 훈련이나 연습을 통해 글쓰기를 잘하게 되는 것은 현실적으로 매우 어려운 일이다. 논리적으로 글을 쓰는 능력을 키우기 위해서는 평소 다양한 주제에 관심을 가지고 탐구하며 논리적이고 비판적으로 생각하는 경험을 충분히 갖는 것이 중요하다. 또한 다양한 장르의 책을 꾸준히 읽고 자신의 생각을 글로 조직하여 알맞게 표현하는 연습을 지속하는 것이 도움이 될 수 있다(이상호, 이현지, 2008).

글쓰기의 단계는 일반적으로 '쓰기 전 단계(pre-writing)', '쓰기 단계(writing)', '수정 단계(revisiting)'로 구분된다. 이 책에서는 논리적 글쓰기의 단계를 '계획하기'-'논리적 글쓰기'-'평가하기'의 단계로 구분하고 각 단계별 수행 내용을 알아보기로 한다.

1) 계획하기 단계

계획하기는 '글쓰기를 위한 다양한 아이디어를 생성하고 발견한 아이디어들을 체계적으로 조직하는 단계'이다(김재봉, 2014). 논리적인 글을 쓰기 위해서는 어떠한 글을 어떠한 입장에서 쓸지를 정하는 과정이 우선되어야 한다. 즉 어떠한 주장을 제시할 것이며, 글쓰기를 시작하기 전에 먼저 그 주장을 위한 근거(중심생각)들을 어떤 내용으로 구성할 것인지를 사전에 먼저 생각해 보도록 한다. 또한 주제의 통일성과 일관성을 갖춘 글이 될 수 있으려면 실제 쓰기에 앞서 글의 얼개(대전제, 소전제, 결론)를 먼저 만들고 나서 구체적인 내용을 덧붙이는 방식으로 글을 전개하는 것이 효과적이다.

따라서 계획하기 단계에는 '아이디어 생성하기'와 '글의 개요 짜기'가 포함되며, 구체적인 내용을 살펴보면 다음과 같다.

(1) 아이디어 생성하기

글을 쓰기에 앞서 글의 재료인 아이디어를 발견하고 생성하여 풍부한 아이디어를 창출해내는 과정이다. 글쓰기의 재료가 되는 다양한 아이디어를 발굴하는 과정이므로 충분한 시간을 들일 필요가 있다. 글쓰기의 풍부한 아이디어 생성을 위해 활용할 수 있는 전략에는 '하향식 사고에 의해 아이디어 생성하기', '상향식 사고에 의해 아이디어 생성하기', '텍스트에서 아이디어 발견하기' 등이 있다(김재봉, 2014).

① 상향식(bottom-up) 사고에 의해 아이디어 생성하기

귀납적인 방식으로 아이디어를 생성하는 방법이다. 즉 작은 개념으로부터 보편적이고 큰 개념으로 생각을 확장시켜가면서 아이디어를 발견하고 조직하는 방법이다. 이는 구체적인 사실들을 열거하고 그에 따른 공통의 결론을 이끌어내는 귀납적 추론 방식을 통해 쓸 내용을 발견해내는 전략이다.

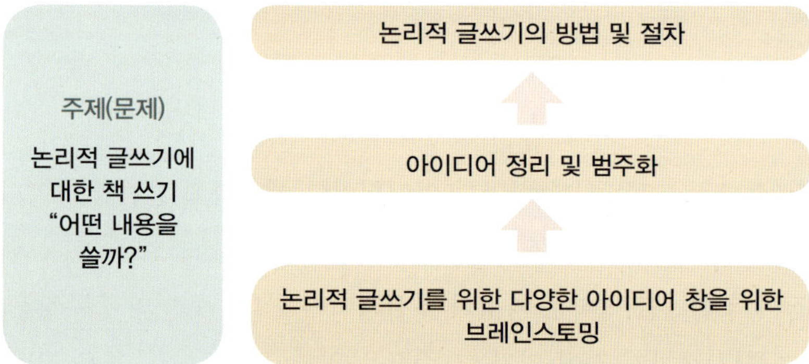

② 하향식(up-down) 사고에 의해 아이디어 생성하기

위에서 아래로 다시 말해 연역적인 방식으로 아이디어를 생성하는 방법이다. 즉 상위(큰) 개념에서 하위(작은) 개념으로 생각을 쪼개어가며 구체화하는 것이다. 상위 개념이 먼저 제시되고 하위 개념이 그것을 뒷받침하도록 글을 구조화하는 글 전개 방식이다.

주제(문제)
논리적 글쓰기에 대한 책 쓰기
"어떤 내용을 쓸까?"

논리적 글쓰기의 방법 및 절차에 대해서 쓰자.

↓

계획하기 → 논리적 글쓰기 → 평가하기

③ 텍스트에서 아이디어 발견하기

글의 주제와 관련된 텍스트 읽기를 통해 자신의 글에서 무엇을 주장할 것인지, 어떠한 논거들을 설정할 것인지에 대한 아이디어를 도출해낼 수 있다. 논리적 글쓰기를 위해 텍스트를 읽을 때 읽기의 효과를 높이는 방법은 다음과 같다(이상호, 이현지, 2008).

읽기 방법	내 용
논증적 읽기	글의 주장 및 그러한 주장의 근거(논거, 전제)가 무엇인지를 파악하는 데 초점을 맞추어 읽는 것
추론적 읽기	글에서는 드러나지 않은 글쓴이의 의도를 찾아내고 그것을 통해 글쓴이가 궁극적으로 전하고자 하는 메시지를 읽어내는 데 초점을 맞추어 읽는 것
평가적 읽기	글의 내용과 표현, 주장의 타당성, 글쓴이의 관점이나 태도, 글의 논리적 적합성, 글의 가치 등에 대해서 평가하면서 읽는 것

(2) 글의 개요 짜기

아이디어가 생성되면 글의 개요(구조)를 작성하는데, 이는 글의 기본적인 틀(뼈대)을 짜는 일이다. 즉 다음과 같이 글 전체를 한눈에 파악할 수 있을 정도의 조감도를 만드는 것이다.

서론		본론		결론
글에 대한 흥미 유발, 문제 제기	→	상황 이해, 문제 발견, 해결 방안 제시	→	글의 결론, 마무리
"지금 ~한 현실인데.."		"~~하니까"		"~~게 했으면 좋겠다."

개요 짜기를 하지 않고 글을 쓸 경우 주제(주장)의 일관성이나 논리적 체계성을 유지하기 어렵다. 반면 먼저 글의 개요를 짜놓고 구체적인 내용을 덧붙이는 방식으로 글을 쓰면 주장과 근거가 분명하여 일관성과 논리성을 갖춘 글이 될 수 있다. 또한 글의 주요 흐름을 미리 구상해두면 글을 쓰는 과정에서 세부 내용을 조금씩 보완하거나 원고 분량을 조절하는 것도 용이하다. 글의 개요를 짜는 방법 및 절차는 다음과 같다(한효석, 2015).

글의 개요 구상 순서 및 내용

구분	개요 짜기 순서	내용		문장 개요
서론	④	시작하는 문장	• 흥미 유발 • 문제 제기	지금 ~한 현실이다.
	⑥	④를 뒷받침하는 내용		
본론	②	①을 뒷받침하는 근거(중심 생각)	• 상황에 대한 이해 • 문제 발견 • 주장의 근거	~~하니까
	③	②를 구체적으로 뒷받침하는 내용		
결론	①	주장하고 싶은 말(주제)	• 결과를 바탕으로 한 대안 제시	~~게 해야 한다.
	⑤	①을 마무리하는 내용(제언, 전망)		

위 표에서 볼 수 있는 것처럼 ①~⑥까지의 순서대로 글의 얼개를 만들 수 있으며 구체적인 내용은 다음과 같다.

① 결론에서 제시할 주장(주제)을 명료화하기

주제(논제)를 바탕으로 결론에서 무엇을 주장할 것인지를 생각하여 한 줄로 정리한다.

② 본론의 중심 생각 구상하기

주장(주제)을 뒷받침하는 주요 근거(중심 생각)를 서술한다. 문단의 수는 주장(주제)에 대한 두세 개 근거를 집중하여 설명할 수 있을 정도로 정한다. 결론에 제시하고 싶은 주장에 대해서 '왜'라는 질문을 붙여 생각하고 답해 보면서 중심 생각(근거)을 도출한다. 주장에 대한 주요 근거(중심 생각)를 문단별 큰 목차로 두고 각 문단의 근거 1, 2, 3을 뒷받침하는 작은 근거들은 작은 목차(문장들)로 구조화한다(한효석, 2015). 다음은 본론의 개요 작성 예이다.

큰 목차	작은 목차		결론부
1문단 주장에 대한 근거 1	근거 1–1(근거 1의 뒷받침 문장)		
	근거 1–2(근거 1의 뒷받침 문장)		
	근거 1–3(근거 1의 뒷받침 문장)		
2문단 주장에 대한 근거 2	근거 2–1(근거 2의 뒷받침 문장)		
	근거 2–2(근거 2의 뒷받침 문장)	→	결론 자신의 주장
	근거 2–3(근거 2의 뒷받침 문장)		
3문단 주장에 대한 근거 3	근거 3–1(근거 3의 뒷받침 문장)		
	근거 3–2(근거 3의 뒷받침 문장)		
	근거 3–3(근거 3의 뒷받침 문장)		

③ 본론의 중심 생각을 뒷받침하는 내용 구상하기

각 문단의 중심 생각(근거)에 대해 '왜?', '어떻게?'를 붙여 생각하고 답하면서 중심 생각을 뒷받침하는 내용을 명료하게 정리한다. 중심 생각 하나를 뒷받침하는 문장들을 연결하면 한 개의 문단이 만들어지며 문단별로 중심 생각을 뒷받침하는 내용을 상세히 기술한다.

중심 생각을 뒷받침하는 내용을 진술하기 위해 다음과 같은 방법들을 활용할 수 있다.

방법	세부 내용
구체화하기	• 설명: 정의, 비교, 대조, 분류, 분석, 상술, 부연, 예시, 인용 등
합리화하기	• 논증: 원인, 이유, 결과, 근거
들려주기	• 서사: 과정, 절차, 사건의 시간적 추이
보여주기	• 묘사: 공간적 상황 등

④ 서론 구상하기

서론을 시작하는 말과 이를 뒷받침하는 문장을 구상한다. 글쓴이가 글의 주제(주장)를 제기하는 이유가 무엇인지를 독자가 이해할 수 있도록 돕는 내용을 구상한다.

서론에서 자주 사용되는 문장 예

- '~에 대한 관심이 높아졌다.', '논란이 되고 있다.', '요구가 증가되고 있다.'
- '~한 추세이다.', '우려되는 실정이다.'

⑤ 결론의 주장을 뒷받침하기

글의 마무리 부분으로 본론에 있는 중심 생각과 연결하여 앞으로의 전망을 기술하는 내용을 구상한다.

⑥ 서론을 뒷받침하는 내용 상세화하기

문제를 제기하는 이유 및 배경(현실, 맥락, 요구, 현상 등)에 대한 생각을 구상한다.

⑦ 글을 쓰기 전 서론-본론-결론 전 과정에서의 논거의 흐름 확인하고 보완하기

글의 주제에 대한 주장과 각각의 근거들을 정리하여 구조화한 내용들을 글쓰기 전에 한 번 더 검토하여 논리적이고 자연스러운 글의 얼개가 만들어졌는지를 확인한다.

2) 논리적 글쓰기 단계

본격적으로 글을 쓰기에 앞서 작성한 글의 개요를 바탕으로 서론, 본론, 결론에 들어갈 구체적인 내용을 기술한다. 글의 주요 주장(주제)과 이를 뒷받침하는 근거(중심 생각)를 정확한 문장으로 상세하게 기술하도록 한다. 주제나 주장에 대한 논리적인 흐름이 끝까지 일관성 있게 유지되도록 글을 쓰는 것이 중요하다. 논리적 글쓰기를 위해서는 글의 내용을 논리적으로 전개하는 방법과 논리적인 문장 진술 방법 및 문장 진술의 원칙에 대한 기본적 이해를 바탕으로 글을 쓰는 것이 중요하며, 이를 구체적으로 살펴보면 다음과 같다.

(1) 논리적 글쓰기의 내용 전개 방법

논리적 글쓰기를 위해 가장 일반적으로 사용되는 글 전개 방식에는 연역적 추론과 귀납적 추론이 있다. 연역적 또는 귀납적 추론 방식은 중심 문장을 문단의 앞쪽에 놓을 것인지 뒤쪽에 놓을 것인지에 따라 결정된다(김재봉, 2014).

① 연역적 추론 방식으로 내용 전개하기

연역적 추론이란 일반적인 원리에서 출발하여 세밀한 내용을 찾아내는 연역적 사고 방식을 바탕으로 한다. 따라서 주장의 근거가 되는 중심 문장을 앞쪽에 배치한 후 '그래서 ~이다(해야 한다)'는 식의 결론(주장)을 뒤쪽에 배치하는 방식으로 기술한다. 즉 글의 첫 문장에서 언급한 내용의 일부가 다음 문장에서 언급되고, 그 내용의 일부가 또 다음 문장에서 언급되면서 생각이 정리되고 결론에 이르는 방식(앞에서 제시한 문제점과 원인과 해결책 때문에 ~해야 한다.)이다.

글의 구조	연역적 추론 방식으로 내용 전개하기 예
대전제	모든 생물은 영양을 섭취해야 살 수 있다.
소전제	사람은 생물이다.
결론	그러므로 사람도 영양을 섭취해야 살 수 있다.

② 귀납적 추론 방식으로 내용 전개하기

귀납적 추론 방식은 여러 가지 세세한 사실들을 수집하여 이들이 무엇을 만들어내는가를 알아내는 귀납적 사고 방식에 기초하여 개별적이고 특수한 사실이나 원리로부터 좀 더 일반적인 명제를 이끌어 내는 방식으로 기술하는 것이다. 즉 주장의 근거가 되는 각각의 문장을 앞에 배치한 후 이어지는 문장들을 통해서 근거를 보완하는 방식으로 결론(주장)을 글의 후반부에 제시하는 방법으로 내용을 전개한다.

글의 구조	귀납적 추론 방식으로 내용 전개하기 예
구체적 사실	식물은 영양을 섭취해야 한다. 동물도 영양을 섭취해야 살 수 있다.
공통점	식물과 동물은 생물이다.
결론 도출	그러므로 모든 생물은 영양을 섭취해야 살 수 있다.

(2) 논리적 글쓰기를 위한 문장 진술 방법

논리적 글쓰기에서 설명(exposition) 및 논증(argument)을 위한 효과적인 문장 진술 방법에는 정의, 상술, 분석, 분류와 구분, 비교와 대조, 인용과 예시, 지정 등이 있다(김재봉, 2014; 박정일, 2006; 박종덕, 2002). 각 방법의 의미와 특징을 살펴보면 다음과 같다.

① 정의

'어떤 말이나 사물의 뜻을 명백히 밝혀 규정하는 것'으로 정의하고자 하는 용어를 문장의 앞에 배치하고 그것에 대한 개념을 뒤에서 진술할 때 활용하는 방법이다.

정의를 적용한 글쓰기 예

애착이란 '부모나 특별한 사회적 인물과 형성하는 친밀한 정서적 유대'를 뜻한다. 생애 초기에 부모와의 사이에 형성하는 애착은.....

② 상술

'소주제나 중심 생각에 대한 내용을 되도록 자세하게 풀이해서 설명하는 방법'이다.

상술을 위한 표현 예

'즉', '다시 말해서', '구체적으로 살펴보면', '요약해 보면', '자세히 말하면', '알기 쉽게 풀어보면', '예를 들면', '그중에서도 특히' 등

③ 분석

문장 진술 시 '복잡하거나 많은 내용을 하나하나 따져서 밝혀내고 나누어 설명하는 방법'이다. 결과에 대한 원인을 찾는 과정이나 현재 일어난 일이 앞으로 어떠한 결과를 가져올지를 예측하고 해답을 찾는 과정에서 사용할 수 있는 방법이다.

④ 분류와 구분

분류와 구분은 여러 대상을 일정한 기준에 따라 나누어 대상들 사이의 관계를 명료하게 드러내는 것이다. 즉 하나의 대상(항목)과 전체 간의 유기적 관계를 밝힘으로써 대상을 객관적이고 체계적으로 이해하도록 돕는 방법이다(정제한, 1998; 김재봉, 2014에서 재인용).

분류

어떤 대상이나 생각들을 공통적인 특성에 근거하여 같은 종류끼리 묶는 방법으로 설명하는 것(하위 개념들을 상위 개념으로 묶어가며 설명하는 것)

(적용 예) 글의 유형에는 보고서, 논문, 감상문... 등이 있다. 이 중 보고서와 논문 등은 논증적 글쓰기로 분류될 수 있다.

구분

어떤 대상이나 생각을 일정한 기준에 따라 전체를 몇 개로 갈라 나누는 방법으로 설명하는 것(상위 개념으로부터 하위 개념으로 나눠가며 설명하는 것)

(적용 예) 문학은 운문문학과 산문문학으로 나누어진다.

⑤ 비교와 대조

비교는 '두 대상이 얼마만큼 비슷한가를 설명하는 방법'인 것에 반해 대조는 '두 대상의 다른 점을 설명하는 방법'이다. 비교 및 대조법은 설명하는 대상의 공통점과 차이점을 구체적으로 기술하여 독자의 이해를 높이는 데 효과적이다.

⑥ 인용과 예시

인용은 '널리 알려져 있거나 권위가 인정되는 사람의 말이나 글을 자신의 글 속에 끌어 쓰는 방법'이다. 예시는 '구체적인 사례를 들어 소주제 또는 그와 관련된 사항을 설명하는 방법'이다.

예시를 적용할 때 자주 쓰는 표현 예

'예를 들면', '이를테면', '가령', '예컨대' 등

⑦ 지정(指定: 확인)

사실을 확인할때 사용하는 방법으로 '분명히 가리켜 확실하게 정하는 것'을 의미한다.

(3) 논리적 글쓰기를 위한 문장 진술의 원칙

논리적 글쓰기를 위해서는 각각의 문장이 논리적 적합성을 갖추도록 기술하는 것이 중요하며, 논리적 문장 기술의 구체적인 원칙을 살펴보면 다음과 같다(이상호, 이현지, 2008; 장소진, 2012).

① 직접적인 표현 사용하기

주어, 서술어, 목적어와 같은 문장 성분을 적합하게 사용하여 문장의 의미를 명확하게 한다. 한 문장에 하나의 의미만 담기도록 문장을 기술하도록 한다. 비유나 은유와 같은 표현이 많을수록 글의 논리성이 약화될 수 있으므로 주의한다.

② 간결한 문장으로 표현하기

문장의 의미를 명확히 하기 위해서는 가능한 한 짧고 간결한 문장으로 기술하는 것이 좋다. 문장이 길어질 경우 문형도 복잡해지고 글의 핵심이 흐려질 수 있기 때문이다. 또한 문장성분 간 충돌로 인해 독자가 글의 내용을 이해하는 데 혼돈을 줄 수 있으므로 간결한 문장의 형태로 기술하여 글의 논리적 성격을 유지하도록 한다.

③ 문장 간 관계를 명확히 하기

독자가 글의 내용이나 주제, 전체 맥락과 의미를 쉽게 이해할 수 있도록 하려면 문장 간의 의미 관계를 명확하게 기술해야 한다. 접속어를 알맞게 사용하여 문장과 문장을 연결해주면 문장 간 관계를 분명히 규정할 수 있을 뿐 아니라 각 문단의 중심 생각을 일관성 있게 유지할 수 있다.

④ 문단과 문단 간 내용 구분하기

글의 내용이나 분위기를 전환할 때에는 문단을 바꾸어 내용을 기술한다. 실제 쓰기를 하기 전 글의 개요 짜기 단계에서 글의 주제(주장)를 뒷받침하기 위한 문단 구분 및 문단별 주요 내용을 미리 계획하도록 한다.

(4) 글쓰기 과정에서 유의할 점

논리적 글쓰기는 서론 쓰기, 본론 쓰기, 결론 쓰기 단계로 구성되며, 단계별 글쓰기 과정에서 유의할 점은 다음과 같다(한효석, 2015).

① 서론 쓰기

서론은 글쓰기를 시작하는 단계로 본격적인 논의를 위한 실마리를 드러내는 부분이다. 즉 글의 목적 및 필요성과 글쓴이의 의도를 포함한 글쓰기의 방향이 무엇인지를 암시하는 단계이다. 서론은 독자들의 관심을 유도하고 안내하는 단계로써 매우 중요하다. 독자들은 글의 초반부를 읽으면서 글의 주제에 관심을 가지게 되기 때문이다. 따라서 서론에는 글의 주제(문제, 주장)를 다루는 것이 왜 필요하며, 어떤 의미가 있는지에 독자들이 흥미를 가질 수 있도록 주의를 환기시켜주는 내용을 기술해야 한다.

서론 쓰기를 할 때 유의할 점은 다음과 같다(한효석, 2015).

- 서론의 분량은 전체 원고량의 20% 정도가 적절하며, 본론에서 다루게 될 문제를 가볍게 암시하는 수준으로 기술하도록 한다.
- 일반적인 내용으로부터 시작하여 구체적인 내용으로 전개하면서 논의의 방향을 제시한다.
- 서론의 첫 머리와 끝부분의 문장 내용 간에 밀접한 관련성이 드러나도록 기술한다.
- 글의 주제에 대해 독자의 관심을 환기시켜줄 수 있는 내용으로 기술한다.
- 문제를 제기하는 문장을 의문문으로 처리할 경우 글의 논점이 흐려질 수 있으므로 주의한다.

② 본론 쓰기

본론은 서론에서 제기한 문제에 대한 논리적인 근거를 바탕으로 글쓴이의 주장을 전개하는 부분이다. 그러므로 주장에 대한 논리적이고 타당한 근거가 충분히 드러나도록 논리적인 형식에 따라서 글을 쓰는 것이 중요하다. 귀납적 추론 또는 연역적 추론 방식을 사용하여 글쓴이의 주장(중심생각)을 논리적으로 증명하는 글을 전개할 수 있다(김재봉, 2014).

본론 쓰기를 할 때 유의할 점은 다음과 같다(한효석, 2015).

- 본론은 전체 원고량에서 약 60% 정도의 비중으로 기술하는 것이 적절하다.
- 1,000자 원고를 기준으로 할 때 문단 수는 세 개 정도가 적당하다. 글의 설명력을 확보하기 위해서는 한 문단에 적어도 200자 이상의 내용을 기술하도록 한다.
- 개요 짜기 단계에서 구상한 원고 분량의 2~3배 정도를 늘려서 기술하는 것이 적합하다.
- 개요 짜기 단계에서 미리 구상하지 않은 내용을 끼워 넣을 때에는 전체적으로 자연스러운 흐름이 이어지도록 정돈하여 기술한다.
- 주장의 근거(중심 생각)에 대한 논의가 충분히 이루어질 수 있도록 논거에 대한 치밀한 분석과 논증을 진행한다.
- 글의 논지를 뒷받침하기 위해 적합한 자료를 참고하거나 인용할 수 있다.

③ 결론 쓰기

글을 통해 드러내고자 하는 글쓴이의 의도와 견해를 최종적으로 기술한다. 즉 서론에서 제기한 문제에 대해 본론쓰기 단계에서 도출한 결과 및 자신의 의견을 종합하여 기술한다. 그런 다음 본론을 통해 도출한 결과를 바탕으로 앞으로의 전망이나 제언 등을 기술한다.

결론 쓰기를 할 때 유의할 점은 다음과 같다(한효석, 2015).

- 서론에서 제기한 문제에 관해 본론에서 도출한 결과에 기초하여 결론을 기술한다. 본론에서 논의된 결과를 통해 제시할 수 있는 결론만을 기술해야 한다.
- 서론에서 제기한 문제에 대한 주장이나 해결책을 제시한다. 이를 위해 본론의 논의를 통해 도출한 결과를 정리하여 기술한 후 글쓴이의 생각을 종합하여 결론을 제시한다.
- 글쓰기의 목적과 의의를 최종적으로 정리하여 기술한다. 즉 서론에서 제기하고 본론에서 주장한 내용들에 대한 해결방안이나 의견 및 앞으로의 전망 등을 구체적으로 제시한다.
- 글을 쓰는 과정에서 참고하거나 인용한 자료 내용을 정리하여 상세히 제시한다.

3) 평가하기 단계

논리적 글쓰기의 세번째 평가하기 단계는 '글쓰기 결과에 대한 평가'와 '글쓰기 각 단계에서의 수행에 대한 평가'를 포함하며 이를 구체적으로 살펴보면 다음과 같다.

(1) 글쓰기 결과에 대한 평가

완성된 글의 논리적 완성도에 대한 자기 평가 과정에서 확인하고 점검해 보아야 할 사항은 다음과 같다(오정훈, 2007).

① 전체적으로 글의 연결이 자연스러운가?

글의 연결성은 논리적 글쓰기의 필수 요건이다. 낱말과 낱말, 문장과 문장, 문단과 문단의 내용이 서로 상충됨 없이 자연스럽게 연결되고 이어져 매끄럽게 읽힐 때 독자는 글에 담겨진 글쓴이의 생각을 쉽게 이해할 수 있다. 뿐만 아니라 글의 형식과 내용의 연결성은 주장의 일관성과 체계성을 높여 글의 설득력을 더욱 강화하는 요인이 된다. 따라서 평가 과정에서 반드시 글쓴이의 의도가 독자에게 분명하고 일관성 있게 전달될 수 있을 만큼 글의 연결성이 충족되었는지를 확인해 보고, 미흡한 점이 있다면 다음 글쓰기에서의 발전을 위한 개선 사항으로 반영하도록 한다.

② 글의 처음부터 끝까지 주제의 통일성이 유지되었는가?

주제의 통일성이란 '전체 글을 통해 글쓴이의 의도가 분명하고 자연스럽게 하나의 목소리로 표현되도록 글을 쓰는 것'을 의미한다. 글쓰기의 처음부터 마무리까지 주제의 통일성을 지키면서 한 맥락으로 글을 전개하는 것은 쉬운 일이 아니므로 글의 개요에서 정한 주제(주장)가 전체 글에서 일관성 있게 지켜졌는지를 면밀히 검토해 본다. 또한 문단 내용을 이루는 소주제들 사이에 상충되는 내용 없이 일관성 있게 하나의 주제를 표현하고 있는지, 각 문단의 소주제들이 매끄럽게 연결되어 통일된 대주제로 표현되었는지를 확인할 필요가 있다.

③ 논리적 문장의 기본 요건을 충족하였는가?

논리적 문장 표현을 위해서는 다음의 요건을 충족해야 한다(권순희, 2009).

| 주어, 서술어, 목적어 등 문장의 기본 성분을 잘 갖추어 쓰기 |

문자언어를 통한 상호작용에서는 문장 성분이 하나라도 누락될 경우 독자가 글의 의미를 이해하기 어렵고 메시지 전달에 오류가 발생될 수 있다. 그러므로 논리적 글쓰기를 위해서는 문장의 기본 성분을 알고 이를 잘 지키면서 글을 써야 한다. 글쓰기 결과에 대한 자기 평가 과정에서도 문장의 기본 성분이 잘 갖추어진 글을 썼는지 반드시 확인해 보도록 한다.

| 한 문장 안에 주어, 서술어, 목적어가 중복되지 않도록 기술하기 |

한 문장에 주어나 목적어가 여러 개 있거나 문장 성분 중 일부가 누락되어 의미가 이상하고 모호해진 부분이 있는지를 다시 살펴본다.

> **수정이 필요한 글쓰기 예(한 문장에 주어가 여러 개 있는 경우)**
>
> 쓰레기를 재활용하는 것은 어려운 일이라는 생각이 환경보전을 위한 국민의식을 저해하는 것이라는 주장은 편협된 생각이다.

주어와 서술어, 목적어와 서술어 간 관계를 분명히 하고 호응이 되도록 기술하기

주술관계가 불분명하거나 상호 호응이 안 되는 문장, 또는 조사처리가 적합하지 않은 문장은 독자가 글의 의미를 이해하는 데 방해가 되므로 꼼꼼히 살펴보고 수정한다.

수정이 필요한 글쓰기 예(주어와 서술어 간 호응이 안되는 경우)

가정에서 보내주시는 병원놀이와 관련된 각종 소품들이 유아들의 역할놀이를 더욱 재미있게 만들어주셔서 감사드립니다.

같은 단어가 반복될 경우 대명사로 적절히 처리하기

한 문장에 같은 의미를 가진 단어가 중복하여 기술하지 않도록 주의한다. 또한 같은 단어를 연속해서 기술한 부분이 있는지를 살펴본다. 같은 의미의 단어가 연속해서 기술되어 있거나 같은 단어가 반복적으로 기술된 문장은 문장의 완성도를 떨어뜨린다. 또한 독자의 입장에서도 글을 읽는 것이 지루하게 느껴지고 집중을 방해하는 요인이 되므로 주의할 필요가 있다.

수정이 필요한 글쓰기 예(같은 단어가 연속적으로 기술된 경우)

저는 평소 잘 웃고 긍정적인 성격입니다. 힘든 일이 있어도 긍정적으로 생각하려고 노력하며, 긍정적인 생각이 좋은 결과를 가져온다고 생각하는 긍정적인 마인드를 가지고 있어서 저의 긍정적인 성격이 유아교사의 역할을 수행하기에 도움이 된다고 생각합니다.

④ 표현의 오류가 있지는 않은가?

글쓰기에서 나타나는 다양한 유형의 표현 오류는 글의 논리성을 저해하는 요인이 되므로 주의한다(손평효, 2015).

| 추측 표현을 남용하는 것 |

'~인 것 같다.', '아마도 ~할 것이다.', '~일지도 모른다.'와 같은 추측성 표현을 자주 사용하는 것은 글의 논리성과 신뢰성을 떨어뜨리는 요인이 될 수 있다. 객관적이고 타당한 논거를 중심으로 명확한 주장(주제)을 펼쳐야 하는 글에서는 주장의 확실성과 확신성을 떨어뜨려 정확한 메시지 전달을 방해하고 설득력을 약화시키므로 주의할 필요가 있다.

| 수정 전 |

좋은 교사가 되기 위해서는 좋은 인성을 갖추는 일이 중요할 것 같다. 그렇지 않으면 성격이나 사회성의 기초가 자리 잡히는 유아들에게 좋지 않은 영향을 미칠 수도 있을 것 같기 때문이다.

| 수정 후 |

좋은 교사가 되기 위해서는 먼저 좋은 인성을 갖추는 일이 중요하다. 교사의 인성은 성격 및 사회성의 기초가 자리잡히는 유아들에게 부정적인 영향을 미칠 수 있기 때문이다. 이와 관련하여 ○○의 연구에서는......

| 1인칭 표현을 남용하는 것 |

'나'를 주어로 하는 1인칭 표현을 자주 사용하게 되면 글의 내용 및 흐름이 '나'의 개인적인 상황에 국한되고 글의 객관성과 설득력을 약화시켜 논리적인 글이 될 수 없다. 따라서 글을 쓸 때에는 1인칭 표현이 남발되지 않도록 주의하여 글이 사적인 내용으로 치우치는 것을 예방하도록 한다.

| 수정 전 |

코로나19 문제가 여전한데 사람들이 마스크를 왜 안 쓰는지 나는 도저히 이해할 수가 없다. 내 생각에는 마스크를 쓰면 숨을 편안하게 쉴 수 없고 말하기도 불편하기 때문인 것 같다. 하지만 나는 타인에게 피해를 주지 않기 위해서는 그러한 불편함을 감수해야 한다고 생각한다.

| 수정 후 |

코로나19 문제가 여전한데도 마스크를 쓰지 않는 사람들이 있다. 마스크를 쓰면 숨을 편안하게 쉴 수 없고 말하기에 불편하다. 또한 ---- 중략---- 한 것도 마스크 착용을 기피하는 원인일 수 있다. 하지만 ----기 때문에 타인에게 피해를 주지 않기 위해서는 그러한 불편함을 감수할 필요가 있다.

| 경어체를 잘못 사용하는 것 |

경어체로 글쓰기를 하는 것이 글의 논리성을 해치는 것은 아니다. 그러나 무분별한 경어 사용으로 인해 글의 내용이 많아지고 늘어지면서 글의 논지가 흐려질 수 있으므로 주의하도록 한다. 더욱이 경어 사용이 논리적 글쓰기를 위한 필수적인 요건은 아니므로 특별한 경우가 아니라면 경어체를 사용하지 않도록 한다.

| 수정 전 |

유아를 일방적으로 야단치는 것은 자칫 유아의 마음에 상처를 줄 수 있기 때문에 행동지도의 좋은 방법이 아니라고 생각합니다. 실습 때 지도교사 선생님께서는 유아의 이야기를 들어주시고 마음을 읽어주시면서 다음에는 ○○의 좋은 행동을 보고싶다고 말씀하셨습니다. 저는 선생님께서 유아에게 무엇을 기대하시는지를 차근차근 설명해주심으로써 유아 스스로 잘못된 행동을 고치도록 안내해주시고 도와주시는 --- 중략

| 수정 후 |

일방적으로 유아를 야단치는 것은 유아의 마음에 상처를 줄 수 있기 때문에 행동지도를 위한 적합한 방법이라고 볼 수 없다. 그보다는 유아에게 교사가 기대하는 행동이 무엇인지를 명확하게 설명해줌으로써 유아 스스로 잘못된 행동을 고치고 대안이 되는 행동을 선택하도록 돕는 것이 효과적이다. 교육실습에서 만난 실습지도교사의 사례를 예로 들면-------- 중략

글쓴이의 감정을 개입시키는 것

논리적 글쓰기는 객관적인 사실과 정보를 바탕으로 주장(주제)의 논리성을 증명하는 과정이다. 그러므로 글쓴이의 주관적인 감정이 글에 개입되지 않도록 주의한다. 독자의 감정에 호소하는 글은 자칫 논리적인 비약이나 적절치 못한 표현의 문제로 이어질 수 있다는 점에서도 주의가 필요하다.

의문형을 지나치게 많이 사용하는 것

의문형의 문장을 자주 사용할 경우 명료한 표현을 방해하여 주장의 명확성을 떨어뜨리는 요인이 될 수 있으므로 주의한다.

과연 좋은 교사는 어떤 교사를 의미하는 것인가? 인성적으로 따뜻하고 아이들을 사랑하는 마음만 있으면 좋은 교사라고 할 수 있는가? 아니면 아이들을 잘 가르치고 바른 행동을 하도록 바른 습관의 기초를 형성할 수 있도록 지도하는 교사라면 좋은 교사라고 할 수 있을까? 과연 이러한 질문에 대한 가장 명쾌한 답은 무엇일까? 좋은 교사의 개념을 정의함에 있어 무엇을 고려해야 할까?

사적인 이야기를 쓰는 것

사적인 이야기를 중심으로 글을 쓸 경우 개인의 감정에 치우친 글쓰기가 될 수 있다. 또한 장황한 문장 표현이나 비문 표현의 가능성을 높여 글의 객관성과 논리성을 유지하는 것이 어려우므로 주의가 필요하다.

문장의 길이가 길어지는 것

논리적 글쓰기를 위한 가장 중요한 요건 중 하나는 문장을 간결하게 표현하는 것이다. 긴 문장은 글에 대한 집중력을 떨어뜨리며 글의 논지를 흐린다. 따라서 문장 간의 연결성을 유지하되, 각각의 문장은 짧고 간결한 구조로 글을 쓰는 것이 바람직하다.

수정이 필요한 글쓰기 예

어린 시절부터 유치원교사이신 어머니를 보면서 유아교사의 꿈을 키웠으며, 학교 끝난 후에 어머니께서 근무하시는 유치원에 가서 어린아이들과 놀이도 하였는데, 처음에는 낯설어하던 아이들이 시간이 지남에 따라 저를 따르고 선생님이라고 부르기도 하는 것이 신기하고 아이들을 돌보았던 경험이 좋아서 유아교육과에 진학하여 성실하게 학업에 정진하는 경험을 통해 유아교사 역할의 중요성과 책임감을 배울 수 있었습니다.

| 문장의 완성도 및 논리적 연결성을 떨어뜨리는 서술어 처리 |

문장의 서술어 처리를 깔끔하고 짜임새 있게 마무리하는 것은 글의 연결성을 높일 수 있다. 따라서 문장마다 같은 서술어가 반복되거나 서술어 부분이 너무 길게 기술되어 지루하고 답답하게 느껴지는 부분이 있는지를 확인한다.

수정이 필요한 글쓰기 예

코로나19 문제가 쉽사리 해결되지 않는 것은 국민안전수칙을 무시하는 일부 사람들의 몰지각한 행동 때문이라고 생각한다. 추석을 앞두고 가족 간의 만남도 자제하는 마당에 여전히 마스크 착용을 거부하는 사람들이 있어 답답하다고 생각한다. 지자체의 행정명령이나 관련 규제가 너무 약한 것은 문제를 더욱 심화시키는 요인으로 작용할 수 있다고 생각한다.

⑤ 기타 수정이 필요한 사항이 있는가?

위에서 살펴본 내용 외에도 주제에 대한 모호한 결론 기술, 구어체 사용 및 문장부호 사용의 오류는 글의 완성도와 논리성을 저해하는 요인이 되므로 꼼꼼하게 검토할 필요가 있다.

(2) 논리적 글쓰기 과정의 단계별 수행에 대한 평가

논리적 글쓰기 능력의 신장을 위해서는 글쓰기 각 단계에서의 수행에 대한 꼼꼼한 평가를 통해 개선 및 발전을 위한 내용을 확인하고 다음 글쓰기 과정에 반영하는 노력이 필요하다. 글쓰기 과정의 각 단계별 수행에 대한 자기 진단 내용을 정리하면 다음과 같다(김소륜, 2017).

① 계획 및 준비 단계의 수행에 대한 평가

논리적 글쓰기를 위한 계획 단계에서는 글을 읽는 독자에 대한 이해를 바탕으로 글의 목적과 의도, 글의 방향을 분명히 해야 하므로 이러한 내용이 잘 수행되었는지를 검토하도록 한다. 또한 논거에 대한 참고 자료를 충분히 확보하였는지, 글쓰기에 필요한 다양한 아이디어를 발굴하기 위해 노력하였는지, 글의 개요 짜기가 적절히 이루어졌는지 등에 대해서 평가한다. 이를 위한 구체적인 평가 항목은 다음과 같다.

평가 항목	전혀 그렇지 않다	그렇지 않다	그렇다	매우 그렇다
내 글의 목적과 의도를 분명히 알고 있는가?				
내 글의 독자가 누군지 인식하고 있는가?				
참고가 될 만한 관련 자료를 충분히 수집하는가?				
논리적 글쓰기를 위한 준비에 충분한 시간을 투자하는가?				
자신의 경험을 글과 관련시켜 이해하려고 노력하는가?				
주변 사람들과 관련 내용에 대해 이야기를 나누는 시간을 갖는가?				
다양한 아이디어를 떠올리며 꾸준히 메모하는가?				
수집한 자료와 메모를 검토하고 분류하여 개요를 작성하는가?				

② 실제 쓰기 단계의 수행에 대한 평가

실제 쓰기 단계의 수행에 대한 평가 내용에는 각각의 내용들이 논리적 연결성을 가지고 자연스럽게 기술되었는지, 주제의 통일성을 지키면서 글을 전개하였는지, 글쓴이 고유의 언어로 표현하였는지 등이 포함될 수 있다. 이러한 수행 내용을 살펴보기 위한 평가 항목은 다음과 같다.

평가 항목	전혀 그렇지 않다	그렇지 않다	그렇다	매우 그렇다
글을 쓰는 과정에서 관련 자료를 참고하되, 자신의 언어로 표현하고자 노력하는가?				
낱말과 낱말, 문장과 문장, 문단과 문단을 자연스럽고 매끄럽게 연결하여 전개하는가?				
문단과 문단 사이의 인과관계를 생각하면서 서술하는가?				
주제의 통일성을 지키며 하나의 맥으로 글을 전개하는가?				

③ 퇴고 단계에서의 수행에 대한 평가

논리적 글쓰기에서 퇴고(推敲)는 완성된 글 전체를 살펴보고 필요한 경우 수정 · 보완하는 단계로 독자의 입장으로 글을 읽어보면서 문장을 다듬는 과정이다. 따라서 퇴고 단계에서 주장과 논거의 정확성과 논리성, 문장 표현의 적절성, 문장 간 의미 전달의 명확성 등에 대한 확인이 제대로 이루어졌는지를 확인하고 평가한다. 또한 문장 성분의 오류나 오탈자를 바로잡는 작업을 충분히 수행하여 글의 완성도를 높이는 노력을 하였는지를 확인하도록 한다. 이러한 내용과 관련하여 다음의 평가 항목에 대한 점검을 수행할 수 있다.

평가 항목	전혀 그렇지 않다	그렇지 않다	그렇다	매우 그렇다
제목이 적절한지 검토하는가?				
문장의 자연스러운 표현과 문장 간 연결 관계를 검토하는가?				
맞춤법, 어휘, 문장, 단락의 관계와 통일성 등을 염두에 두면서 효과적인 표현 방법을 찾는가?				
다른 사람에게 내 글을 읽어보도록 하는가?				

Tip

논리적 글쓰기 평가 기준 예

• 논리적 글쓰기 평가 기준

	평가 기준
1	주제가 뚜렷하게 나타나는가?
2	처음, 중간, 끝의 부분이 명확한가?
3	내용을 알기 쉽도록 구조가 명확한가?
4	문단 조직과 연결이 자연스러운가?
5	문단의 내용이 일관성과 통일성이 있는가?

출처: 명지원(2011).

• 논술 능력 평가 기준

평가 요소		평가 기준
1	표현	(1) 원고지 사용법을 아는가? (2) 띄어쓰기/ 맞춤법을 제대로 하고 있는가? (3) 어휘를 적절하게 사용하고 있는가? (4) 문법적으로 정확한 문장을 사용하고 있는가? (5) 텍스트 응집 기제를 제대로 응용하고 있는가? (6) 논술에 적합한 문체를 구사하고 있는가?
2	구성	(1) 글을 사고 단위인 단락(문단)을 중심으로 적절하게 전개시켜 나가는가? (2) 서론과 본론, 결론이 적절한 분량과 비중으로 전개되는가? (3) 내용의 통일성과 일관성을 유지하고 있는가?
3	논리	(1) 사고의 깊이가 있는가? (2) 논제와 관련하여 객관적이면서도 정확한 지적 정보를 풍부하게 제시하고 있는가? (3) 주장을 뒷받침하고 있는 근거들이 충분히 타당하면서도 적절한 것인가? (4) 논리상의 오류 없이 논리적으로 타당한 논증을 하고 있는가?

Tip

평가 요소		평가 기준
4	문제 해결 능력	(1) 문제가 요구하는 바가 무엇인지를 제대로 파악하고 있는가? (2) 주어진 문제 사태로부터 논점이 될 만한 문제를 발견하고 있는가? (3) 설정한 문제의 본질과 핵심에 초점을 맞추어 논의하고 있는가? (4) 문제를 해결하는 데 필요한 유창한 사고가 이루어지고 있는가? (5) 문제-해결 구조의 틀을 갖추고 있는가? (6) 문제에 대한 해결 방안이나 적절한 대안을 제시하고 있는가?
5	설득력	(1) 보이지 않는 독자 범주를 효과적으로 설정하고 있는가? (2) 독자에게 충분히 설득력 있는 주제를 전달하고 있는가? (3) 독자에게 충분히 공감을 불러일으키고 있는가?

출처: 원진숙(2007).

참고문헌

강수진(2013). 논증적 글쓰기와 교육 토론의 통합 수업 모형 연구. **교양교육연구, 7**(6), 69-100.

교육부(2019). 교원자격검정 실무편람. 2019년도. 양평군: 생각쉼표: 컬처아리랑.

곽재용(2007). 초등논술의 평가 방안. **새국어교육, 76**, 5-28.

구연상(2007). 글쓰기와 논술. **철학과 문화, 15**, 1-27.

권순희(2009). 초등학생 글쓰기에 나타난 언어발달 양상. **한국초등국어교육학회, 39**, 5-46.

김규태, 방경곤, 이병환, 권민석(2013). **교육학 논리와 논술**. 파주: 양서원.

김소륜(2017). 사범대 학생을 위한 계열별 글쓰기의 필요성 - 이화여자대학교 〈우리말과 글쓰기〉 교과목을 중심으로. **이화어문집, 41**, 149-174.

김양희(2015). 플립 러닝(flipped learning)을 활용한 대학 글쓰기 수업 운영 방안 연구. **인문과학연구, 47**, 323-352.

김재봉(2014). **말하기와 글쓰기의 이론과 실제**. 서울: 형설.

명지원(2011). 읽기-말(토론)하기-쓰기 능력 향상을 위한 홀리스틱 접근. **홀리스틱연구, 15**(1), 85-114.

박규철, 신승제(2017). **소논문 쓰기, 어떻게 할까?: 박교수와 신군의 글쓰기 여행**. 파주: 한국학술정보.

박정일(2006). 논술과 토론의 개념. **철학과 현실, 70**, 134-145.

박종덕(2005). 논술 개념의 어원적 연구. **겨레어문학회, 35**, 95-107.

박찬옥, 지성애, 조형숙, 서동미, 곽현주, 엄은나, 한진원, 김현주, 김민정, 홍찬의(2010). **유아교사를 위한 논리 · 창의교육**. 파주: 정민사.

박혜경(2016). 고등학생의 쓰기 인식 및 소논문쓰기 지도방안. **교양교육연구, 10**(1), 321-348.

손평효(2015). 논리적 글쓰기의 표현 문제와 그 유형. **우리말연구, 42**, 201-231.

오정훈(2007). 논리적인 글쓰기 지도 방안. **배달말교육학회, 28**, 159-183.

오현희(2011). 설명적인 텍스트를 활용한 논리적인 글쓰기 방안. **국어교과교육연구, 19**, 165-194.

원진숙(2007). 논술개념의 다층성과 대입 통합 교과 논술 시험에 대한 비판적 고찰. **국어교육, 122**, 201-231.

유봉현(2008). 초등학생의 논술 쓰기 능력에 대하여. **한국초등국어교육, 36**, 335-360.

유시민(2015). **글쓰기 특강**. 파주: 생각의 길; 아름다운 사람들.

이상호, 이현지(2008). **대학생을 위한 글쓰기**. 파주: 한국학술정보.

이선애(2020). 문단 쓰기 지도가 논술문 쓰기에 미치는 효과 연구. 한국외국어대학교 교육대학원 석사학위논문.

이종만(2020). 디자인씽킹에 기반한 「교과 논리 및 논술」 수업사례연구: 예비유아교사의 비판적 사고와창의적 태도를 중심으로. **학습자중심교과교육연구, 20**(13), 647-673.

장소진(2012). 논증적 글쓰기와 논리적인 문장쓰기. **교양교육연구, 6**(2), 293-322.

정은숙(1990). 글쓰기 지도에 대하여-고등학생을 대상으로. **배달말교육, 8**, 187-202.

정제한(1998). **설명문 쓰기의 이론과 실제**. 서울: 박이정.

정희창, 이운영, 박선영(2008). 2008년 표준국어대사전 개정. 서울: 국립국어원.

한효석(2015). 너무나도 쉬운 논술. 3, 글쓰기 실전과 평가하기. 서울: 한겨레 에듀.

Golinkoff, M. R., & Hirsh-Pasek, K.(2016). *Becoming brilliant*. 김선아 역 (2018). **4차 산업혁명 시대 미래형 인재를 만드는 최고의 교육**. 서울: 예문아카이브.

CHAPTER

04

유아교사의 논리적 말하기와 글쓰기의 실제

유아교사는 유치원에서 유아의 놀이를 지원하고 상호작용하는 것 이외에도 학부모와 소통하고 업무를 수행하기 위한 다양한 문서를 작성하게 된다. 이것은 모두 논리적 사고에 기반한 말하기와 글쓰기 능력과 관련이 있으며 이 능력은 연습을 통해 향상될 수 있다. 4장에서는 유아교육 현장에서의 유아교사의 논리적 말하기와 글쓰기를 연습해 보기로 한다.

1. 유아교사의 논리적 말하기의 실제

유아교사의 논리적 말하기는 앞서 살펴보았듯이, 효율적인 유아 지원이나 부모 상담, 업무 효과 증진 측면에서 중요한 역할을 한다. 이제 유아교육 현장에서 요구되는 교사의 논리적 말하기의 실제를 살펴보기로 하자.

1) 행사 진행

유치원의 행사는 입학식을 시작으로 생일잔치, 학부모 참여수업, 학부모 상담, 현장학습, 졸업식 등 연중 시행된다. 이때 유아교사는 행사를 진행하면서 행사의 목적과 운영 방식 등에 대해 참여 대상과 시기를 고려하여 적절하게 안내해야 한다. 효율적인 행사 진행을 위해서는 구성원들 간의 구체적이고 정확한 의사소통이 매우 중요하며 특히 공식적인 행사인 경우 논리적으로 말할 수 있도록 사전에 꼼꼼하게 점검해야 한다.

표 4-1 | 유아와 학부모를 대상으로 한 유치원의 연간 행사 예시

월	행사 내용
3	입학식 생일잔치
4	학기 초 학부모상담 봄 소풍 놀이지원을 위한 현장학습 생일잔치

월	행사 내용
9	전통놀이 한마당 놀이지원을 위한 현장학습 생일잔치
10	가을 소풍 가족 참여수업 놀이지원을 위한 현장학습 생일잔치

월	행사 내용
5	어린이날 행사 학부모 참여수업 놀이지원을 위한 현장학습 생일잔치
6	학부모교육 놀이지원을 위한 현장학습 생일잔치
7	물놀이 생일잔치 여름방학식
8	개학식 생일잔치

월	행사 내용
11	학기말 학부모상담 입학설명회 신입원아모집 김장 담그기 놀이지원을 위한 현장학습 생일잔치
12	초등학교 준비 관련 부모교육 산타잔치 생일잔치 겨울방학식
1	개학식 생일잔치
2	생일잔치 수료식 졸업식 신입원아/부모 오리엔테이션

표 4-1에는 유아와 학부모를 대상으로 한 유치원의 연간 행사가 예시되어 있다. 유치원의 행사들은 교육적 의도가 있는 것이다. 그러나 행사가 진행되는 장소와 시간은 한정적이고, 참여 대상 또한 유아, 학부모, 유아와 학부모 모두, 혹은 기타 다양한 사람들이 포함될 수 있다. 예비교사의 경우 행사를 진행한다고 가정하고 이 상황에서 교사가 해야 할 말을 대본으로써 말해 보거나 역할극으로 표현하며 유아교육 현장에서의 논리적 말하기 능력을 기를 수 있을 것이다.

논리적 말하기의 과정을 계획하기 단계, 논리적 말하기 단계, 평가하기 단계로 구분한다면, 행사 진행을 위한 교사의 말하기도 이 과정에 따라 생각해 볼 수 있다.

계획하기 단계는 행사의 목적과 의도를 파악하고 안내해야 하는 내용이 무엇인지, 행사 진행 내용을 설명하기 위해 필요한 자료는 무엇인지, 이것을 어떻게 전달해야 효과적일지 등을 생각하고 준비하는 단계이다. 일반적으로 유치원 행사는 모든 교직원이 함께 모여 전년도 행사 관련 자료들을 참고하면서 행사 일정과 운영방식을 협의하여 계획을 수립한다. 협의된 행사 내용과 운영 방식, 참여 대상을 숙지하는 것 또한 논리적 말하기를 위한 준비 과정이라고 볼 수 있다. 행사를 진행하는 교사가 행사 참여자에게 꼭 말해야 하는 내용을 선정하고 순서에 따라 개요를 작성해 볼 수 있다.

논리적 말하기 단계는 실제 행사를 진행하면서 계획했던 내용을 잘 전달하는 단계이다. 공식적인 행사는 명확한 목적과 일정이 있으므로 이것을 정확하게 전달할 수 있어야 한다. 입학식이나 졸업식 진행에 어울리는 말투와 생일잔치 진행에 어울리는 말투가 차이 나는 것처럼 각각의 행사마다 더욱 적절한 말하기 방식이나 어울리는 어휘가 있기 마련이다. 정중하고 신뢰감을 주는 표현, 활기차고 따뜻함을 주는 표현 등 대상과 상황에 적절한 말하기가 되도록 언어적 · 비언어적으로 메시지를 전달한다. 행사를 진행하며 모이는 시간, 함께 이동해야 하는 장소, 안전과 관련된 유의점 등은 목소리 크기나 속도, 반복해서 말하기 등의 방법으로 강조해서 말할 수 있다.

평가하기 단계는 전달하고자 하는 내용이 명료하게 전달되었는지, 행사의 목적과 분위기에 적절한 방식으로 말하였는지, 행사 참여자와 전반적으로 소통이 잘 되었는지를 점검해 보는 단계이다. 유치원의 행사를 마치고 난 후 행사 평가 회의를 하는 과정에서 이 내용을 평가해 볼 수도 있지만 행사를 진행한 교사 스스로가 말하고자 했던 바를 적절하게 표현하고 상대방이 이 내용을 잘 이해했는지를 되돌아보며 개선해야 할 점들은 기록으로 남길 수 있다.

논리적 말하기 단계	행사 진행하기 실제
계획하기	• 행사의 목적과 의도를 파악하고 안내해야 하는 내용을 수집 · 분류하기 위한 준비 시간을 갖는다. • 행사의 목적과 운영 방식, 대상, 주어진 시간 등을 고려하여 행사 관련한 말하기 주제와 내용, 방법 등을 선정한다. • 말하고자 하는 내용을 효율적인 순서로 배열한다. • 행사 참여자가 정확하게 인식해야 할 내용을 명료하게 정리한다. • 듣는 사람이 행사를 잘 이해하도록 관련된 예시나 이야기 등의 근거 자료가 있는지 확인한다.
논리적 말하기	• 계획한 목적과 순서에 따라 행사 안내 사항을 말한다. • 서론, 본론, 결론의 논리적 전개에 따라 행사 안내가 전개되도록 말한다. • 말할 때의 표정이나 몸짓, 속도 등의 비언어적인 표현에 유의하며 말한다. • 행사 참여지기 유의할 점, 중요하게 기억해야 할 점 등을 상소하며 말한다.
평가하기	• 전달하고자 하는 내용이 명료하게 전달되었는지 점검한다. • 전체 내용 및 세부 내용 간 논리적 충돌이 있는지 점검한다. • 단어와 문장, 음성은 명료하게 표현되었는지 점검한다.

예를 들어서 유치원의 입학식 날을 가정하고 교사의 논리적 말하기를 생각해 보자. 입학식은 원아들의 유치원 입학을 축하해주는 유치원의 첫 공식적인 행사이며, 입학식을 마친 후 교실에서 교사와 유아, 학부모가 인사 나누는 시간은 교사의 첫인상이 좌우된다고도 볼 수 있을 만큼 중요한 시간이다. "선생님은 ○○반을 만나게 되어서 조금 기쁜 것 같아. 반가운 것도 같고....", "학부모님... 제가요, 이번에요, ○○반을 맡게 되는데요, 네, 그냥 잘 부탁드립니다."하고 말한다면, 교사의 자신 없고 소극적인 면모가 느껴질 것이다. "○○반! 오늘 입학식 재미있었니? 이제 우리는 ○○반이 되었단다. ○○반 교실에는 지켜야 할 약속이 있단다. 어떤 약속이 필요한지 이야기해 볼까?"라고 말한다면 입학식의 상황과 목적에 맞지 않는 상호작용일 것이다.

예비교사의 경우 다음과 같은 절차에 따라 입학식의 상황과 목적에 맞는 논리적 말하기를 준비해 볼 수 있을 것이다.

| 계획하기 |

- 입학식 이후 교실로 이동하는 동선, 교실 입장 후 유아와 학부모 자리 안내하기
- 유아, 학부모님과 교실에서 나누는 인사이므로 환영과 축하의 메시지 전달하기
- 반 이름과 담임교사 소개하기
- 인사 나누는 시간은 5~10분 정도 간략하게 마무리하기(이후 개별 귀가)

| 논리적 말하기 |

○○반~ ○○반에 친구들과 가족들, 그리고 선생님까지 모두 함께 모였네요. 우리 모두 함께 인사 나눌 준비 되었나요? 다 같이 "안녕하세요?"하고 인사 나누어 볼까요? 안녕하세요! 네, 모두들 만나서 정말 반가워요. ○○유치원에 입학한 것을 축하합니다~! 유치원에 오니 기분이 어때요? 그렇구나! 선생님도 ○○반 어린이들과 함께 놀이할 생각을 하니까 정말 기뻐요!

오늘은 ○○유치원의 입학식 날이에요. 조금 전에 유치원의 모든 가족들이 함께 모여서 우리 어린이들이 유치원에 다니게 된 것을 축하하는 입학식을 했지요? 그리고 우리 어느 반에 모였지요? 네, 지금 ○○반에 모여 있지요? 우리는 모두 ○○반 친구들이에요.

○○반에는 ○○반 친구들 말고 또 누가 계실까? 그래요, 선생님도 계시네요. ○○반 선생님 이름은 ○○○이에요. 선생님은 그동안 우리 함께 놀이할 것들을 준비하면서 ○○반 친구들과 만날 날을 매일매일 기다리고 기다렸답니다. 이제부터 우리는 ○○반에서 선생님과 함께 놀이도 하고, 간식도 먹고, 함께 활동도 하면서 즐겁게 지내게 될 거예요. 이제 선생님은 우리를 축하해주러 오신 부모님과도 잠깐 인사 나누려고 해요. 그동안 ○○반은 기다려줄 수 있나요?

안녕하세요? ○○반 담임 ○○○교사입니다. 어느덧 우리 아이들이 자라서 유치원에 입학하는 날이 되었습니다. 우리 아이들 보시니 정말 의젓하지요?
한 해 동안 ○○반에서 우리 아이들이 행복하고 건강하게 성장할 수 있도록 최선을 다하겠습니다. 저는 아이들이 마음껏 놀고 스스로 도전하는 가운데 행복을 느낄 수 있다고 생각합니다. 유치원에서 자신이 생각한 것을 스스로 해 보고 서로 도움을 주고받는 경험을 하면서 우리 아이들이 잘 성장할 수 있도록 지원하겠습니다. 우리 아이들이 앞으로 ○○유치원 ○○반에서 행복하고 건강하게 성장할 수 있도록 학부모님의 많은 협조 부탁드리겠습니다. 그럼 ○○반 어린이들에게 다시 한 번 축하의 의미로, 유치원 생활 잘 하도록 격려의 의미로, 박수 쳐 줄까요?

| 평가하기 |

- 유아와 학부모님께 환영과 축하의 메시지가 전달되었으며 반 이름과 교사 소개 등 주요 사항이 포함되어 있음. 표정이나 목소리 톤 등에서 반가움의 표현이 더 강조되면 좋겠음.
- 유아의 반응, 학부모의 반응을 고려하여 더 여유 있게 인사를 나누는 것이 좋겠음.

연습해 보세요 1 입학식에서 첫 인사말 연습해 보기

- 입학식날 교실에서 전체 유아와 학부모를 처음 만났다고 가정하고 첫 인사를 나누어 볼까요?
- 입학식에서 첫 인사말을 나누기 위해 고려해야 할 구체적인 사항을 기록해 보면서 연습해 봅시다.
- 5~6명의 친구들과 소그룹으로 입학식 인사말을 발표해 봅시다.

계획하기	
논리적 말하기	
평가하기	

학부모 참여수업을 진행할 때에도 참여수업의 목적과 주제를 생각하며 논리적으로 말하기를 해야 한다. 참여수업은 학부모가 자녀와 함께 유치원의 일과를 경험하면서 자녀의 유치원 생활을 관찰해 볼 수 있으며, 상호작용 방법이나 놀이 중심의 유치원 교육과정 운영 등을 이해하는 기회가 된다. 따라서 교사는 학부모들이 참여수업의 기회를 자녀와 다른 유아들을 비교하는 시간, 학부모들 간의 친목 모임 시간으로 참여하는 것이 아닌 자녀와의 친밀감 형성, 유아의 발달을 지원하는 상호작용 이해의 측면을 숙지하고 적극적으로 참여하도록 안내해야 한다. 이를 위해서 하루 일과를 먼저 안내하며 학부모가 놀이와 활동의 참여를 준비하도록 돕고 참여수업의 교육적 의미와 성인의 역할, 상호작용의 실제 등을 직접 체험하며 자녀와 의미 있는 시간을 보내는 기회가 됨을 설명해야 한다.

참여수업에 대한 일정을 다음과 같이 계획하였다고 가정해 보자.

시간 및 활동명	활동내용	준비 및 유의사항
~10:00 등원	• 등원하고 인사 나누기 • 하루 일과 알아보기	• 유아들에게 유치원에서의 놀이와 활동을 부모님께 잘 알려드리도록 당부하기 • 오늘 하루 일과 소개 시 학부모의 역할 안내하기
10:00~11:40 자유놀이	• 미술: 가족 액자 만들기 • 쌓기: 우리 집 만들기 • 역할: 가족을 위한 5첩 상차리기 • 언어: 가족 이름으로 삼행시 짓기 • 요리 및 간식: 새싹을 이용한 건강 주먹밥 만들기	• 가족 액자 제작 후 집으로 가져가기 • 언어 영역의 삼행시 짓기 활동 후 부모님이 직접 벽면에 게시 • 요리 전 손 씻기, 요리 후 자리 정돈하기, 만든 주먹밥은 간식으로 먹기
11:40~11:50 정리정돈	• 자유놀이 정리하기 • 정리 후 함께 모여 앉기	• 정리 후 유아는 바닥, 학부모님은 의자에 반원으로 모여 앉기
11:50~12:20 동극	• '집을 팝니다' 동화 감상하기 • 동화 내용 회상하기 • 등장인물 역할 정하기 • 동극하기 • 평가하기	• 동화 융판 자료, 등장인물 목걸이 • 역할에 학부모 참여시키기
12:20~12:40 평가 및 귀가하기	• 하루 일과 회상하기 • 행사 평가서 작성하기(학부모) • 인사 나누기	• 하루 일과를 회상해 볼 때 학부모님의 소감도 들어보기 • 행사 평가서 작성 및 제출 공지 • 준비물: 평가서, 펜, 바구니

계획하기 단계에서 참여수업 일정과 활동 내용, 준비 및 유의 사항들에 대한 계획을 수립하였다면 말하기 단계에서는 전달해야 하는 사항들을 명료하게 말해야 한다. 하루 일과, 놀이 및 활동 참여 방법, 부모의 역할 등에 대해 짧고 간단하게 설명한다. 예비교사나 초임교사의 경우 안내 사항을 미리 작성하여 리허설해 보면서 문장 표현, 말의 속도, 시선 처리 등을 수정해 볼 수 있다. 여기서는 내가 전달하고자 하는 내용이

명료하게 표현되었는지를 점검하며 수정하는 과정이 평가하기 단계에 해당한다고 볼 수 있다.

| 학부모 참여수업 진행하기 예시 |

<인사>

(인사노래 부르며) 선생님, 안녕하세요? 친구들아, 안녕?

오늘 ○○반에 누가 함께 와 주셨니? 같이 인사해 볼까? 안녕하세요?

○○반! 부모님과 함께 유치원에 오니까 기분이 어때?

오늘은 부모님과 함께 유치원에 오는 날이지? 아무래도 오늘은 우리가 부모님을 도와드려야겠는걸? 어떻게 도와드리면 좋을까? 그래, 부모님과 함께 놀이하면서 어떻게 놀이하는지, 정리는 어떻게 하는지 알려드려야겠네. 또? 간식 먹을 때도 부모님과 함께 먹고, 동극할 때도 부모님과 함께 해 보면서? 그래, 우리 오늘도 즐겁게 지내보자!

<활동소개>

안녕하세요? ○○반 담임 ○○○교사입니다.

바쁘신 중에도 아이들과 함께 하는 참여수업에 참석해주셔서 정말 감사합니다. 오늘 참여수업을 통해서 평소에 우리 아이들이 유치원에서 어떻게 지내는지, 어떻게 놀이하는지 이해하실 수 있을 것입니다. 또 유치원에서는 가능하면 유아 스스로 해 보도록 하고 있습니다. 하고 싶은 놀이를 계획하고 실제 해 보기, 손씻기, 정리하기, 간식 먹기와 같이 유치원 생활 중 혼자 해볼 수 있는 것은 스스로할 수 있도록 기다려주시고, 많은 칭찬과 격려를 함께 해 주시기 바랍니다.

잠깐 오늘 일정 안내해드리겠습니다.

오늘 하루 일과를 알아본 이후에는 바로 자유놀이 시간입니다. 유아들과 함께 놀이하고 싶은 곳에서 자유롭게 놀이와 활동을 하시면 됩니다. 다만, 요리 영역은 동시에 여러 팀이 진행하기에 어려움이 있어 20분 정도 시간을 두고 참여하시면 되겠습니다. 언어 영역에는 가족 이름으로 삼행시 짓기 활동이 준비되어 있습니다. 이때 부모님께서 유아들이 짓는 시를 받아 적어 주시거나 유아가 직접 써 보도록 도와주셔도 좋습니다.

놀이와 활동을 하신 후 11시 40분부터는 전체적으로 정리하고 11시 50분에 함께 동극을 할 예정입니다. 부모님도 함께 동극을 할 예정이니 적극적으로 참여해 주시기 부탁드립니다.

오늘 아이들과 부모님이 함께 하는 날입니다. 함께 놀이하며 자녀와 상호작용하는 가운데 우리 아이들은 더욱 즐거움을 느끼고 행복한 날로 오늘을 기억할 것입니다. 놀이와 활동에 적극적으로 참여해 주시기를 다시 한 번 부탁드립니다.

○○반! 오늘 부모님과 함께 즐거운 시간 보낼 수 있겠네요? 어떤 놀이를 먼저 하면 좋을까? 부모님과 함께 놀이 시작해 볼까요?

연습해 보세요 2 학부모 참여수업 진행하기

- 위에 예시된 학부모 참여수업 일정 중 평가 및 귀가하기 시간의 진행 내용을 연습해 봅시다.
- 2~3명씩 참여수업 리허설을 해 봅시다.

참여수업 진행하기(평가 및 귀가하기)

2) 학부모 면담

유아의 성장과 발달을 지원하기 위해서는 교사와 학부모가 유아의 가정 생활이나 유치원에서의 생활에 대해 지속적으로 의견을 나누어야 한다. 학부모와의 대화는 등 · 하원 시 짧은 인사나누기에서부터 학부모 면담, 학부모위원회 회의 등 다양한 장면에서 이루어질 수 있다. 여기에서는 교사와 학부모 면담을 중심으로 알아보고자 한다.

학부모 면담은 교사의 입장에서는 가정에서의 유아 행동이나 생활, 유아에게 영향을 주는 가정적 환경 요인 등을 파악할 수 있어 유아에 대한 폭넓은 이해의 기회를 마련해준다. 학부모 입장에서는 유치원에서의 자녀의 생활이나 행동특징, 유치원의 전반적인 교육의 방향을 이해할 수 있는 기회가 된다. 학부모 면담은 교사가 일방적으로 부모의 역할이나 자녀교육에 대해 알려주는 것이 아니라 유아에 대한 정보를 나누고 유아의 성장을 지원하기 위해 함께 의논하고 협력하기 위함임을 인식하고 대화해야 한다.

학부모 면담에서의 논리적 말하기는 근거를 가지고 대화해야 한다는 것이다. 즉, 유아에 대한 정보를 제공해 줄 수 있는 관찰 기반의 기록 자료, 변화의 과정을 보여주는 사진, 영상, 작품 등의 철저한 사전 준비가 필요하다.

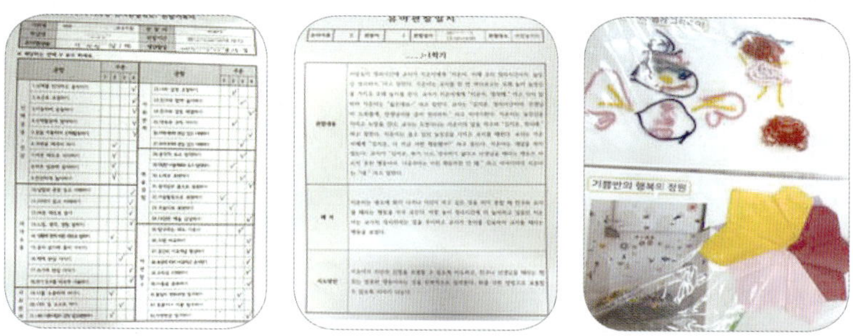

유아관찰 체크리스트　　유아관찰 기록지　　유아의 작품

그림 4-1 | 학부모 면담을 위한 수집 자료의 예

면담을 진행하기 전에 학부모 설문조사를 하면 학부모가 궁금해 하는 사항에 대해 집중하여 대화할 수 있다. 다음은 면담을 위한 학부모 설문지의 예이다.

개별 면담을 위한 설문 조사

안녕하십니까? ○월 ○일~○월 ○일에는 학부모 개별 면담이 예정되어 있습니다. 효율적인 면담 진행을 위하여 면담 기초 자료를 만들고자 합니다. 아래의 사항에 구체적으로 답해주시면 개별 면담의 소중한 자료로 쓰일 것입니다. 작성하신 자료는 ○월 ○일(○요일)까지 보내주시기 바랍니다.

반 이름:

- 유아가 유치원을 다니면서 달라진 점이 있나요? 있다면 어떻게 달라졌나요?
  - 기본생활습관(식습관, 수면습관, 청결습관 등)
  - 놀이행동
  - 기타

- 유아가 유치원에서 가장 친하다고 이야기하는 친구나 힘들어하는 친구가 있나요? 있다면 어떻게 이야기하는지 적어 주세요.

- 유아가 유치원에서 가장 흥미로워하는 것은 무엇이며 어떻게 이야기하는지 적어 주세요.

- 유아가 가정에서 주로 하는 놀이와 가장 많이 상호작용하는 가족은 누구인가요?

- 유치원 외에 유아가 활동하는 것이 있나요? 있다면 어떤 내용의 활동인지 적어 주세요. (예: 학원, 학습지, 문화센터 등)

- 담임교사와 상담하고 싶은 내용을 간략하게 적어 주세요.

- 유치원이나 교사에게 건의하고 싶으신 사항이 있으시면 적어 주세요.

학부모 면담을 위한 계획 단계에서는 관련된 자료를 철저하게 검토하고 면담 내용을 문서화해서 준비하는 과정이 필요하다. 위에 예시된 학부모 설문 자료를 비롯하여 평소 교사가 관찰 · 기록한 내용, 유아의 작품, 가정환경조사서 등의 자료를 살펴보며 유아에 대한 여러 가지 정보를 수집하고 문서화하여 정리한다. 특히 면담 전 학부모가 자녀에 대해 궁금해 하는 사항이나 상담하고자 하는 내용이 있다면 이와 관련된 근거 자료들을 따로 정리해 볼 수 있다.

면담 진행 단계(논리적 말하기 단계)에서는 편안하고 조용한 분위기에서 가벼운 안부를 묻는 일상적인 대화로 시작하는 것이 좋다. 학부모 면담을 언제 진행하느냐에 따라 면담 진행 방식도 차이가 날 수 있다. 일반적으로 1학기 초 면담에서는 학부모로부터 유아에 대한 정보를 많이 얻기 때문에 교사가 학부모의 이야기를 듣는 비중이 높다면, 2학기 말의 면담에서는 유아의 발달과 변화에 대한 교사의 이야기 비중이 높다. 학부모 면담에서는 무엇보다 중요한 것은 학부모의 이야기를 경청하는 것이다. 학부모의 질문 사항이나 요구 사항을 들으면서 학부모의 이야기에 관심이 많음을 적극적으로 표현한다. 유아에 대한 평가 내용을 이야기할 때는 평가 자료에 근거하여 논리적으로 맞는 대화를 해야 신뢰감을 줄 수 있다. 면담을 진행하면서 향후 가정과 연계된 지원 방향을 교사가 제시해 줄 수 있으며 이를 위한 협조를 구한다. 학부모와의 면담을 마무리할 때는 오늘 면담을 통해 교사도 많은 도움을 받았음을 알리고 감사함을 표시한다. 아울러 면담 내용이 부족한 경우 다른 면담 시간이나 전화, 서면 상담 약속을 정한다.

평가하기 단계에서는 오늘 면담을 통해 학부모와 유아에 대한 정보를 공유하고 교육적 효과에 대해 소통할 수 있었는지를 점검한다. 면담 시 나누었던 내용들을 되짚어 보면서 학부모의 궁금증에 대해 미진하게 설명했던 점, 다음 학부모와 대화 시 보완하여 안내해야 할 점 등을 정리하며 다음 면담을 위한 유아관찰 계획을 수립할 수 있다.

| 학부모 면담 예시 |

(일어나 정중히 인사하며) 안녕하세요? ○○ 어머니.
밖에 바람이 많이 불더라구요. 오시는데 괜찮으셨어요? 이쪽으로 앉으세요.
○○이가 요즘 감기 기운이 있는 것 같던데 지금은 어떤가요? / 유치원에 계신 동안 ○○이는 집에 있나요?
○○이가 요즘 유치원 생활에 대해 재미있다고 하나요? 유치원에 보내보시니 어떠세요? 어머! 아침에 유치원에 오는 것을 힘들어해요? 교실에서는 친구와 함께 놀이하고 블록으로 기차 만들어서 친구들 태워주기도 하면서 즐겁게 놀이하고 있었거든요... 어떤 면을 힘들어 하나요? 아이고.... 밤에 잠을 못자서 일어나는 게 힘들군요. 유치원에서 ○○이 놀이할 때 혹시 피곤해 하지는 않는지 제가 조금 더 살펴봐야겠네요.

어머니, 오늘 개별 면담 시간은 25분 정도 계획되어 있습니다. 오늘은 어머니께서 ○○이에 대해 제게 이야기를 많이 해 주시겠어요? 학기 초에는 ○○이에 대해 어머니께서 말씀해 주시는 것이 제가 ○○이와 함께 생활하면서 ○○이를 이해하고 지원해 주는데 많은 도움이 됩니다.

혹시 제가 ○○이에 대해 알아야 할 점은 무엇인가요? ○○이의 칭찬해주고 싶으신 점은 무엇인가요? 부족하다고 생각되시는 것이 있으신가요? 사전 조사서를 살펴보니 편식에 대해 걱정하시는 것 같던데, 조금 더 구체적으로 말씀해 주시겠어요? 어머니께서 말씀해 주신 부분은 저도 ○○이와 생활하면서 지속적으로 지켜보고 또 말씀드리겠습니다.
○○이가 조금이라도 새로운 음식을 시도하려고 하면 칭찬 많이 해 주세요. 그리고 저에게도 살짝 알려주세요. 친구들 앞에서 칭찬 받으면 집에서도 계속 골고루 먹으려고 하더라구요.
또 제게 부탁하실 사항 있으신가요? 유치원에 대한 건의 사항도 좋구요.

○○ 어머니, 오늘 ○○이에 대해 많은 내용 알려주셔서 감사합니다. 말씀해주신 것을 토대로 1년동안 ○○이 잘 지원하겠습니다. 그리고 2학기 말 쯤에는 ○○이가 유치원에

서 열심히 생활한 내용 안내해 드리겠습니다. 오늘 시간이 짧아서 혹시 못 해주신 말씀이 있거나 염려되는 점 있으시면 언제든 제게 말씀해 주세요. 수업 끝난 이후에 전화 주셔도 좋구요. 자주 연락 주시고 집에서도 많이 도와주세요. 저도 ○○이 열심히 돕겠습니다.

(일어나서 인사하며) 어머니, 바쁘신데 이렇게 와주셔서 감사합니다. ○○이한테도 선생님이 기다리고 있다고 내일 만나자고 전해주세요. 조심히 들어가세요!

| 전화 면담 예시 |

안녕하세요? ○○반 담임 ○○○교사입니다. 그동안 잘 지내셨어요? 이번에 전화 상담 신청하셔서 연락드렸어요. ○○이는 집에 잘 도착했나요? 상담 시간은 대략 20분 정도 인데, 그동안 ○○이는 뭐하고 있을까요? 어머, 동생 봐주면서 잘 놀아요? 이야, 이따가 저도 칭찬 많이 해 주어야겠네요.

요즘 ○○이는 유치원에서 팽이 시합 하는 걸 제일 즐거워하더라구요. 저는 생각하지도 못한 방법으로 팽이를 만들어서 저한테 와서 자랑도 하더라구요. 집에서도 팽이 만들면서 놀이하나요? 그렇구나! 그래서 저한테 '대칭'이라는 표현을 하면서 이렇게 만들어야 한다고 설명도 해주고 큰 팽이보다 작은 팽이가 더 빨리 돌아간다고 하더라구요. 평소에 부모님과 책 읽을 기회가 많이 있나요?
혹시 ○○이에 대해 염려되는 점 있으신가요? 네, 상담 신청 내용에도 그 부분을 써 주셨더라구요. 많이 걱정되시나 봐요. 나이가 같아도 아이들 마다 성장하는 속도가 다 다르고, 또 개별적으로도 발달하는 부분이 다 다르잖아요. ○○이의 연령이나 또래들과 비교할 때 ○○이가 많이 느린 편은 아닙니다. 그렇지만 ○○어머님께서 걱정하시는 것을 들으니, 저도 그 부분을 조금 더 생각해 보겠습니다. 혹시 얼마 전에 동생한테 준다고 편지 써서 가지고 갔는데 그것 보셨어요? 그때 제 도움 거의 받지 않고 ○○ 이가 혼자 쓴 것이에요. 제가 학기 초에 본인 이름 쓴 것과 비교해 보았거든요. 글씨 크기도 더 작아지고, 글자 모양도 더 정확해졌어요. 편지 내용에도 하고 싶은 말이 들어가도록 쓰는걸 보니, 읽고 쓰는 측면에서 많이 성장했더라구요. ○○이는 ○○이의 속도에 맞추어 발달하고 있는 것 같습니다. 저도 유치원에서 ○○이 더 지켜보면서 이 부분에 대해 다시 의논드리겠습니다.

혹시 더 궁금하신 사항이나 제게 부탁하고 싶으신 점 있으신가요? 바쁘실텐데 전화로라도 ○○이에 대해 이야기 나누게 되어 제게도 많은 도움이 되었습니다.

그럼 잠깐 ○○이와 통화해도 될까요?

○○아! ○○반 선생님이야. 엄마랑 전화하는 동안 동생 돌봐주었다면서? 뭐하고 놀았어? 이야, ○○이 진짜 형님이구나. 이렇게 동생도 도와주고 책도 읽어준 거야? 엄마도 ○○이가 동생이랑 잘 지낸다고 칭찬해 주시더라. 유치원에서는 친구들이랑 사이좋게 놀고, 집에서는 동생하고 사이좋게 놀고, ○○이 정말 멋지다! 그럼 우리 내일 유치원에서 만나서 또 재미있게 놀이할까? 그래, 우리 내일 만나자~ 안녕히 계세요 인사할까? 안녕히 계세요! 엄마 다시 바꿔주세요.

어머니, ○○이가 정말 의젓하네요. 혹시 ○○이와 관련해서 걱정되시는 점이나 궁금한 사항 있으시면 언제든 연락 주세요. 그럼 내일 ○○이와 유치원에서 만나겠습니다. 안녕히 계세요!

학부모 면담 시 교사의 적극적 경청을 위한 전략

- 학부모의 이야기를 지속시키고자 할 때
  - 그래서 어떻게 되었나요?
  - 그리고 어떤 일이 있었나요?
  - 또 어떻게 생각하시나요?
- 학부모의 이야기에 공감하는 의사를 전달할 때
  - 어머!, 아!
  - 속상하셨겠네요.
  - 정말 그렇네요.
  - 얼마나 힘드셨어요?/기쁘셨어요?
  - 충분히 이해가 됩니다.
- 대화의 내용을 정리하고자 할 때
  - 어머님 생각은 ○○○하다는 말씀이시지요?
  - 네, ○○○게 되어서 그렇게 되었군요.
  - 오늘 말씀해 주신 ○○○것과 ○○○한 점 기억해 두겠습니다.

연습해 보세요 3 학부모 상담 역할극해 보기

- 아래에 예시된 상황을 중심으로 학부모 면담을 연습해 봅시다.
- 한 가지 상황을 선정해 면담 내용을 작성해 봅니다.
- 2명씩 짝지어 학부모와 교사 역할로 번갈아가며 역할극으로 해 봅니다.

- 유아의 유치원에서 적응에 대해 걱정하는 학부모와 면담하는 경우
- 유아가 한 가지 놀이만 하는 것 같아 걱정하는 학부모와 면담하는 경우
- 유아의 식습관 지도에 어려움을 느끼는 학부모와 면담하는 경우
- 유아의 친구관계에 대해 궁금해 하는 학부모와 면담하는 경우

2. 유아교사의 논리적 글쓰기의 실제

논리적 글쓰기는 유치원의 다양한 업무 중 특히 문서 작성에 반영되는 역량이다. 유아교육 현장에서 적용되는 논리적 글쓰기도 '계획하기', '논리적 글쓰기', '평가하기' 단계를 적용해 볼 수 있다. 각 단계에서 논리적 사고의 요소들이 유기적으로 반영될 수 있도록 한다.

1) 가정통신

유치원과 가정에서 소통하는 방식은 다양할 수 있다. 최근의 유치원은 학부모와 직접 대면하지 않더라도 가정통신문, SNS, 홈페이지 게시판 등 다양한 경로와 매채를 활용하여 가정과 적극적으로 소통하기 위해 노력한다. 이와 같은 소통 방법에서도 논리적 사고과정에 따른 논리적 글쓰기가 공통적으로 요구된다.

가정과 소통하는 대표적인 방법은 가정통신문을 활용하는 것이다. 가정통신문이란 유치원과 가정이 서로 문서를 통하여 유치원의 생활 및 유아교육과 관련된 정보를 주고받는 통신수단을 의미한다. 최근에는 유치원의 홈페이지나 핸드폰 어플리케이션(e-알리미, 키즈노트) 등을 사용하여 가정통신의 내용을 전달하기도 한다.

가정에서는 가정통신을 통해 자녀의 유치원 생활과 놀이 경험을 이해할 수 있고 자녀양육과 관련된 다양한 정보를 제공받을 수 있다. 유치원에서는 가정통신을 통해 앞으로의 교육활동이나 유치원의 행사, 가정 협조 사항 등을 전달함으로써 가정과 협력 체계를 구축할 수 있다.

그림 4-2 | 문서를 활용한 가정통신

그림 4-3 | 모바일(e-알리미)을 활용한 가정통신

가정통신을 작성할 때에는 다음의 5가지 사항에 유의하여 작성하도록 한다.

첫째, 전달 내용은 정확하고 구체적으로 작성한다.

정보를 전할 때는 상대방이 그 내용을 구체적으로 이해할 수 있도록 상세히 기록해야 한다. 일반적으로 육하원칙에 따라 기록하면 가정통신의 내용이 정확하게 전달될 수 있다. 예를 들어, '폐품을 수집하고 있습니다. 가정에서 폐품을 모아 유치원으로 보내주시기 바랍니다.'라고 기재하면 어떤 폐품을 언제까지 보내야 하는지 명확하지 않고, 학부모는 다시 한 번 유치원으로 문의를 해야 한다. 따라서 폐품을 모으는 이유, 수집 기한, 폐품 종류, 수합 방법 등을 보완해서 작성하는 것이 좋다. 이 경우, '유치원에서 유아의 만들기 활동에 필요한 폐품을 모으고 있습니다. 다음 주 ○월 ○일 ○요일까지 우유상자(접거나 찢어지지 않은 상태로 2개 이상), 휴지나 키친타월 속 심(2개 이상)을 유아 편에 보내주시기 바랍니다.'라고 작성한다.

둘째, 학부모가 내용을 이해하기 쉽게 작성한다.

유치원이나 교육 내용 등에 대한 사전지식이 없는 경우 가정통신의 내용이 낯설고 이해하기 어려울 수 있다. 특히 유치원을 처음 경험하는 학부모가 가정통신의 내용을 이해하기 쉽도록 기술하는 것이 좋다. 예를 들어서 '달팽이에 대한 이야깃거리를 보내주시기 바랍니다.'라고 하면 '이야깃거리'라는 용어가 무엇인지 이해가 되지 않을 수도 있다. 이런 경우, '가정에서 유아와 「달팽이」에 대해 궁금한 것을 이야기 나누어 보신 후, 달팽이와 관련하여 친구들에게 알려주고 싶은 물건이나 책, 놀잇감이 있으면 유아편에 보내주시기 바랍니다. 가져 온 물건은 유아가 친구들에게 간단하게 소개할 예정입니다.'라고 작성한다.

셋째, 세부 내용 간에 논리적 오류가 생기지 않도록 구성한다.

가정통신문을 작성할 때는, 먼저 전달하고자 하는 내용의 전체적인 틀을 구상한 후 세부 내용들을 배치한다. 이때 문장 간 연결이 자연스러운지, 내용상 논리적 오류가 있거나 모호한 부분은 없는지 등을 생각하며 작성한다.

예를 들어, '최근 미세먼지로 인해 야외활동은 자제해 주시고 유아가 스스로 몸을 청결하게 유지하도록 도와주시기 바랍니다. 〈중략〉 유아의 건강한 생활을 위해 규칙적으로 실외에서 가벼운 운동을 하는 것이 중요합니다.'라고 기재한 경우, 앞 문장은 미세먼지로 인한 야외활동은 자제하도록 하였는데 뒤따라오는 문장은 규칙적으로 실외에서 운동을 하라고 하여 두 문장의 의미가 논리적으로 일치하지 않는다. 이 문장은 '~유아의 건강한 생활을 위해 실내에서도 가벼운 운동을 하는 것이 중요합니다.'라고 수정되어야 논리적으로 옳은 내용이 된다.

넷째, 전달하고자 하는 내용은 간결하게 작성한다.

전달하고자 하는 내용을 간결하고 명확하게 정리하는 것은 매우 어려운 작업이다. 가정통신의 내용이 너무 많거나 문장이 지나치게 길면, 전달하고자 하는 메시지를 파악하기 어려울뿐만 아니라 학부모의 흥미도 떨어질 수 있다. 예를 들어 '뜨겁던 여름이 어느덧 지나가고 아침저녁으로 꽤 쌀쌀한 바람이 불어오는 계절이 되었습니다. 유치원에 오는 길에는 추위를 타는 유아들이 있으나 유아들이 놀이하는 한낮에는 기온이 꽤 높아서 유아들이 두꺼운 옷을 입고 온 경우에는 땀을 많이 흘리고 힘들어하는 경우가 있을 수 있으므로 유아들이 유치원에 올 때는 얇은 옷 위에 입고 벗기 편한 점퍼 등을 입혀 주시기 바랍니다.'라는 내용은 '환절기가 되어 하루 중에도 기온차가 심하게 납니다. 기온에 따라 유아들이 입고 벗기 편한 겉옷을 입혀주시기 바랍니다.'라고 짧고 명료하게 제시할 수 있다.

다섯째, 유치원과 학부모가 서로 의견을 주고받을 수 있는 형식을 활용한다.

가정통신은 일방적으로 유치원에서 전달하고자 하는 내용을 학부모에게 전하기만 하는 것이 아니라 상호 의사소통이 가능한 방식으로 활용할 수 있다. 예를 들어, 교사가 가정통신문의 일부 지면을 활용하여 학부모에게 유아에 관해 전달하고 싶은 내용을 기재할 수도 있고, 학부모가 하고 싶은 말이나 의견을 적어 보내는 여백을 마련할 수도 있다. 홈페이지를 통해 가정통신을 전달하는 경우에도 답글이나 의견 수렴 게시판을 활용하여 학부모와 소통할 수 있다.

가정통신문을 작성한다는 것은 유치원에서 발송하는 공식적인 문서를 생성하는 것이므로 연번이나 제목, 발행일, 기관장명, 내용 등의 기본적인 형식이 필요하지만 여기에서는 논리적 글쓰기의 단계와 논리적 사고의 구성요소를 반영한 가정통신 내용 구성 측면에서 연습하도록 한다.

논리적 글쓰기 단계	가정통신 작성하기의 실제
계획하기	• 가정통신에 안내되어야 할 내용과 자료를 모은다. • 가정통신을 작성하는 시기를 고려하여 안내되는 내용과 연계한다. • 전달하고자 하는 내용, 가정 협조 사항 등을 개괄적으로 정리한다.
논리적 글쓰기	• 가정통신의 내용 중 중요도에 따라 순서를 정해 작성한다. • 도식, 이미지 등을 활용하여 내용에 대한 이해를 돕는다. • 학부모의 협조 사항이 드러나도록 기술한다. • 의사결정이나 설득의 내용을 작성한다면 논리적 근거를 함께 기술한다.

논리적 글쓰기 단계	가정통신 작성하기의 실제
평가하기	• 전달하고자 하는 내용이 명확하고 구체적으로 나타났는지 점검한다. • 전체 내용 및 세부 내용 간 논리적 충돌이 있는지 점검한다. • 문법 및 맞춤법에 오류가 없는지 점검한다.

계획하기 단계에서는 가정과 소통해야 하는 내용이나 연관 자료들을 수집한다. 주요 공지 사항, 학사 일정이나 행사, 교실 내 유아들의 관심사와 가정 협조 사항 등 이번 가정통신에 포함되어야 할 사항들을 개괄적으로 생각한다. 이때 가정통신이 작성되는 시기, 사회적 이슈, 특별한 날, 유치원에서의 특별한 사항 등과 연계하여 작성할 수 있다.

논리적 글쓰기 단계에서는 계획하기 단계에서 수집했던 내용들을 시간의 순서나 중요도의 순서에 따라 조직하고 작성한다. 유치원마다 가정통신의 형식은 다양할 수 있지만, 일반적으로 매주 나가는 가정통신에서는 인사말, 이번 주 유아들의 경험 내용, 다음 주 안내 및 공지 사항의 내용이 포함된다. 경험의 내용이나 다음 주 안내 사항에서도 중요도에 따라 순서대로 작성하는 것이 좋다.

도식이나 이미지 등을 활용하면 명확하고 쉽게 가정통신의 내용을 전달할 수 있다. 만약 학부모가 참여하거나 협조사항이 있는 경우 그 내용이 강조되도록 기술한다. 유치원의 결정 사항이 있거나 학부모를 설득하는 내용을 작성한다면 이유, 논리적 근거, 참고 사항 등을 함께 기술한다.

평가하기 단계에서는 전달하고자 했던 내용이 명확하고 구체적으로 나타났는지 전체적으로 다시 읽어보며 점검해 본다. 전체적인 내용이나 세부 내용 간 논리적 충돌이 있는지 그 의미와 문장 표현에 신경쓰며 검토한다. 또한, 문법, 맞춤법 등에 오류가 없는지도 꼼꼼하게 점검할 필요가 있다. 시각적으로 보기 좋게 편집된 내용은 읽기에도 좋다. 줄간격, 여백, 적절한 공간 배치 등을 통해 효율적으로 가정통신의 내용이 전달되도록 한다.

인사말은 가정통신문의 첫 번째 문구이다. 날씨의 변화, 질병 및 건강관리, 특별한 날, 학기 초 환영 인사, 학기 말 감사 인사, 유치원의 행사 등의 내용을 소재로 부드러운 문체로 작성한다.

학기 초 가정통신 인사말 예시 1

안녕하십니까?
자녀의 ○○ 유치원의 입학을 축하합니다. 유아들이 즐겁고 행복하게 유치원에서 놀이하고 생활할 수 있도록 최선을 다하겠습니다.

학기 초 가정통신 인사말 예시 2

안녕하십니까? 본격적인 새 학기가 시작되었습니다. ○○반 어린이들은 가정을 벗어나 유치원이라는 첫 사회를 경험하고 있습니다. 또한 변화된 환경에 잘 적응하고 유치원에서 지켜야 할 약속과 규칙을 배우기 위해 노력하고 있습니다. 자녀가 유치원에서 돌아오면 포근하게 안아주시고 유치원을 즐거운 곳으로 생각할 수 있도록 격려해 주세요.

질병 및 건강관리 관련 인사말 예시 3

안녕하세요?
올해 초부터 이어진 코로나19가 평범했던 우리들의 생활을 바꿔 놓은 지도 꽤 많은 시간이 흘렀습니다. 힘들고 어려운 상황에도 안전하게 유치원이 운영될 수 있었던 것은 매번 학사 운영 및 등원 조정 사항에 적극적으로 협조해주시는 학부모님 덕분임을 느끼게 됩니다. 이 시기를 잘 보낼 수 있도록 지금과 같이 개인 방역수칙을 준수해주시기 바라며 유치원에서도 더 안전하고 건강한 생활이 될 수 있도록 최선의 노력을 기울이겠습니다.

가정통신의 짧은 인사말이라고 하더라도 예비교사나 초임교사에게는 인사말 작성이 익숙하지 않을 수 있다. 다음의 예시는 계절 및 날씨와 관련하여 예비교사가 작성한 인사말이다. 이 과정을 살펴보고 다양한 시기와 소재에 따른 인사말 글쓰기를 연습해 보도록 하자.

표 4-2 | 예비교사가 작성한 가정통신 인사말 글쓰기 예시

계획하기	• 4월 초 봄 날씨. 아침저녁으로는 쌀쌀하지만 낮에는 기온이 상당히 올라감. → 환절기 건강 유의 사항. 손씻기 강조 • 학부모 협조 사항(가정에서 손씻기 지도, 겉옷 입히기)
논리적 글쓰기	일교차가 심해진 요즘 특히 건강을 생각해야 할 시기입니다. 외출 후 집에 들어와서는 손과 발을 깨끗이 씻어 청결한 습관을 기르도록 도와주십시오. 유치원에 등원할 때 입고 벗기에 편리한 겉옷을 입혀 주셔서 온도에 따라 체온 조절을 할 수 있도록 도와주시기 바랍니다. 아울러 점퍼나 조끼 등의 겉옷 상표에 이름을 써 주셔서 어린이들이 자신의 옷을 스스로 관리할 수 있도록 도와주시기 바랍니다.
평가하기	환절기 건강관리 방법과 학부모 협조 사항이 드러나 있음 화창한 봄 날씨와 관련하여 서두가 더 긍정적인 느낌으로 시작되면 좋겠음 학부모 협조 사항의 어미가 반복되므로 다양한 어휘를 사용하면 좋겠음

수정된 인사말의 예	**안녕하세요? 따뜻한 햇살 아래 봄 꽃이 활짝 핀 계절입니다. 그러나 심한 일교차로 인해 건강도 함께 생각해야 할 때입니다. 자녀가** 외출 후 집에 들어와서 손과 발을 깨끗이 씻어 청결한 습관을 기르도록 **격려해 주십시오.** 유치원에 등원할 때 입고 벗기에 편리한 겉옷을 입혀 주셔서 온도에 따라 체온 조절을 할 수 있도록 도와주시기 바랍니다. 아울러 점퍼나 조끼 등의 겉옷 상표에 이름을 써 주셔서 어린이들이 자신의 옷을 스스로 관리할 수 있도록 **지도해 주시기 바랍니다.**

연습해 보세요 1 가정통신 인사말 작성하기

- 특별한 날(설날, 추석, 어린이날, 어버이날, 한글날, 개천절 등)을 소재로 가정통신 인사말을 작성해 봅시다.
- 논리적 글쓰기의 과정에 따라 가정통신문을 작성해 봅니다.
- 작성한 가정통신의 인사말을 친구들과 비교해 봅시다.

계획하기	
논리적 글쓰기	
평가하기	

수정된 인사말	

연습해 보세요 2 현장학습 안내 작성하기

• 요즘 유아들이 다양한 동물에 관심을 보이면서 동물과 관련된 놀이를 많이 하고 있다고 가정해 봅시다. 이에 따라 다음 주에는 어린이 동물원으로 현장학습을 계획하고 학부모님께 알리려고 합니다. 현장학습지에서 점심식사를 할 예정이라 유아들이 가져와야 할 준비물도 있습니다. 유아의 놀이와 연계성, 일시, 장소, 준비물, 학부모의 협조 사항 등을 생각해 보면서 논리적 글쓰기의 과정에 따라 가정통신을 작성해 봅시다.

-------------------------------- 〈 중 략 〉 --------------------------------

◈ 알려드립니다 ◈

○○○○. ○○. ○○

○○ 유치원장

2) 보고서

유치원에서는 공식적인 문서를 통해 의사소통하는 상황이 많이 있는데, 특히 행정기관과의 의사소통이 그러하다. 예를 들어 공문서, 계획서, 평가서 등의 문서는 유치원과 행정기관과의 대표적인 의사소통 방법이며, 효율적인 소통을 위해서는 논리적 글쓰기가 뒷받침되어야 한다. 여기서는 유치원 현장의 논리적 글쓰기와 관련하여 교육과정운영계획서와 연구 관련 보고서를 중심으로 살펴보고자 한다.

(1) 교육과정운영계획서

유치원에서는 매년 학기가 시작되기 전에 올해의 유치원 교육에 관한 전반적인 계획을 하고 이것을 교육과정운영계획서로 작성하여 상위기관인 교육지원청에 보고한다. 교육과정운영계획서란 유치원의 교육과정 편성 · 운영의 내용을 문서화한 것인데, 교육과정운영계획서를 통해 그 유치원만의 교육적 신념과 교육과정의 방향을 파악할 수 있다. 따라서 교육과정운영계획서는 유치원의 교육적 신념에 따른 구체적인 교육운영계획, 학사일정, 중점교육내용, 유치원의 현황 등의 내용이 논리적으로 조직되어 그 유치원의 특징이 잘 드러나도록 작성해야 한다. 운영계획의 논리적 조직이나 유치원의 중점 사항 등에 따라 교육과정운영계획서의 구조와 표현 양식은 다양하지만, 일반적으로 다음과 같은 내용을 포함하고 있다.

교육과정 수립의 배경	법적 기저, 추구하는 인간상, 시 · 도교육청의 교육 방향과 유치원의 교육 방향, 전년도 유치원 운영에 대한 자체평가 등
교육과정 편성 운영 계획	본 유치원의 교육과정 편성, 계획에 대한 운영 방침, 교육과정의 지도 중점, 특색사업, 방과 후 과정, 연간 학사 일정 등
유치원 현황	유치원 연혁, 원아 현황, 교직원 현황 및 업무분장, 시설 현황 유치원 위치도 등

교육과정운영계획서 예시 1

Ⅰ. 유치원 교육과정 수립의 배경
1. 2020 서울교육방향
2. 2020 지역교육지원청 교육방향
3. '2019 개정 누리과정'의 이해

Ⅱ. 본 원의 교육목표
1. 본 원의 교육방향
2. 교육목표
3. 본 원의 실태 분석
4. 2019학년도 교육과정 자체평가

Ⅲ. 교육과정 운영 계획
1. 학사일정 및 수업일수
2. 연간 행사 및 놀이주제
3. 수업시간 편성
4. 연간 교육계획
5. 주간 놀이 실행
6. 일일 놀이 실행

Ⅳ. 교육과정과 연계한 교육활동 계획
1. 기본생활습관 지도 계획
2. 인성교육 계획
3. 안전교육 계획
4. 자연친화교육 계획
5. 원내 장학 및 교사 연수 계획
6. 초등학교와의 연계 교육 계획

Ⅴ. 교육과정 평가 계획

1. 교육과정 운영평가
2. 유아평가 계획
3. 교원능력개발평가 운영 계획

Ⅵ. 방과후 과정 운영계획

1. 방과후 과정 운영 방향
2. 방과후 과정 세부 운영 계획
3. 방과후 과정 특색활동 계획

Ⅶ. 유치원 현황

1. 연혁
2. 원아 현황
3. 교직원 현황 및 교원 업무 분장
4. 시설 현황
5. 위치도

교육과정운영계획서 예시 2

Ⅰ. 유치원 교육과정 수립의 기저

1. 법적 기저
2. 추구하는 인간상
3. 서울교육 및 지역교육지원청 교육 방향

Ⅱ. 본 원의 교육목표

1. 원장 경영관
2. 원훈 및 원가
3. 유치원 교육목표
4. 2019학년도 유치원 운영에 대한 결과 분석
5. 2020학년도 중점과제

Ⅲ. 본원의 교육과정 운영 계획

1. 교육과정 편성, 계획 및 운영 방침
2. 교육과정 영역별 목표 및 지도 중점
3. 교수-학습 방법
4. 연간 수업일수 및 일일 수업시간
5. 2020학년도 학사일정

Ⅳ. 영역별 세부 운영 계획

1. 교육과정영역
2. 교육환경영역
3. 건강·안전영역
4. 운영관리영역

Ⅴ. 유치원 교육과정 평가 계획

1. 교육과정 운영평가
2. 유아평가
3. 교사평가

Ⅵ. 방과후 과정 운영계획

1. 운영의 배경 및 목적

2. 본원의 방과후 과정 운영계획
3. 방과후 과정 학급 현황

Ⅶ. 유치원 현황
1. 유치원 연혁
2. 원아 현황
3. 교직원 현황 및 교원 업무 분장
4. 시설 현황
5. 유치원 위치도

교육과정운영계획을 할 때는 전년도의 유치원 교육과정 운영에 대한 평가를 토대로 올해 유치원 전반적인 교육과정을 계획하고 실행할 내용들을 구체적으로 기록해야 한다. 유치원의 교육과정운영계획 수립의 절차는 국가나 사회의 요구 분석을 통한 시사점 추출, 기초조사와 조사 내용 분석 및 반영 사항 추출, 교육과정 편성 · 운영의 기본 방향 설정, 교육과정운영계획 수립의 절차를 거치게 된다(박찬옥 외, 2020).

유치원에서는 교육과정운영계획 수립의 절차에 따라 교육과정운영계획서를 작성하게 되는데 이 과정 또한 논리적 글쓰기 단계를 고려하여 작성할 수 있다.

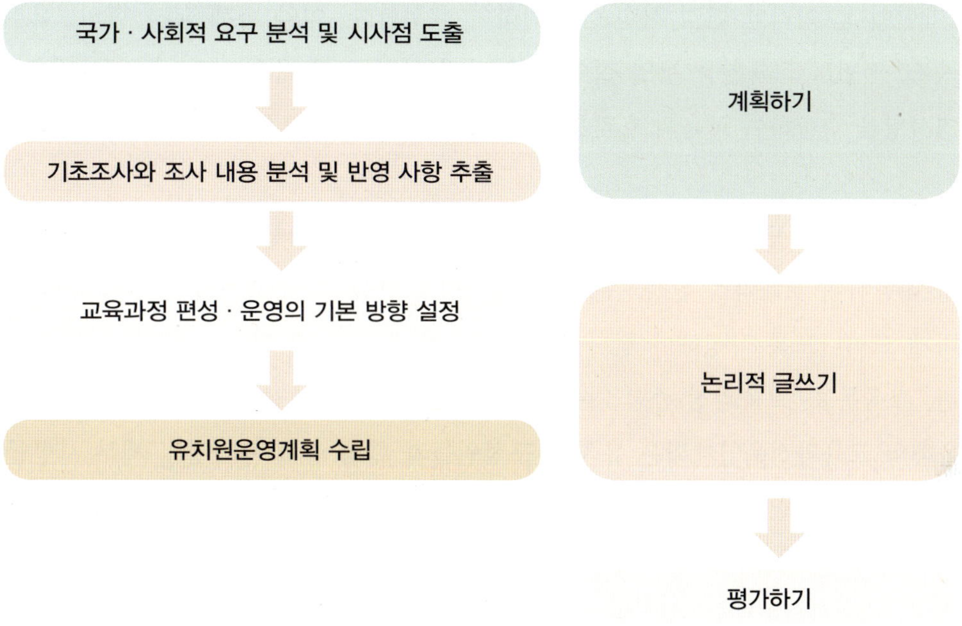

그림 4-1 | 논리적 글쓰기의 과정에 기반한 교육과정운영계획서 작성하기

계획하기 단계에서는 교육과정운영계획서의 성격과 목적을 이해하고 글쓰기 작업을 준비해야 한다. 또한 논리적 근거에 따라 교육과정운영계획이 설정될 수 있도록 기초 자료들을 수집해야 한다.

이것을 위해 우선 국가 및 사회적 요구를 분석하고 시사점을 도출하는 과정이 요구된다. 유아교육과 관련된 법령 즉, 교육기본법이나 유아교육법과 같은 관계법령을 점검하고 국가 수준의 교육과정, 지역 수준 교육과정, 해당 교육지원청의 추진 과제, 특색 사업 등을 분석하고 교육과정운영계획에 반영할 시사점을 추출한다. 올해의 교육과정운영계획은 유치원의 전년도 교육과정운영에 대한 결과를 기반으로 작성하게 된다. 교육과정운영계획을 아무리 체계적으로 세분화하여 작성하였다고 하더라도 실제 운영과정에서 날씨나 유아의 흥미의 흐름, 유치원의 상황 등에 따라 변경된 사항이 있기 마련이다. 이러한 변경 사항을 고려하여 계획한다. 이와 함께 교사 협의, 학부모 만족도, 전년도 교육활동 운영 실태, 지역사회 여건 등의 기초 조사 내용을 바탕으로 반영사항을 추출하여 교육의 효과를 높일 수 있는 방안을 모색한다.

논리적 글쓰기 단계에서는 국가 · 사회적 요구와 기초 조사를 통해 얻어진 반영 사항을 적용하여 교육과정 편성 · 운영의 기본 방향을 설정하고 유치원의 운영계획이 명확하게 드러나도록 작성해야 한다. 교육과정 편성 · 운영의 기본 방향에는 원장의 경영관, 교육목표, 교육과정 중점 내용 등이 기술될 수 있다.

올해의 교육과정운영계획은 유치원 구성원들과 합의 한 교육과정의 세부 사항들을 구체적으로 기술한다. 이 때 전년도의 평가를 통해 얻어진 시사점들이 반영되어 개선된 운영계획이 수립되도록 해야 하며 이 내용들은 1년 동안 교육과정을 운영하는 데 지침이 되는 사항이므로 전체적 흐름이나 세부 절차 등을 명료하게 작성한다. 학사일정이나 교수학습방법, 교육활동, 방과 후 활동계획뿐만 아니라 다양한 측면의 평가계획도 포함한다. 글쓰기 과정에서 유치원의 특색이 드러나도록 내용 조직이나 편집을 고려하여 작성한다.

평가하기 단계에서는 작성한 교육과정운영계획이 유치원의 실정에 맞고 실현 가능한 것인지 검토하고 유치원의 교육목표에 따라 중점 교육 내용과 특색 교육이 유기적으로 조직되고 계획되었는지, 평가–계획–실행의 계획 과정에 따라 기술되었는지, 내용상, 문법상 오류가 있는지 등을 점검하고 수정한다. 교육과정운영계획서는 유치원의 모든 교직원과 공유하는 문서이고 교육지원청에 보고될 뿐만 아니라 정보공시를 통해 학부모와 타 기관에도 공개되는 문서이므로 마지막까지 꼼꼼하게 점검해야 한다.

논리적 글쓰기 단계	교육과정운영계획서 작성하기의 실제
계획하기	• 국가 수준의 교육과정, 지역 수준의 교육과정 편성 · 운영 지침 자료 등을 모은다. • 이전 연도에 실행했던 교육과정 운영 결과와 관련된 자료 등을 수집한다. • 유아교육과 관련된 최근의 사회적 이슈, 학부모의 요구 사항 등 교육과정운영계획에 반영될 수 있는 자료들을 수집한다. • 기초적으로 조사한 자료와 평가 결과를 분석하여 교육과정운영계획에 반영할 사항들을 추출한다.
논리적 글쓰기	• 유치원의 교육과정 편성 · 운영의 기본 방향을 설정하고 그 내용을 기술한다. • 유치원 구성원들과 회의를 통해 합의된 교육과정의 세부 사항의 내용을 구체적으로 기술한다. • 전년도의 평가 결과를 반영하여 개선된 교육과정운영계획이 드러나도록 기술한다. • 도식이나 이미지 등을 활용하여 교육과정운영계획의 전체적인 흐름이나 세부 절차, 연관성 등을 명확하게 표현하도록 기술한다. • 유치원의 특색과 중점 지도 사항이 명확하게 드러나도록 기술한다.
평가하기	• 교육과정운영계획의 내용이 유치원 실정에 맞고 실현 가능한 것인지 검토한다. • 교육과정운영계획서에 평가–계획–실행의 과정이 전체적으로 잘 드러났는지 점검한다. • 내용 간 중복되거나 논리적으로 오류가 없는지 점검한다. • 문법 및 맞춤법에 오류가 없는지 점검한다.

논리적 글쓰기는 크게는 전체 교육과정운영계획서 작성에 적용될 수 있지만 작게는 각각의 세부 항목에서도 적용해 볼 수 있다. 예를 들어서 유치원의 실태분석을 통한 시사점을 추출하는 항목을 논리적 글쓰기의 단계에 따라 작성한다고 가정해 보자.

<table>
<tr><th>논리적 글쓰기 단계</th><th>유치원 실태분석의 실제</th></tr>
<tr><td>계획하기</td><td>• 유치원의 실태 분석을 지역적 특성, 유아 특성, 학부모 특성으로 구분하여 분석하기로 협의함
• 전년도 가정환경조사서 및 설문지, 가족참여행사 평가서, 학부모 면담자료 수합 후 분석 자료로 활용
• 분석된 내용을 통해 교육과정에 적용할 수 있는 시사점 도출</td></tr>
<tr><td>논리적 글쓰기</td><td>[예시] ○○ 유치원의 실태 분석
<table>
<tr><th>구분</th><th>실태 분석</th><th>교육과정에 적용할 수 있는 시사점</th></tr>
<tr><td>지역적 특성</td><td>• 유치원 인근에는 개인 주택 및 상가주택이 중심이 되며 골목길이 많고 근거리에 아파트 단지가 신축되고 있음
• 유치원 주변에는 전통시장, 고궁, 미술관, 역사 · 문화 유적지가 밀집되어 있음
• 주변에 초 · 중 · 고등학교, 대학교, 특수학교가 인접해 있음</td><td>– 유아 교통안전 및 등하원시 안전교육 강화
– 동네에 대한 특성을 이해하고 자부심을 갖도록 지원
– 지역사회와 연계한 역사탐방 및 체험활동의 기회 제공
– 다양한 학교급과의 연계교육 및 자원봉사자 활용 가능
– 장애인식 개선을 위한 협력적 교육활동 적용</td></tr>
<tr><td>유아 실태 및 특성</td><td>• 원아 대부분이 입학 전 어린이집 경험이 있음
• 전체 원아 중 70%의 원아가 종일반 신청자임
• 외국 국적을 가진 유아는 5세 1명(중국) 편성됨</td><td>– 일상생활 속 자조능력 개발과 연령별 다양한 협력이 이루어지도록 지원
– 유치원의 일과 중 충분한 휴식과 정서적 안정감 제공 필요
– 문화적 다양성을 수용하고 이해하도록 다문화교육 실시</td></tr>
<tr><td>학부모 실태 및 특성</td><td>• 맞벌이 부부 가정이 많으며 귀가시 자녀를 조부모에게 맡기는 가정이 많음
• 특별 활동에 대한 요구보다는 놀이의 중요성을 인식하고 유치원 교육과정 운영 방침에 긍정적으로 협조함
• 자녀교육에 대한 관심은 매우 높으나 부모교육 참석률은 저조함</td><td>– 맞벌이 부부 가정을 위한 종일반 운영시간 수요 조사
– 교실에서의 놀이와 놀이 속에서 얻게 되는 경험의 의미를 지속적으로 안내
– 가정통신문, 온라인 등을 통한 부모교육을 통해 가정과의 연계 교육 강화</td></tr>
</table></td></tr>
<tr><td>평가하기</td><td>• 수집된 자료가 적절하게 분석되었는지 점검
• 시사점으로 도출된 자료가 논리적으로 타당한지 점검
• 시사점으로 도출된 내용을 올해의 교육과정에 적용할 수 있는지 검토</td></tr>
</table>

연습해 보세요 유치원의 실태분석을 통한 시사점 추출

- 유아는 가족, 또래, 유치원이 속한 지역사회와 유기적으로 영향을 주고받으며 성장합니다. 따라서 유아의 성장과 발달을 지원하기 위해서는 유아와 학부모, 지역사회의 특성이나 전반적인 실태를 파악하는 것이 우선 필요합니다. 교육과정운영계획서에도 이러한 내용이 먼저 조사되어 여기서 얻을 수 있는 시사점이 논리적으로 추출되어야 합니다.
- 내가 사는 동네에 유치원이 있다고 가정하고 지역적 특성, 원아 및 학부모의 특성을 분석하고 글로 작성해 봅시다. 교육봉사기관이나 교육실습기관을 떠올려 작성해도 좋습니다.
- 유치원의 실태 분석을 토대로 유치원 교육과정에 적용할 수 있는 시사점을 추출해 봅시다.

[ ] 유치원

구분	교육여건 및 실태 분석	교육과정에 적용할 수 있는 시사점
지역적 특성		
유아 실태 및 특성		
학부모 실태 및 특성		

(2) 연구 관련 보고서

유치원에서 작성해야 하는 연구 보고서는 수업개선연구보고서, 연구학교보고서, 교육과정 관련 연구보고서 등 매우 다양하다. 연구 보고서의 유형에 따라 세부 목차나 명칭은 차이가 있겠으나 일반적으로 연구의 필요성 및 목적, 연구방법, 연구결과, 결론 및 제언의 내용으로 구성된다.

구성	내용
연구의 필요성 및 목적	본 연구가 갖는 교육적 · 사회적 의미, 본 연구 주제의 특성과 필요성, 본 연구와 관련된 선행연구 분석, 연구를 통해 기대되는 효과, 연구문제 도출
연구 방법	연구 대상, 연구 기간, 연구의 절차 및 방법
연구 결과	본 연구를 통해 나타난 변화나 결과
결론 및 제언	연구의 결과를 통해 도출해 낸 의미에 대한 논의, 연구의 한계점이나 추후 연구에 대한 제언

연구보고서를 작성하기 위해서는 연구를 위한 사전 준비 기간부터 연구 수행 기간, 최종 보고서를 작성하는 기간에 이르기까지 상당한 시간과 노력이 필요하다. 교사가 실제 글쓰기를 하기 전까지의 과정도 철저한 준비가 필요한 것이며 연구를 수행하는 과정에서도 논리적 사고와 글쓰기 작업이 지속적으로 강조된다. 이러한 과정을 논리적 글쓰기의 단계에 따라 알아보고자 한다.

계획하기 단계에서는 연구를 위한 다양한 아이디어를 떠올리고 연구 보고서의 개요를 준비한다. 교사가 작성하는 연구 보고서의 목적은 교사 자신의 수업 전문성을 높이기 위한 목적, 교육의 현황을 토대로 바람직한 교육의 방향을 제시하기 위한 목적, 교실의 문제 상황을 해결하기 위한 목적 등 다양할 수 있다. 이때 교사의 관심 분야를 생각해 보고 문제점을 발견하는 것에서 시작할 수 있다. 연구를 위한 관련 자료가 무엇인지, 선행 연구는 어떻게 이루어졌는지 등을 살펴보며 연구의 방향이나 연구 방법 등 전체적인 연구 설계를 해 본다. 연구 보고서에 적용할 수 있는 자료들은 출처가 명확하고 객관적인 자료를 중심으로 수집한다.

논리적 글쓰기 단계는 실제 연구 보고서를 쓰는 단계이다. 서론에서는 본 연구를 시작한 배경과 필요성, 연구문제 제기의 이유 등이 설득력 있게 제시되어야 한다. 연구 방법을 기술할 때는 연구 대상, 연구 기간, 연구의 절차와 연구를 실행한 방법 등이 구체적으로 기술되어야 한다. 연구 결과에서는 연구 방법에서 제시한 절차를 통해 얻어진 결과가 객관적으로 제시되도록 기술한다. 결론에서는 본 연구의 최종 결과와 문제 해결 방안, 자신의 의견, 연구의 한계점이나 추후 연구를 위한 제언 등을 종합하여 내용을 작성한다.

평가하기 단계에서는 완성된 보고서를 전체적으로 읽어보면서 글의 논리성을 검토하고 수정 · 보완한다. 연구 보고서의 내용이 서론-본론-결론의 구조로 유기적으로 연결되어 있는지, 연구의 필요성에서 도출된 연구문제가 연구 방법, 연구 결과, 결론에 이르기까지 논리적 체계를 가지고 작성되었는지 등을 검토한다. 본 연구에서 제시한 참고문헌의 출처가 명확한지, 출처 표기가 빠진 부분이 있는지 검토하며 정리한다. 전체적인 오탈자, 제목, 목차, 페이지 등을 최종 검토한 후 보고서를 완성한다.

논리적 글쓰기 단계	연구 관련 보고서 작성하기의 실제
계획하기	• 최근의 사회적 문제 상황이나 교육 분야에서의 이슈 등과 관련하여 교사의 관심 분야를 생각해 본다. • 교사의 관심 분야의 이슈를 통해 교육의 현재 상황 혹은 우리반 상황에서의 문제점을 발견한다. • 문제점을 해결하기 위한 기초 자료나 선행 연구 등의 관련 정보들을 수집해 본다. • 다양한 지료 등을 살펴보면서 연구의 방향 및 연구 반법 등이 사항들을 설계한다 • 작성하고자 하는 연구 보고서의 유형과 성격에 따라 목차를 정하고 개요를 작성해 본다. • 출처가 명확하고 적용할 수 있는 자료들을 수집한다.

논리적 글쓰기 단계	연구 관련 보고서 작성하기의 실제
논리적 글쓰기	• 본 연구의 필요성에 대해 교사의 논지가 드러나도록 기술하고 연구 목적, 연구 문제 등을 구체적으로 기술한다. • 연구 대상, 연구 기간, 연구 절차와 방법 등을 구체적이고 객관적으로 기술한다. • 연구 문제에 따라 연구 결과를 명료하게 기술한다. 변화의 요소 및 연구 문제의 검증 요소, 반증 요소 등의 객관적 자료들을 함께 제시한다. • 연구의 결과를 통해 연구 결과를 도출하고 본 연구의 결과를 중심으로 의미를 논의한다. • 본 연구의 한계점이나 추후 연구를 위한 제언을 작성한다.
평가하기	• 연구보고서의 제목–서론–본론–결론의 내용이 유기적으로 연결되어 있는지 검토한다. • 연구의 필요성–연구문제 도출–연구 방법–연구 결과–결론 및 제언의 과정이 논리적으로 기술되어 있는지 점검한다. • 내용 간 중복되거나 논리적으로 오류가 없는지 점검한다. • 참고문헌의 인용이 적절하였는지, 출처를 명확히 밝히고 있는지 점검한다. • 문법 및 맞춤법에 오류가 없는지 점검한다. • 제목과 목차, 페이지를 최종 점검한다

연구보고서의 내용 중 '연구의 필요성 및 목적'이나 '결론 및 제언'은 특히 교사의 논리적 글쓰기가 적용되는 부분이다. 이와 관련하여 서울특별시교육청의 '2018 수업방법 개선 연구보고서'의 내용을 발췌한 예시를 통해 연구보고서에 드러난 논리적 글쓰기를 살펴보도록 하자.

극놀이를 통한 협력적 인성 기르기

1. 연구의 필요성 및 목적

최근 뉴스에서 자주 등장하는 사건들은 비인간화, 가치관 혼란, 물질만능주의, 이기주의가 우리 사회에 만연해 있음으로 해서 나타나는 문제들이다. 이는 어린 시기부터 바른 인성을 형성하지 못했기에 발생하는 문제로 보인다. '세 살 버릇 여든까지 간다.'는 속담처럼 인성 형성의 결정적 시기는 유아기이다. 즉, 어린 시기에 어떠한 경험을 했는지에 따라 삶의 가치관이나 도덕성 수준이 달라진다. 따라서 유아기에는 바람직하고 도덕적인 경험들을 많이 할 수 있도록 해야 한다.

사회적 문제 현상과 영유아기 인성과의 관계

세계 시민으로 성장해 갈 유아들에게 가장 필요한 것은 공동체 의식을 가지고 다른 사람과 더불어 살아갈 수 있는 인성을 기르는 일이다. 사회 속에서 행복한 구성원으로 생활하기 위해서는 자신을 이해하고, 다른 사람에 대한 배려와 존중을 바탕으로 서로 소통하고 협력하는 협력적 인성이 필요하다. 그렇다면 학기 초 우리 반 아이들의 모습이 변화되지 않고 그대로 성인이 된다면 과연 공동체 의식을 가지고 사회의 구성원으로 행복하게 살 수 있을까? 아마 더불어 사는 삶의 행복은 모르고 자신만 생각하는 삶을 살게 될 것이다. 따라서 다른 사람과 더불어 살아갈 수 있는 협력적 인성을 기르는 방법을 모색하게 되었다.	협력적 인성의 필요성
협력적 인성은 지식이 아닌 실천을 통해 내면화될 때 효과적이므로 일과 속에서 자연스럽게 이루어지는 것이 좋다. 더불어 유아가 주체가 되어 친구들과 함께 적극적으로 활동할 때 협력적 인성을 기를 수 있다. '일과 속에서 유아들이 즐거워하면서 적극적으로 참여하는 활동은 무엇일까?' 라는 고민 끝에 친구와 함께 만드는 극놀이에 관심을 가지게 되었다. 극놀이는 2명 이상의 유아가 토의 과정을 거쳐 이야기를 구성하고 역할, 소품, 배경 등을 준비하면서 인적 · 물적 환경과의 상호작용을 통해 소통, 배려, 존중, 협력을 기르므로 협력적 인성을 기르기에 좋은 활동이 될 것이다.	바람직한 인성 교육의 방향 및 인성교육의 방법
따라서 본 연구는 토의와 협동 활동이 포함된 극놀이를 제공하여 유아들이 타인과 더불어 살아가는 데 필요한 협력적 인성을 기르도록 하는 데 목적이 있다.	본 연구의 필요성
연구 목적에 따라 다음과 같이 연구 과제를 설정하였다. 연구과제 1. 서로 소통하고 배려하며 존중하고 협력하는 교실 분위기를 조성한다. 연구과제 2. 협력적 인성을 기를 수 있는 극놀이 단계를 선정하고 극놀이 계획을 수립한다. 연구과제 3. 협력적 인성을 기를 수 있는 환경을 구성한다. 연구과제 4. 협력적 인성을 기를 수 있는 극놀이를 적용하고 평가한다.	연구과제

출처: 서울시교육청(2018). 2018 협력형 컨설팅을 통한 유치원 수업방법 개선 연구보고서. 서울장충유치원.

극놀이를 통한 협력적 인성 기르기

1. 결론

본 연구의 결론을 요약하면 다음과 같다.

첫째, 수식어를 만들어 함께 외치기, 토의 기회 제공, 이야기나누기 방법의 체계화, 특수 유아와 함께 하기 등의 방법을 통해 일과 속에서 유아들에게 소통, 배려, 존중, 협력하는 기회를 자주 제공하였다. 이러한 방법은 협력적 인성을 기르는 교실 분위기 형성에 효과적이었다. 연구과제 1에 대한 결론

둘째, 토의를 통한 의사결정 과정과 협동 작업에 중점을 두고 협력적 인성을 기를 수 있는 극놀이 단계를 선정하고 극놀이 계획을 수립하였다. 이러한 단계별 극놀이 계획은 유아의 의견을 수렴하고 조정하는 과정을 거치면서 함께 만들어가는 극놀이를 실시하는 데 효과적이었다. 연구과제 2에 대한 결론

셋째, 극놀이를 주체적으로 이끌어가면서 협력적 인성을 기르기 위해 극놀이 초반에는 유아들의 흥미를 유발할 수 있는 매력적인 소품과 배경을 제공하였다. 극놀이가 점차 진행되면서 유아들의 필요와 제안에 의해 교사는 필요한 자료를 지원하고 유아들은 토의, 의사 결정, 협동 작업을 거쳐 필요한 소품과 배경을 만들어 첨가하였다. 이러한 과정을 거쳐 완성된 극놀이 환경은 소통, 배려, 존중, 협력이 함께 하는 극놀이로 확장하는데 효과적이었다. 연구과제 3에 대한 결론

넷째, 협력적 인성을 기르기 위해 토의를 통한 의사 결정과 협동 작업의 과정이 포함된 극놀이를 실시하였다. 이때 유아들은 서로의 생각을 자유롭게 표현하고 존중하면서 새로운 제안을 하고 이를 극놀이에 반영하였다. 토의를 거쳐 결정된 소품과 배경을 유아들이 협력하여 만들어 극놀이에 첨가하기도 하고 이야기 재구성을 통해 극놀이를 확장시키기도 하였다. 이처럼 함께 만들어가는 극놀이는 유아들의 협력적 인성을 기르는 데 효과적이었다. 연구과제 4에 대한 결론

2. 제언

본 연구의 제한점을 토대로 후속 연구를 위한 제언을 하고자 한다.

첫째, 본 연구에서는 협력적 인성 덕목 중 소통, 배려, 존중, 협력에 중점을 두었다. 따라서 후속 연구에서는 본 연구에서 제외한 다른 협력적 인성 덕목을 증진시키는 프로그램 개발이 필요하다.

둘째, 본 연구에서는 유치원에서의 협력적 인성 증진에 초점을 두었다. 협력적 인성 기르기는 가정과 연계될 때 효과가 크므로 가정연계 프로그램 개발이 필요하다.

후속 연구 제안
인성 덕목 확장의 필요
가정과 연계 방안 필요

출처: 서울시교육청(2018). 2018 협력형 컨설팅을 통한 유치원 수업방법 개선 연구보고서. 서울장충유치원.

참고문헌

박찬옥, 서동미, 곽현주, 박성희, 한남주, 홍찬의(2020). **2019 개정 누리과정을 반영한 유아교육과정**. 파주: 정민사.

서울시교육청(2018). 2018 협력형 컨설팅을 통한 유치원 수업방법개선연구 보고서. 서울: 서울장충유치원.

CHAPTER

05 유아의 논리적 사고 활동을 위한 교사의 지원 실제

1. 유아의 논리적 사고와 표현
2. 일상생활에서 유아의 논리적 사고 활동을 위한 교사의 지원 실제
3. 놀이 상황에서 유아의 논리적 사고 활동을 위한 교사의 지원 실제

논리적으로 사고하는 것이 어려운 일로 생각될 수도 있으나, 유아기 논리적 사고는 평생에 걸쳐 영향을 미치기 때문에 '크면 어련히 논리적인 사람이 되겠지!'로 놔둘 것이 아니라 연습하여 키워야 할 능력이다. 5장에서는 유치원의 하루 일과에서 일상생활과 놀이 속에서 관찰되는 상황과 연결하여 유아들의 논리적 사고 활동과 지원의 실제를 알아보기로 한다.

1. 유아의 논리적 사고와 표현

3~6세는 사고와 언어를 관장하는 전두엽이 집중적으로 발달하는 시기이다. 다양한 사물이나 상황에 대해서 보고, 느끼고, 생각하는 경험을 통해 논리적 사고가 발달된다. 유아기 논리적 사고와 표현을 돕는 교수학습방법에 대해 살펴보기로 한다.

논리적 사고는 유아들이 생활하는 속에서 크고 작은 문제들을 당면하게 되는데 이때 '어떻게 해결할 것인가'에 대한 합리적인 판단을 도와줄 뿐만 아니라 자신의 판단을 다른 사람에게 설득력 있게 주장할 수 있는 능력을 배양하기도 한다. 논리적 사고는 주장과 근거 사이의 유기적인 관계를 통한 합리적인 판단이 핵심이다.

'논리'라는 단어를 떠올리면 어렵다고 생각이 드나, 아직 미숙하여 익숙하지 못한 때문일 수 있다. 논리적 사고는 지식이라기보다 힘 또는 활동, 기술의 성격이 짙어서 누구나 연습하면 키울 수 있는 능력인 것이다. 논리적으로 사고하는 것이 어려운 일로 인식되는 것은 그 안에 초점에 맞추는 능력, 정보의 수집 · 조직 능력, 분류 · 분석 능력, 추론적 사고와 논증 능력, 비판적 사고 능력(주강식, 1995) 등과 같은 여러 사고 기능들이 포함되어야 하기 때문일 것이다.

앞서 1장에서 유아기에 논리적 사고가 어떤 의미를 가지는지, 유아기의 사고 특징은 어떠한지, 그리고 유아의 논리적 사고 발달을 위하여 교사가 어떻게 지원하면 좋을지를 알아보았다.

유아기의 논리적 사고는 평생에 걸쳐 많은 영향을 미치기 때문에 더욱 중요하다. 논리적 사고는 논리적 사고 능력과 논리적 성향으로 구성된다. 논리적 사고 능력은 크게 비판적 사고와 추론적 사고로 이루어져 있으며, 이것과 더불어 논리적 성향도 중요하다. 디지털 네이티브(digital native)인 요즘 세대들은 감각적인 멀티미디어에 매우 노출되어 어떠한 주장에 대하여 깊이 따지고 생각하고자 하는 경향성이 낮으며, 생각하고자 하는 마음이 점점 없어지고 있다고 해석할 수도 있으므로 논리적 성향은 논리적 사고의 중요한 하위 범주라고 볼 수 있다.

바람직한 논리 교육을 위해서는 생각할 수 있는 방법을 알려 주는 것이 되어야 한다. 유치원 하루 일과 내에서의 일상생활과 놀이 속에서 논리적으로 생각해 보는 경험을 통해 길러지도록 도와야 할 것이다.

만 3세 유아는 아직 자신의 생각을 말로 잘 표현하지 못하고 충분한 논리적 사고의 틀을 갖추지 못하였기 때문에 일상적인 놀이 속에서 논리적 사고를 할 수 있도록 하는 것이 좋다. 예를 들면, 함께 책을 읽고 이야기나누기, 문학작품을 감상하고 이야기의 결말을 예측해 보거나, 일부 내용을 다른 상황으로 바꾸어 생각해 보기, 유아가 정한 기준에 따라 분류해 보게 하고 분류한 것을 설명하기, 여러 가지 기준으로 비교해 보기, 다양한 사물과 사건을 분류하고 비교하면서 기준에 따라 차례대로 놓아보는 등의 놀이를 통한 논리 교육을 할 수 있다.

만 4세 이후의 유아들은 자신의 생각을 말로 표현할 수 있다. 따라서 만 4세 이후의 유아들과 대화를 많이 하면 논리적 사고를 기르기가 수월해진다. 일상에서 구체적인 대화의 소재를 찾아 대화하기, 유아들이 던진 질문의 배경을 알아보고 설명하기, 함께 토론하기 등 대화를 통하여 논리 교육을 할 수 있다.

또한 유아가 다양한 문제 상황을 자연스럽게 접하게 되는데, 그때 하나의 문제를 해결하는 과정 속에서 논리적 사고가 향상된다. 즉, 하루 일과 속에서 당면하는 모든 문제에 대하여 새로운 산출물이나 해결책을 만들어 내기 위한 사고 과정을 중심으로 논리 교육을 할 수 있다. 문제 해결을 통한 논리 교육 단계와 논리적 사고 요소를 하나의 표로 정리하면 표 5-1과 같다.

표 5-1 | 문제 해결을 통한 논리 교육의 단계와 논리적 사고의 요소

단계	논리적 사고 요소		
	비판적 사고	추론적 사고	논리적 성향
문제의 발견 및 정의	• 문제와 개념 명료화하기 (문제 파악하기) • 문제의 원인 인식하기 • 문제 해결을 위한 정보 수집하기		• 다양한 문제에 관심과 호기심 갖기
자료 탐색 및 해결안 발견	• 어떠한 사실이나 상황의 옳고 그름과 좋고 나쁨을 가려내기 • 순서화하기 • 다양한 해결 방법을 비교 · 분류 · 대조하기 • 개념이나 사물을 그 속성이나 요소로 분석하기 • 요점과 요지 및 의도 파악하기 • 논리적 근거 찾기 • 오류 찾기 • 결과 예측하기	• 나열되어 있는 개념을 하나의 의미로 종합하기 • 논리를 근거로 추론하기 • 원인과 결과 관계 분석하기	• 판단 유보하기 • 개선안 제시하기 • 반대되는 주장이 있을 가능성 따져보기
실행 및 평가	• 최선의 해결방안 선정하기 • 결정된 입장 시각화하기 • 분명하고 설득력 있게 표현하기 • 적용하고 평가하기		• 정직하고 객관적으로 생각하기 • 끝까지 포기하지 않고 문제를 해결하기

유아 대상의 토론 학습 방법으로 여러 유형 중에서 찬반 토론, 창의적 문제 해결형 토론, 역할놀이 토론, 배심 토론, 의미중심형 토론이 적절하다.

찬반 토론은 딜레마 상황에 대해 찬성할지 혹은 반대할지 결정한 후 그 이유에 대하여 이야기함으로써 찬성과 반대 의견들을 융합하여 최선의 결론을 내릴 때 사용하는 토론유형이다. 찬성과 반대 입장으로 나뉘어 토론하는 과정에서 유아들은 자신의 생각을 명확하게 나타내기 위한 논리적인 근거를 제시하게 되며, 토론 중에 자신이 처음 했던 생각이 다른 사람의 생각을 듣고 설득되어 자신의 생각이 변화될 수도 있음을 경험하게 된다. 협동 구조에서 유아들이 서로 다른 관점이 존재함을 확인하고, 각각의 관점이 가지고 있는 장점과 단점을 경험하며, 또한 이를 해결하는 과정에서 과제 해결에 대한 긴장감 고조에 따른 참여 동기가 증가하고, 이를 통해 경험하는 인지적 갈등은 창의성을 자극하여 합리적으로 갈등을 해결할 수 있는 능력을 길러주는 교육적 효과가 있다. 따라서 교사는 '왜 그렇다고 생각하니?'라는 질문을 던져 유아들로 하여금 찬성과 반대 의견에 대한 설득력 있는 근거를 댈 수 있도록 하며, '꼭 그래야만 할까? 그것만이 제일 좋은 걸까? ○○가 찬성한다면 나도! 하며 따라하는 것이 옳을까?' 등으로 유아들의 생각 흐름을 반전시킬 수 있는 언어적 자극으로 지원할 수 있다.

한편 교사는 유아들과 토론 활동을 할 때 말문이 막혀 진전이 없을 때 '왜 그럴까? 이유가 뭘까?'라며 유아 스스로 해결할 수 있도록 디딤돌을 놓아주는 공동탐구자, 타당한 근거와 설명 없이 자기주장이 맞다고 어깃장을 놓을 경우 '왜 그렇다고 생각하니? 어디서 알게 되었는데?'와 같은 발문을 통해 심사숙고할 기회를 주는 반례자, 세련된 토론으로 향상시키기 위한 본보기, 평가를 위한 관찰자로서의 역할도 지원해야 한다.

특히 건전한 토론의 문화가 정착되려면 토론 예절을 지키도록 강조한다. 토론을 할 때 유아 간에 자주 벌어지는 상황이 있다. '음, 음, 근데~' 반복적인 소리를 내며 말을 빨리 하지 않거나, 부끄러워하면서 시간을 끄는 친구에게 '뭐야! 할말 없으면 들어가! 부끄러우면 그냥 자리에 앉아!'라며 호통을 치거나 놀리기도 하며, 자신의 생각과 다를 때 '뭐야, 말이 되냐? 아니야! 네가 몰라서 그래!'라며 곧바로 비난을 퍼붓는 경우를 볼 수 있다.

토론 수업 초기부터 유아들과 함께 토론 시의 약속을 정하면 효과적이다. 또한 말하는 사람에게는 또박또박 말하기, 시선을 골고루 주기, 주제에 벗어나지 않게 말하기,

질문에 대비하여 말하기, 근거 제시하기 등의 약속이 필요한 반면, 듣는 사람에게는 말하는 사람에게 시선 주기, 고개나 표정으로 잘 듣고 있음을 표현하기, 끼어들지 않기, 불쾌한 반응 보이지 않기 등의 약속을 정하는 것도 도움이 된다.

논리적 사고 발달 측면에서 볼 때, 찬반 토론을 통한 비판적 경청 능력 제고, 무비판적인 수용 태도 개선, 자신과 타인의 의견에 심사숙고하는 태도 함양, 타인을 설득하는 능력 향상, 합리적인 의사결정 방법 터득 등에서 효과를 기대할 수 있다.

역할놀이 토론도 있다. 역할놀이는 문제 해결, 비판적 사고 및 상호작용을 통한 경험을 가능하게 하며, 참여자와 관찰자가 실제적인 문제 상황에 참여하여 문제를 해결하고 이해하도록 해준다. 역할놀이 토론은 다양한 역할 행동을 탐색해 보는 가운데, 자신의 실제 문제를 다룰 준비를 하게 되며, 감정이입을 경험하고, 공동의 관심사를 직접적이며 공개적으로 다루며, 말이나 글로 자신을 표현하기를 꺼리는 유아에게 효과적인 토론 유형이다(서울성북교육청, 2005).

배심 토론은 패널 토론이라고도 불린다. 배심 토론은 주어진 문제에 대하여 각각의 입장이 다르거나 팽팽히 맞설 때 사용하는 방법이다. 양쪽 의견의 대표인 6~8명의 배심원들과 청중, 그리고 사회자로 구성된다. 유아들을 대상으로 하기 때문에 교사가 사회자를 맡아서 토론의 과제를 설명하고, 토론 내용을 요약하고, 배심원과 청중의 질문을 유도하며, 결론 도출을 돕는 역할을 한다. 유아들은 배심원과 청중을 맡아 자신의 입장을 설명하고 서로 다른 정보를 교환하는 역할을 한다.

유치원에서 교사와 유아, 유아와 유아 간의 언어적 상호작용이 빈번하게 일어난다. 대화란 질문과 대답으로 진행되는 것이다. 유아가 스스로 묻고 대답하는 습관을 갖게 되는 것이 논리적 사고의 시작인 것이다. 대화를 통한 사고력 향상을 위해서 유아들은 질문하는 방법과 바르게 답하는 방법을 배울 필요가 있다. 상대방의 말을 잘 들어야 무엇을 생각하고 무엇을 말해야 할지를 결정할 수가 있다. 우선 잘 들어야 자기주장을 잘할 수 있는 것이다. 그러므로 다른 유아의 말을 주의 깊게 듣고, 상대방의 말과 관련된 질문을 할 수 있도록 독려한다.

유치원의 일과 속에서 갑자기 벌어진 문제 상황이나 가정에서 유아들이 흔히 마주치는 어려움 등을 소재로 토론을 하게 된다. 유아들은 자신과 다른 생각이나 입장에 대하여 종종 '아니야, 틀렸어'하고 무시를 하거나, 말이 아닌 주먹으로 때리거나, 울고, 평소 자신보다 우월하다고 인정해온 유아의 말을 아무 비판 없이 따르는 모습을 보이기도 한다. 서로 생각이 다를 경우엔 토론을 통하여 가장 좋은 해결 방법을 찾을 수 있는데, 토론을 잘 하려면 논리적 사고를 바탕으로 해야 한다. 토론에 참여한 사람들은 각자의 의견과 주장을 표출하며 결론에 다다르게 되는데, 토론의 전체 과정 중에서 '왜?'에 대한 답을 찾아보는 단계, 즉 근거를 대는 일이 가장 중요하다. 상대방으로부터 설득을 얻어내려면 근거를 대며 설명하는 일이 필요하다.

교사가 비판적 질문을 사용하면 유아들이 논리적 사고를 하는 데 도움이 된다. 어떤 주제를 중심으로 토의를 할 때, 자신의 관점과 다른 사람의 관점이 다를 수 있음을 수용하도록 독려하고, 갈등 상황이 너무 쉽게 끝나 버리지 않도록 논쟁점을 말로 알려주거나 반론을 제안하기도 해야 한다. 또한 의사 결정을 해야 하는 경우에는 서로의 의견을 존중하고 이해하며 상대방의 입장이 되어 생각해 보고 한 사람의 의견이라도 무시하지 않고 존중하며 조정하도록 지원한다. 교사가 전달하고자 하는 내용을 유아들에게 일방적으로 제안, 지시, 유도하지 않고, 교사가 원하는 정답 중심의 이야기를 하지 않도록 유의한다.

교사는 유아의 대답과 질문을 주의 깊게 듣고 이와 관련된 재질문을 할 수 있다. 유아의 말을 들으면서 말의 의미가 모호할 때는 의미를 명확히 하고자 하는 질문도 해야 할 때도 있다. 몸으로 자신의 생각을 표현했을 때 재질문을 통해 유아가 생각을 언어적으로 정리하여 말할 수 있도록 도울 수 있다. 이같은 교사의 지원을 통하여 유아들의 논리적 사고도 발달하게 된다.

유치원에서 유아들은 하루 일과 즉, 일상생활, 놀이, 활동(이야기나누기, 토의, 수 · 과학, 미술, 음악, 신체 표현, 동화 · 동시 · 동극, 게임 등)을 하는 과정에서 논리적 사고를 경험할 수 있다. 교사는 유아들의 하루 일과를 관찰하면서 논리적 사고를 해볼 수 있는 기회를 포착할 수 있다. 일상생활 또는 놀이, 활동하는 가운데에서 관찰된 의미 있는 상황과 연계하여 논리적 사고 요소를 통합한 활동으로 지원할 수 있다.

2. 일상생활에서 유아의 논리적 사고 활동을 위한 교사의 지원 실제

유치원의 하루 일과에서 등 · 하원하기, 손 씻기, 화장실 가기, 간식 및 점심 식사 등의 일상생활을 매일 경험하게 된다. 유치원에서 일상생활하는 동안 관찰되는 상황을 토대로 유아들의 논리적 사고 활동이 어떻게 이루어지며 교사의 지원은 어떠한지 실제를 살펴보기로 한다.

논리적 사고는 현상을 분석하여 원인과 결과를 추리하는 능력, 분석하는 능력, 비판하고 문제를 해결하는 능력 등을 포함한다. 그러나 유아의 경우, 사고 능력의 제한으로 주관적으로 또는 눈에 보이는 현상에 근거하여 원인과 결과를 연결하고는 한다. 그러므로 유아가 객관적 사실과 정보를 기초로 하여 판단하고 원인과 결과를 논리적으로 연결하도록 해야 한다.

간식, 점심 식사 등 일상생활에서 관찰되는 상황과 연결하여 유아의 논리적 사고를 지원하는 이야기나누기 또는 토론 활동의 실제와 그에 해당하는 논리적 사고 요소를 제시하면 다음과 같다.

① 먹기 싫어요

논리적으로
말하기, 쓰기

관찰 상황

점심 시간에 완두콩밥과 반찬을 보며 싫은 티를 내는 몇몇 유아들이 있다. "난 콩 싫은데!", "왜 오늘 당근이 나왔어! 안 먹을래." 완두콩을 골라서 급식판 모서리로 몰고, 반찬 안에 들어있던 당근도 살짝 바닥으로 떨군다.

친구 에피소드 듣기

- 점심 시간에 너희들이 밥 먹는 것을 자세히 살펴봤어. 골고루 먹는 사람, 빨리 먹는 사람, 반찬을 입에만 물고 있는 사람, 반찬을 급식판 구석에 숨기는 사람, 몰래 하나씩 교실 바닥으로 반찬을 떨어뜨리는 사람.... 여럿 보았지.

"나 제일 빨리 먹었는데!"
"콩이 싫어서 입에 모아서 물고 있었어요. 나 봤어요?"
"난 아무거나 잘 먹어요."

문제 인식하기

- 오늘 밥과 반찬이 무엇이라고 투덜거린 걸까?
- 왜 입에 음식을 물고 있었던 걸까? 왜 그 음식을 먹지 않으려고 하는 걸까?
- 너희들은 싫어하는 음식이 있니? 왜 그 음식을 싫어하니?

"콩이 밥에 들어 있으니까요. 그냥 하얀 밥 주지."
"먹기 싫은 건 목으로 넘기기 힘들어요."
"색을 딱 봤을 때 슈렉 같아서 못 먹겠어요."

이야기나누기

▶ 활동 자료

그림책 『먹기 싫어』, 그림 자료(음식, 편식하는 아이, 난아 전지 그림)

▶ 논리적 사고 요소

- 비판적 사고_ 문제 파악하기

▶ 논리적 사고 요소

- 비판적 사고_ 문제의 원인 인식하기

다양한 관점에서 말하기

- 어른들은 너희들에게 음식을 골고루 먹어야 한다고 하시잖아. 너희들은 모든 음식을 다 잘 먹어야 한다고 생각하니?
- 왜 그렇게 생각하니? 또 다른 생각을 가진 사람도 있니?
- 정말 먹기 싫은 음식도 다 먹어야 할까? 다른 생각을 가진 사람 있니?
- 좋아하는 음식만 먹어도 된다고 생각하는 사람 있니? 왜 그렇게 생각하니?
- 다른 생각을 가지고 있는 사람도 있니?
- 좋아하는 음식만 먹고 싫어하는 음식은 먹지 않는다면 어떤 일이 생길까?
- 음식을 골고루 먹었을 때 좋은 점은 무엇일까?

▶ 논리적 사고 요소

- 비판적 사고_ 옳고 그름과 좋고 나쁨을 가려내기

"골고루 먹어야 키가 크죠. 생각도 잘 할 수 있고요."
"먹기 싫은 음식을 먹으면 자꾸 구역질 나요. 내 맘대로 먹으면 안 되나요?"
"좋아하는 음식이 몸에 좋은 것들이면 되잖아요."

원인과 결과 관계 생각하며 말하기

- 음식을 먹으면 우리 몸의 어디에 좋을까?
- 우유는 우리 몸의 어디에 좋은 것 같니?
- 우유처럼 우리 몸의 뼈를 튼튼하게 해주는 음식이 또 있을까?
- 채소는 왜 먹어야 할까? 우리 몸의 어디에 좋아서?
- 만약 고기만 좋아해서 채소를 먹지 않는다면 어떻게 될까?
- 채소를 먹지 않는 아이가 있다면 너희들이 뭐라고 이야기해 주고 싶니?
- 감기에 잘 걸리는 아이가 있는데, 이 아이에게는 뭐라고 말해 주고 싶니?

▶ 논리적 사고 요소

- 추론적 사고_ 원인과 결과 관계 분석하기

"머리에 좋아요. 뼈에도 좋겠어요."
"채소를 많이 먹으면 피부가 좋아질 걸요."
"과일을 먹어야 감기에 잘 걸리지 않아요."

종합하기

- 우리가 이야기 나누면서 무엇을 알게 되었니?
- 우리 뼈를 튼튼하게 해주는 음식은 무엇이 있었니?
- 머리카락을 윤기 있게 하려면 어떤 음식을 먹어야 할까?
- 눈이 나쁜 아이에게 무엇을 먹으라고 말해주면 네 말을 잘 들을까?
- 여기 아이 그림이 있어. 몸을 튼튼하게 하려면 무엇을 먹으면 좋다고 그림과 글로 적어볼까?

"우리 반엔 머리카락이 긴 여자애들이 많으니까.... 머리카락이 반짝거리려면 멸치랑 두부를 많이 먹어야 해."
"엄마 아빠 핸드폰으로 게임해서 눈이 나빠졌잖아요. 당근을 먹기 싫어도 먹어야 눈이 좋아져요."

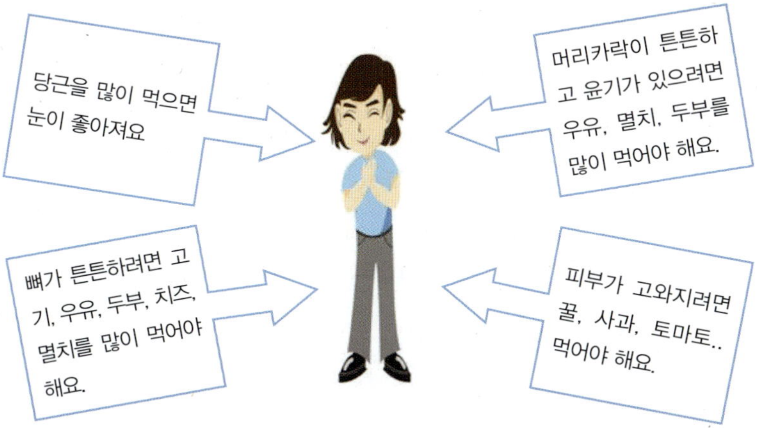

▶ 논리적 사고 요소

- 비판적 사고_ 결정된 입장을 시각화하기
- 비판적 사고_ 분명하고 설득력 있게 표현하기
- 추론적 사고_ 원인과 결과 관계 분석하기

일상생활을 통한 논리적 사고 활동을 생각해 보아요

1. 두 명씩 짝이 되어 보세요.
2. 교육봉사 또는 현장실습 등을 통하여 유아를 관찰하였던 일상생활 상황들을 떠올려 보고 그중 1개 상황을 정하세요.
3. 정한 관찰 상황과 관련하여 유아의 논리적 사고 지원을 위한 수업계획안을 작성해 보세요.

② 거짓말이 좋을 때도 있다

논리적으로
말하기

토론
- 찬반 토론

관찰 상황

"나.. 산타할아버지한테 장난감 달라고 해야지~"
"그거 거짓말이야. 원래 없어."
"아니야. 우리 엄마가 산타클로스는 있다고 했어."
"증거 대봐. 없다니까."
간식을 먹으려 산타클로스가 있다! 없다! 에 대해 흥분하며 말하고 있다.

▶ 활동 자료

토론 내용을 적을 종이나 화이트보드, 찬성과 반대를 나타내는 카드나 팻말

찬성과 반대 입장 결정하기

- '거짓말이 좋을 때도 있다'이 말에 대해 어떤 생각이 드니?
- 이 말에 찬성하는 사람은 찬성 팻말이 있는 곳에 앉고, 반대하는 사람은 반대 팻말이 있는 곳에 앉자.
- 이 말에 찬성하는(반대하는) 이유가 무엇이니?
- ○○의 말에 대하여 다르게 생각하는 사람 있니? 왜 그렇다고 생각하니?

▶ 논리적 사고 요소

- **비판적 사고_** 문제 파악하기
- **논리적 성향_** 반대되는 주장이 있을 가능성 따져보기

"산타클로스는 없어. 어른들이 애들 기분 좋으라고 변장하는 거야. 그럴 땐 거짓말이 필요해."
"산타클로스는 있어. 거짓말이 아니야. 말 잘 들을 때 선물도 주고, 우리가 좋아하는 선물도 다 아시잖아."
"거짓말을 하면 사람들이 잘못 생각하고 믿어서 실수를 하게 되잖아. 피해를 줄 때가 많아."
"사실이 아닌데, 예쁘다고 말하면 믿을 수도 있겠지만 놀리는 것 같아서 기분이 나빠."

입장 재고하기

- 어른들은 항상 거짓말하면 나쁜 거란다. 하면 안 돼! 말씀하셨는데, 거짓말이 좋을 때도 있다는 거니?
- 모든 거짓말이 다 나쁠까?
- 어떤 거짓말이 좋다고 생각하니? 왜 그렇게 생각했니?
- 그렇다면 나쁜 거짓말에는 어떤 것들이 있을까?
- 친구의 말을 듣고 생각이 바뀐 사람 있니? 왜 생각이 달라졌니?

"다른 사람의 마음에 상처를 주지 않기 위해서는 거짓말을 해도 될 것 같아요."
"못생긴 친구에게 솔직히게 '너 참 못생겼다'고 얘기하면 속상해."
"선물을 받았는데, 멋지지 않아도 마음에 든다고 말할 때도 있었다!"
"병원에서 의사선생님이 빨리 나을 거야~ 라고 얘기해주면 마음을 좋게 해서 건강해지잖아."
"엄마가 해준 밥이 맛이 없었는데, 그냥 맛있다고 했어요. 엄마가 기뻐하니까."
"거짓말하면 혼날까봐 무섭잖아. 안 하는 게 더 나아."
"엄마에게 거짓말하지 않겠다고 약속했잖아. 약속을 지키지 않으면 엄마 마음이 아파."

▶ 논리적 사고 요소

- **비판적 사고_** 논리적 근거찾기
- **논리적 성향_** 반대되는 주장이 있을 가능성 따져보기
- **비판적 사고_** 옳고 그름과 좋고 나쁨을 가려내기

종합하기

- 친구들과 이야기를 나눠보니, 어떤 거짓말들이 있었니?
- 어쩔 수 없이 거짓말을 해야 하는 경우는 언제일까?
- 다른 사람들의 기분을 좋게 하려고 매번 거짓말을 하는 것이 좋은 걸까?
- 절대 해서는 안 되는 거짓말은 무엇일까?
- 오늘 이 주제로 토론을 하면서 알게 된 점이 있니? 달라진 점이 있니?

▶ 논리적 사고 요소

- **추론적 사고_** 개념을 하나의 의미로 종합하기
- **비판적 사고_** 결과 예측하기
- **비판적 사고_** 옳고 그림과 좋고 나쁨을 가려내기

③ 다수결로 정하는 게 가장 좋은 방법일까?

논리적으로
말하기

토론 - 찬반 토론

관찰 상황

"손을 들어서 가장 많이 나온 사람으로 정하자."
"먼저 말해서 찜했는데 왜 다시 손을 들어서 정해?"
"야! 모두 하고 싶어하잖아."
점심 시간 꼬마선생님을 정하는데 정하는 방법에 대해서 서로의 의견이 다르다.

▶ 활동 자료

토론 내용을 적을 종이나 화이트보드, 찬성과 반대를 나타내는 카드나 팻말

친구 에피소드 듣기

- 선생님을 도와주는 점심 도우미를 정하는 일로 시끌시끌하더라. "○○는 다수결로 정하자고 하던데, □□는 그렇게 정하면 안 된다는 소리를 들은 것 같아. 다수결로 정하는 게 가장 좋은 방법인지에 대해 토론해 보면 어떨까?"

"그냥 먼저 말한 사람이 하면 안 돼요?"
"한 번씩 다 해 볼 거잖아요."
"우리가 그래도 형님반인데 모두가 좋아하는 방법으로 잘 정해야지~"

▶ 논리적 사고 요소

- **비판적 사고_** 문제 파악하기

찬성과 반대 입장 결정하기

- 찬성하는 사람은 찬성 팻말이 있는 곳에 앉고, 반대하는 사람은 반대 팻말이 있는 곳에 앉아보자.
- 이 말에 찬성하는(반대하는) 이유가 무엇이니?
- 또? 다수결로 결정을 하게 될 경우 어떤 점이 편리할까?
- ○○의 말에 대하여 다르게 생각하는 사람 있니?
- 우리가 무언가를 결정할 때 흔히 '다수결로 해요' 말하는데, 다수결로 하는 게 좋지 않다는 거니? 왜?
- 다수결로 정했을 때 불편했었던(속상했었던) 적이 있었니?

▶ 논리적 사고 요소

- **비판적 사고_** 논리적 근거 찾기
- **논리적 성향_** 반대되는 주장이 있을 가능성 따져보기
- **비판적 사고_** 옳고 그름과 좋고 나쁨을 가려내기

"다수결로 정하면 빨라요."
"아냐. 맨날 빠르진 않아. 그냥 툭 하면 손들어서 결정하자고 하구."
"옆 친구가 자기 손을 들을 때 제 팔도 올려요. 크크크."

입장 재고하기

- 친구의 말을 듣고 생각이 바뀐 사람 있니?
- 자리를 바꿔 앉아보겠니?
- 왜 생각이 달라졌니?

▶ 논리적 사고 요소

- 비판적 사고_ 오류 찾기

"△△ 말을 들어보니까 생각이 바뀌었어요."
"난 자리 옮긴다~ 야~ 너도 와~"
"△△ 말대로 맨날 손만 들어서 정하는 게 가장 좋은 건 아닌 것 같아요."

종합하기

- 친구들과 이야기를 해보니, 다수결로 정할 때 가장 좋은 경우는 언제일까?
- 의견이 나올 때마다 매번 다수결로 정하면 어떨까?
- 다수결로 정할 때 어떤 속상한 일도 벌어진다고 말했었니?
- 다수결로 정할 때 손들기 전에 우리가 해야 할 일이 뭘까?
- 의견이 좋은지, 진짜 찬성하는지를 생각하지 않고, 단지 친구이기 때문에 손을 들면 어떻게 될까?
- 다수결로 결정할 때 손을 적게 들어 선택되지 않아 속상해하는 친구가 있다면 어떻게 하면 좋을까?

▶ 논리적 사고 요소

- 비판적 사고_ 옳고 그름과 좋고 나쁨을 가려내기

"하도 손을 많이 드니까 그냥 막 들을 거 같아요."
"함께 결정할 때는 내가 하고 싶은 것은 무엇인지, 무엇이 가장 좋은 결정인지 깊게 생각하고 손을 들어요."
"손을 적게 든 생각도 나쁜 게 아니니까, 두 번째는 그 생각대로 해보는 건 어때요?"

④ 문제가 생겼어요

논리적으로
말하기

토론
- 창의적 문제 해결형 토론

관찰 상황

점심 시간에 각자 급식판에 음식을 받아서 책상에 놓을 때 ○○가 옆에 있는 물컵을 건드려서 물이 쏟아졌다. "선생님~ 여기요~ 물 쏟았어요.", "○○가 그랬대요.", "모르고 그랬어. 미안해." 책상 위에 물이 흩어지고, ○○바지에 물이 묻었다. "○○야, 바지에 물로 그림 그린 거 같다!"

▶ 활동 자료

그림책『문제가 생겼어요』

동화의 표지그림과 제목 보고 상상하기

- 동화책 표지를 보니 어떤 생각이 떠오르니? 제목을 들어보니 이 동화 속에는 어떤 이야기가 들어있을 것 같니?
- 무슨 문제가 생긴 걸까?

"노란 산 같아요. 모자? 성?"
"노란 게 문제인 거 같아요."

▶ 논리적 사고요소

- **비판적 사고_** 문제 파악하기

동화 관련 경험에 대해 이야기하기

- 동화에서 어떤 문제가 생겼니?
- 주인공의 기분은 어땠을까?
- 동화 속에서 엄마는 어떻게 문제를 해결했니?
- 너희들도 동화 속 주인공처럼 실수를 한 경험이 있었니? 그때 어떻게 했니? 그랬더니 어떻게 되었니?

"아까 우리반 ○○도 물 쏟았었는데..."
"실수해서 정신없을 거 같아요."
"내가 모르고 뭘 깬 적이 있었는데, 잘 붙여놔서 혼나지 않았어요."

▶ 논리적 사고 요소

- **비판적 사고_** 논리적 근거 찾기
- **비판적 사고_** 문제와 개념 명료화하기

동화 속 문제 해결에 대해 이야기하기

- 너희들이 동화 속 주인공이 된다면 어떻게 문제를 해결하고 싶니?
- 그 이유는 무엇이니?
- 그렇게 하면 어떻게 될까?
- 너희들은 동화 속에서 엄마가 문제를 해결한 것이 마음에 드니?
- 너희들이 엄마였다면 어떻게 하고 싶니? 왜 그렇게 생각했니?

"그 위를 다른 천으로 덮어요. 숨기게요."
"실수한 것을 이용해서 이 엄마처럼 할 줄은 몰랐어요. 재미있는 아줌마예요."
"식딕보는 다른 깃도 있을 테니, 망친 식탁보는 치워비려요."
"다리미 표시된 곳을 음식받침처럼 사용해요. 실수한 게 아닌 것처럼요."

▶ 논리적 사고 요소

- **비판적 사고_** 옳고 그름과 좋고 나쁨을 가려내기
- **논리적 성향_** 반대되는 주장이 있을 가능성 따져보기

생각 정리하여 평가하기

- 동화책을 감상하고 동화책에 나온 문제를 해결해 보는 방법에 대해 이야기 해 봤는데 어땠니?
- 이 동화책으로 또 무슨 활동을 할 수 있을까?

"다리미로 식탁보가 망가져서 큰일났다!고 생각했는데, 재미있는 일로 바꿔 볼 수도 있다는 것을 알았어요."
"엄마가 되어 식탁보에 다리미 자국을 새롭게 꾸며보는 놀이해 봐도 재밌겠어요."

▶ 논리적 사고 요소

- **비판적 사고_** 분명하고 설득력있게 표현하기

3. 놀이 상황에서의 유아의 논리적 사고 활동을 위한 교사의 지원 실제

유아들은 하루 일과를 놀이하며 지낸다. 일상생활과 활동도 하게 되나 놀이와 구별되지 않고 놀이의 연속선상에서 이루어진다. 교사는 놀이 상황을 주의 깊게 관찰하고 놀이가 확장되어 배움이 일어날 수 있도록 적절한 놀이지원을 제공한다. 놀이와 배움을 연결하는 측면에서 볼 때, 유아들의 놀이에서 관찰되는 상황을 토대로 유아의 논리적 사고를 경험해 볼 수 있는 활동을 어떻게 지원하는지 실제를 살펴보기로 한다.

자유놀이시간에 언어 영역에서 또는 하나의 활동으로 동화책 읽기는 자주 이루어진다. 아래의 활동에서 교사는 『개미와 베짱이』 동화를 듣고 난 후 이야기나누기를 통하여 동화 속 일반적인 사실을 다양한 각도에서 생각해 보는 기회를 제공할 수 있다. 개미의 행동이 착하고 성실하다고 일방적으로 결론을 내리기보다는 개미와 베짱이의 시각에서 상대방을 판단하고 '부지런하다', '성실하다'라는 말의 의미를 명료화하도록 지원할 수 있다. 이처럼 논리적 사고를 경험해 볼 수 있는 요소가 담긴 동화책을 감상할 경우, 동화책을 읽고만 끝낼 것이 아니라 이야기나누기를 이어서 해볼 수 있다.

① 개미와 베짱이

논리적으로
말하기

이야기나누기

관찰 상황

언어 영역에 새로 놓인 『개미와 베짱이』 책을 보며 서로 좋아하는 캐릭터에 대해 말하고 있다. 반 친구들과 함께 동화책을 듣고 싶다고 읽어달라며 교사에게 가지고 왔다.

▶ 활동 자료

그림책 『개미와 베짱이』

동화 듣고 회상하기

- 개미와 베짱이는 여름을 어떻게 지냈니? 개미와 베짱이의 겨울 생활은 어떻게 다르니?
- 이 동화를 통해 무엇을 배울 수 있었니?

▶ 논리적 사고 요소
- 비판적 사고_ 문제 파악하기

"열심히 일하면서 지냈어요."
"쉬지 않고 일만 했어요."
"베짱이는 그때 일 안 하고 놀기만 했어요."
"개미는 따뜻한 데서 배부르게 먹을 수 있는데 베짱이는 먹이가 없어요."
"추운 데서 고생해요."
"게으름을 피우다가 벌 받았어요."

▶ 논리적 사고 요소
- 비판적 사고_ 논리적 근거 찾기
- 비판적 사고_ 문제와 개념 명료화하기

단어의 의미 명확하게 하기

- 동화 속 개미는 성실하다고 생각하니? 왜 그렇게 생각하니?
- 베짱이는 성실하니? 왜 그렇게 생각하니?
- 성실하다는 것은 무엇을 말하는 것일까? 말을 잘 듣는 것도 성실한 것이라고 생각하니? 그럼 성실한 것의 반대는 무엇이라고 생각하니?

"부지런한 것이요. 착하게 일하는 것이요. 게으름 피우지 않는 것이요. 청소 잘하는 거요."
"엄마 말도 잘 듣고, 심부름도 잘하고 정리정돈도 잘하면 착하고 성실한 거예요."
"착한 아이는 말을 잘 들으니까요."
"난 매일 일찍 일어나요."

다른 시각에서 이야기하기

- 너희들이 개미라면 베짱이의 행동을 성실하다고 생각하겠니?
- 개미는 어떤 생각을 할까?
- 베짱이는 개미에 대해 어떤 마음을 가질까?
- 너희들이 베짱이라면 개미에 대해 어떻게 생각하겠니?
- 베짱이의 입장에서 베짱이가 옳다고 말할 수 있는 사람 있니?

▶ 논리적 사고 요소
- 비판적 사고_ 옳고 그름과 좋고 나쁨을 가려내기
- 논리적 성향_ 반대되는 주장이 있을 가능성 따져보기

"책에서 봤는데 베짱이는 여름에 소리를 내면서 지낸대요."
"베짱이가 악기연주를 해주어서 개미도 신이 났을 거예요."
"서로 도운 거예요."

생각 정리하여 말하기

- 우리 주변에서 성실한 사람들을 보았니?
- 누가 성실하게 일하고 있는 것 같니?
- 왜 그 사람이 성실하다고 생각하니?
- 친구의 말을 듣고 어떤 점을 느꼈니?
- 혹시 다르게 생각하고 있는 것이 있니?

"우리 아파트 치워주시는 분이요. 매일매일 일찍 와서 치워주세요."
"우리 엄마요. 회사 갔다 와서 옷도 안 갈아입고 우리 밥해줘요."

▶ 논리적 사고 요소

- **비판적 사고_** 분명하고 설득력있게 표현하기

동화 감상을 통한 논리적 사고 활동을 생각해 보아요.

1. 두 명씩 짝이 되어 보세요.
2. 교육봉사 또는 현장실습 등을 통하여 유아를 관찰하였던 놀이 상황들을 떠올려 보고 그중 1개 상황을 정하세요.
3. 관찰된 놀이 상황과 관련되면서도 논리적 사고를 경험해 볼 수 있는 동화책 1권을 선정하세요.
4. 유아의 논리적 사고 지원을 위한 수업계획안을 작성해 보세요.

신학기에 유아들은 가정에 있는 놀잇감을 유치원에 들고 오거나 이와 반대로 교실의 놀잇감을 가정으로 가져가는 경우가 있다. 다음의 '내가 좋아하는 장난감을 소개해봐요' 활동은 집에서 각자 좋아하는 장난감을 가져와서 여러 가지 장난감에 대한 정보를 수집하고, 장난감의 속성으로 분석해 보며, 나열되어 있는 개념을 하나의 의미로 종합하여 며칠 동안 각자 집에서 가져온 장난감들로 교실에서 어떠한 놀이를 할 것인지를 선정해 보는 경험을 해볼 수 있다.

② 내가 좋아하는 장난감을 소개해봐요

논리적으로
말하기

이야기나누기

관찰 상황

유아들이 교실에 있는 놀잇감을 관찰하며 각자 좋아하는 놀잇감에 대해 이야기를 나누고 있다. 교실에 있는 것말고도 집에 좋아하는 장난감이 있다고 말한다. "집에 있는 장난감은 유치원에 갖고 오지 않기로 했잖아.", "소개만 하고 다시 집에 갖고 가면 되지." 가정에서 유아들이 좋아하는 장난감을 가져와 소개하자고 한다.

▶ 활동 자료

유아들이 가정에서 가져온 장난감

소개하기

- 좋아하는 인형을 가져온 사람 있니?
- 네 인형을 친구들에게 소개해 줄 수 있니? 이 로봇에 대해서 또 소개할 것이 있니?

"이 인형은 로봇 장난감이에요."
"힘센 로봇이에요."
"단추를 누르면 미사일이 발사돼요."

▶ 논리적 사고 요소

- 비판적 사고_ 정보 수집하기

질문하고 답하기

- 너희들 중에 이 로봇에 대해 궁금한 점이 있니? 이 로봇에 대해 더 궁금한 점이 있니?

"어디서 샀어?"
"○○마트에서 샀어."
"어떻게 움직여?"
"움직이지 않아. 그런데 내가 손으로 밀면 앞으로 갈 수 있어."

▶ 논리적 사고 요소

- **비판적 사고_** 사물의 속성으로 분석하기

알게 된 것을 이야기하기

- ○○의 로봇에 대해 알게 된 것을 이야기해 볼까? 로봇에 대해 더 하고 싶은 이야기가 있니?

"이름은 힘센 로봇인데, 팔에 있는 단추를 누르면 미사일이 나가는 로봇이에요."
"내 로봇이랑 비슷한데 내 거는 단추를 누르면 움직이는데 ○○의 로봇은 안 움직여요. 건전지가 없나 봐요."

▶ 논리적 사고 요소

- **추론적 사고_** 나열된 개념을 종합하기

소개하기 및 질문하고 답하기

- ○○처럼 집에서 가져온 장난감을 소개하고 싶은 사람 있니?
- 너는 어떤 장난감을 가지고 왔니? 네 장난감을 어떻게 소개하고 싶니?
- □□의 장난감에 대해 질문하고 싶은 사람 있니?
- 선생님도 질문하고 싶은 것이 있는데, 너는 이 장난감을 가지고 어떤 놀이를 하니? 이 장난감으로 또 다른 놀이를 할 수 있을까?

▶ 논리적 사고 요소

- **비판적 사고_** 정보 수집하기

"나는 움직이는 장난감이에요."
"이것은 움직이는 토끼야. 약을 넣으면 북을 치면서 걸어다니는 인형이야."
"인형이 약을 먹어?"
"아니야. 움직이게 하는 약이야."
"건전지 말하는 건가봐요. 내 것도 건전지 넣으면 움직여요."
"귀여운 토끼가 북을 치면 내가 춤을 출 수 있어요."
"노래도 부를 수 있겠다."
"나도 북 칠 수 있는데"
"북 치기 시합을 하면 재밌을 것 같아요."
"그럼, 분명 토끼가 이길 걸? 토끼는 빠르니까!"
"토끼가 뛰는 건 빨라도 북 치는 건 우리보다 느릴 걸?"

- 너희들은 토끼와 누가 빨리 북을 치는지 시합을 하면 좋겠다고 생각하는구나. 또 다른 놀이를 생각한 사람 있니?

종합하기

- 너희들이 가져온 장난감을 앞에 다 놓아보자.
- 비슷한 장난감들이 있니? 이 장난감들은 무엇이 비슷하니? 왜 그 장난감들이 비슷하다고 생각하니? 너희들이 좋아하는 장난감들은 어떤 점이 비슷한 것 같니?
- 다른 반 친구들에게 우리 반 아이들이 좋아하는 인형에 대해 무엇이라고 말해줄 수 있을까?

▶ 논리적 사고 요소

- **추론적 사고_** 나열된 개념을 종합하기

"움직여요."
"이 건 약을 넣고, 이것은 안 넣어도 되지만, 다 움직여요."
"색이 비슷한가?"
"색은 달라요. 곰돌이는 흰색이고, 토끼는 분홍색이니까요."
"귀여워요.", "예뻐요."
"여자애들은 인형을 좋아해요.", "여자애들은 분홍색 인형이 많아요."
"우리들은 로봇을 많이 가져왔어요."
"움직이는 인형이 많아요."
"우리반 애들은 귀여운 인형을 좋아하고 움직이는 인형을 좋아해요."
"큰 곰 인형을 좋아하는 애들도 있어요."

평가하기

- 너희들이 가져온 장난감으로 어떤 놀이를 할 수 있을까?
- 너희가 가져온 장난감 모두를 이용해서 할 수 있는 놀이는 무엇일까?

▶ 논리적 사고 요소

- **추론적 사고_** 나열된 개념을 종합하기

"블록에서 놀면 좋겠어요."
"로봇 놀이하고 놀면 돼요."
"토끼 인형은 로봇이 아니라 안돼요."
"나는 공을 가지고 와서 로봇 놀이를 할 수 없어요."
"역할 영역에다가 장난감을 놓고 우리가 사러 가요."

- 자유놀이시간에 역할놀이 영역에서 장난감 가게놀이? 우리가 무엇을 준비해야 할까?
- 너희가 가져온 장난감은 몇 밤 동안 유치원에서 갖고 놀기로 할까?

자유놀이시간에 유아 간 갈등 상황이 종종 발생한다. 안전 상의 이유로, 또는 친구 관계 측면에서 잠깐 모여 이야기 나누며 약속을 정하기도 한다. 이때 약속은 교사의 생각을 강요하기보다는 유아들이 서로에게 방해가 되지 않으면서도 자기 활동을 즐길 수 있는 범위에서 협의하도록 하며, 상황에 따라 유아들이 어떻게 행동하는 것이 적합한 행동인지를 이해하도록 돕는 것이 바람직하다.

③ 놀이할 때 약속을 정해봐요

논리적으로
말하기

관찰 상황

몇몇 유아들이 자유놀이시간에 블록을 던지거나 교실 안을 뛰어다닌다. "던지지 마" "뛰지 마" "내 거 밟지 말라고!" 친구들이 소리를 지른다. 놀이를 끝낸 후 정리하지 않고 가버리는 유아들이 있다.

유사 스토리 듣기

엉망진창반은 하루도 조용한 날이 없어요. 쾅쾅이는 오늘도 교실 이곳, 저곳을 뛰어다니면서 큰 소리로 이야기하고 있어요. 살금이는 쾅쾅이 때문에 동화책을 읽을 수가 없었어요. 그때였어요. "모두 부숴 버릴 거야." 짱짱이가 용용이가 만든 로봇을 발로 차고 있었어요. 용용이는 "네 것도 망가뜨릴 거야."하고는 커다란 소리로 울기 시작했어요. 엉망진창반의 선생님은 짱짱이와 용용이를 불러서 싸우지 말라고 이야기하였어요. 그래도 짱짱이와 용용이는 블록을 부수고 던지며 싸움만 계속 했어요. 엉망진창반의 아이들은 재미있게 놀이를 하고 싶지만 그럴 수가 없었어요. 엉망진창반 선생님과 아이들은 어떻게 하면 교실에서 놀이를 재미있게 할 수 있는지 고민하기 시작했어요.

문제 인식하기

- 엉망진창 아이들은 왜 놀이를 재미있게 할 수 없었을까?
- 선생님과 아이들의 고민은 무엇이니?

"우리 반도 이런데. 우리랑 똑같네."
"□□는 하지 말라고 해도 자꾸 해!. 그치?"
"걘 맨날 정리 안 해. 정리 안 하는 사람은 놀지 말라고 해요~~"

이야기나누기

▶ 활동 자료

그림 자료(블록 던지기, 뛰기, 놀잇감 정리하지 않고 가기 상황 그림)

▶ 논리적 사고 요소

- 비판적 사고_ 문제 파악하기

▶ 논리적 사고 요소

- 비판적 사고_ 문제의 원인 인식하기

예측하여 말하기

- 너희들은 쾅쾅이의 생각에 대해 어떻게 생각하니? 쾅쾅이는 왜 교실에서 뛰어다니는 것 같니?
- 교실에서 놀이할 때 항상 조용히 놀이해야 할까? 왜 그렇게 생각하니?
- 어느 정도 조용히 하는 것이 좋다고 생각하니?
- 엉망진창반 아이들이 쾅쾅이처럼 소리를 크게 지르고 뛰어다닌다면 어떻게 될까?
- 짱짱이는 왜 용용이의 블록을 부수고 발로 밟은 것 같니? 혹시 다른 이유가 있을까?
- 네가 용용이라면 어떻게 했을 것 같니?
- 살금이는 다른 아이들에게 무엇이라고 말할 것 같니?

> ▶ 논리적 사고 요소
> - 비판적 사고_ 결과 예측하기
> - 논리적 성향_ 반대되는 주장이 있을 가능성 따져보기

"애들이 쫓아가면 뛰어요."
"어떤 건 웃고 떠들어야 더 재밌는 놀이도 있어요."
"옆에 책 읽고 있는 친구가 있으면 소리를 작게 해야 해요."
"용용이도 짱짱이를 놀리는 걸 본 적 있어요. 복수하는 건가?"
"그래도 남이 만든 걸 밟고 부수는 건 아니죠."

자신의 경험 회상하여 말하기

- 너희들도 놀이할 때 방해받아본 적이 있니?
- 어떤 일이 있었니? 그때 네 기분이 어땠니? 그래서 넌 친구들에게 무엇이라고 했니?

> ▶ 논리적 사고 요소
> - 비판적 사고_ 문제 해결을 위한 정보 수집하기

"허락도 받지 않고 내가 사용하고 있는 걸 막 가져가요."
"내가 하고 있거든. 넌 놀고 있어. 내가 다 사용했다고 알려줄게."

약속 제안하여 말하기

- 교실 놀이를 재미있게 하기 위해 우리가 약속을 만들면 좋을 것 같니?
- 무엇이 가장 문제라고 생각해?
- 블록을 가지고 놀이할 때 어떠한 약속을 정해 볼까? 왜 그런 약속이 필요하다고 생각하니?
- 놀잇감을 정리하지 않고 다른 놀이를 한다면 어떻게 될 것 같니?
- 놀잇감을 정리하지 않는 아이들은 왜 그런 걸까? 그렇다면 놀이하면서 계속 정리하는 것이 좋겠니? 아니면 놀이를 다하고 한꺼번에 정리하는 것이 좋겠니? 왜 그렇게 생각해? 또 다른 생각이 있니?
- 놀이에 방해받지 않으면서도 교실을 깨끗하게 할 수 있는 방법은 뭘까?

"블록에 사람이 가장 많으니까 놀이시간을 정했으면 좋겠어요."
"시간을 정하지 않으면 블록 앞에서 계속 기다리고 있거든요."
"계속 하고 싶은 사람들은 자기가 만든 걸 교구장 위에 올려놓기로 해요."
"한 가지 놀이하고 정리하고를 해보고요! 놀이를 다하고 한꺼번에 정리하는 걸 해봐요. 그리고 나서 비교해서 정해 보는 건 어때요?"

▶ 논리적 사고 요소

- **추론적 사고_** 논리를 근거로 추론하기
- **비판적 사고_** 최선의 해결 방안 선정하기

평가하기

- 우리가 정한 약속은 무엇이니?
- 이렇게 정해놓고 나서 만약 약속을 지키지 않는다면 어떻게 될까?
- 약속을 잘 지키기 위해 너희들은 어떻게 노력할 수 있을까?

"깜박 까먹고 약속을 지키지 않을 때도 있을 거 같아요."
"그림으로 그려서 붙여놓을까? 사인도 옆에다가."

▶ 논리적 사고 요소

- **비판적 사고_** 적용하고 평가하기

유아들이 고정된 사고의 틀을 지니게 되면 다른 대안이나 다른 방향을 고려하지 않고 자신이 알고 있는 생각을 고집하게 된다. 그러나 유아들이 옳다고 믿고 있는 신념

중에는 논리적으로 맞지 않는 것들도 많다. 유아들이 지닌 고정 관념에는 남녀, 인종, 신체적 차이 등이 포함될 수 있는데, 교사는 유아들이 지닌 생각이 합리적인 판단에 근거한 것인가를 함께 점검해 보며 다양한 관점에서 생각하고 이야기하도록 도울 수 있다.

④ 여자놀이와 남자놀이가 있어요

논리적으로

말하기

이야기나누기

관찰 상황

몇몇 유아들이 자유놀이시간에 "여긴 남자들만 들어올 수 있어.", "여자들은 소꿉놀이 해.", "자기가 놀고 싶은 거 마음대로 하는 거지~ 왜 네가 시켜!", "여기 여기 붙어라~ 남자들만 붙어라." 엄지손가락을 치켜들며 남자들만 모이기를 부추긴다.

▶ 활동자료

그림 자료(역할놀이 영역에서 여아들만 노는 그림, 쌓기놀이 영역에서 남아들만 노는 그림, 여아와 남아가 함께 노는 그림, 공룡놀이하는 여아들의 그림, 머리롤을 말고 있는 남아 그림), 여아 그림, 남아 그림

상황 스토리 듣기

"안녕, 얘들아, 난 7살 은빈이야. 한국유치원의 무궁화반에 다녀. 난 여자야. 난 크면 엄마가 돼. 그래서 난 엄마 놀이와 그림 그리는 것을 좋아해. 난 여자라서 분홍색 옷을 좋아하고, 여자 친구들하고만 놀아."

"안녕, 난 준이야. 나도 은빈이처럼 7살이고, 난 남자야. 한국유치원의 무궁화반에 다녀. 난 남자라 나중에 크면 아빠가 될 거야. 난 남자라서 블록놀이와 바깥놀이를 좋아해. 그리고 난 남자라 파란색을 좋아하고, 남자들하고만 놀아."

▶ 논리적 사고 요소

- **논리적 성향_** 반대되는 주장이 있을 가능성 따져보기

비교하여 말하기

- 두 아이의 비슷한(다른) 점은 뭘까?
- 두 아이는 똑같이 7살이고, 같은 유치원에 다녀. 두 아이의 비슷한 점은 또 무엇이 있을까?
- 은빈이와 준이의 다른 점은 무엇이니?
- 너희들과 다른 점은 무엇일까?

"여자와 남자인 게 달라요."
"나랑 준이가 좋아하는 놀이가 같아요."
"그런데 난 노랑색을 좋아해요."

▶ 논리적 사고 요소

- 비판적 사고_ 비교, 분류, 대조하기

다양한 관점에서 생각하고 말하기

- 빈이는 여자이기 때문에 엄마 놀이만 한다고 하는데, 빈이와 비슷한 생각을 가진 사람 있니? 너희는 빈이의 생각에 대해 어떻게 생각하니?
- 여자 놀이란(남자 놀이란) 어떤 것을 말하는 것 같니?
- 여자 놀이와 남자 놀이가 정해져 있는 것 같니?
- 왜 그렇게 생각했니? 다르게 생각하는 사람 있니?
- 여자아이들 중에 블록이나 바깥놀이 좋아하는 사람 있니? 왜 좋아해? 그것이 남자 놀이라고 생각하니?
- 빈이는 여자라 분홍색을 좋아한다고 했는데, 여자는 분홍색만을 좋아해야 할까? 빈이의 생각에 대해 어떻게 생각하니?
- "남자아이들이 좋아하는 색이야!", "이 색은 여자애들이나 입는 거지"라는 말을 들어보았니? 너희들은 이 말에 대해 어떻게 생각하니?
- 준이는 남자라 파란색을 좋아한다고 했는데, 준이의 생각에 대해서는 어떻게 생각하니?
- '난 준이와 생각이 달라요!'하는 사람 있니?

▶ 논리적 사고 요소

- 논리적 성향_ 반대되는 주장이 있을 가능성 따져보기
- 비판적 사고_ 분명하고 설득력 있게 표현하기

"여자애들은 소꿉놀이 좋아해요. 서로 엄마 하려고 해요."
"블록놀이엔 남자 애들이 많이 몰려요."
"앗, 지은이는 블록놀이 자주 하는데!"
"다 그렇진 않아요. 난 여자인데 파란색 청바지를 제일 좋아해요."
"난 남자인데 여자 친구들도 있어요."

종합하여 말하기

- 오늘 이야기나누기를 통해 알게 된 것은 무엇이니?
- 친구들의 이야기를 듣고 생각이 바뀐 사람 있니? 어떻게 바뀌었니?
- 너희들 말대로 여자 놀이가 정해져 있는 것은 아니고, 또 남자는 남자끼리, 여자는 여자끼리만 노는 것도 아니구나! 자기가 좋아하는 놀이를 놀고 싶은 친구들과 재미있게 놀이해 보자.

▶ 논리적 사고 요소
- **추론적 사고_** 하나의 의미로 종합하기

"남자애들이 좋아하는 놀이이지, 남자만 노는 놀이가 아닌 것을 알았어요."
"엄마 놀이할 때 남자아이들이 오면 못 오게 했거든요. 이젠 끼워줄래요."
"여기 여기 붙어라~ 할 때 넌 안돼! 라고 말하지 않을게요."

유아들이 놀이하면서 즐거움도 겪지만 친구와의 갈등 때문에 마음에 상처를 입기도 한다. 놀이갈등으로 인하여 자유놀이시간에 교사가 중재를 하게 되는데, 이같은 갈등을 해결하기 위해서는 서로 상대방의 마음도 헤아릴 수 있어야 한다.

유아들에게서 자주 발생하는 상황으로 역할극을 하거나 문제가 발생했을 때 관련자의 역할을 맡아 극을 수행할 때 각각의 입장을 공감할 수 있으며, 이어서 역할놀이 토론을 할 때 효과적인 해결점에도 다다를 수 있다.

⑤ 고민이 있어요

논리적으로
말하기, 쓰기

관찰 상황

언어 영역에 고민 나무가 있다. 자유놀이시간에 각자의 고민이나 걱정거리를 그림이나 글로 표현하여 나무에 걸었다. 글을 잘 쓰지 못하는 유아는 교사에게 자신의 고민을 받아 적어달라고 요청하거나, 친구들이 어떤 고민을 니디냈는지 선생님에게 읽어딜라고 한나.

개인의 경험 나누기

- 언어 영역에 있는 고민 나무를 보니까 너희들의 고민 중에는 말에 관련된 것들이 많더라.
- 네가 한 말 때문에 상처를 주었던 경험이 있었던 사람 있니?
- 친구에게 왜 그런 말을 한 거였니?
- 네 말에 상처를 받은 친구와 화해는 했었니? 어떻게? 또 다르게 화해했던 경험이 있니?

"넌 안돼. 빠져."
"비켜! 했는데 울어요."
"친구들이 선생님한테 말해서 선생님이 도와주셨어요."
"우린 그냥 노니까 풀어졌는데."

토론
- 역할놀이 토론

▶ 활동 자료

보드마카, 역할소품

▶ 논리적 사고 요소

- 비판적 사고_ 문제 파악하기

역할극으로 표현하기

- 친구에게 말로 상처를 주었던 일을 앞에 나와서 직접 보여줄 사람 있니?
- 누가 ○○의 친구 역할을 맡아 줄래?
- 어떤 일을 역할극으로 나타낼 거니? 친구들에게 먼저 어떤 일인지 이야기해 보자.
- □□야, 너는 ○○가 친구 역할을 맡았으니까 ○○가 말했을 때, 친구의 입장이 되어서 말해줘.

"저요~ "
"자꾸 말을 안 하고, 음음음!만 하는 거예요. 그래서 음~음~ 또 소리만 내냐! 말을 해! 울었거든요."
"아~ △△한테 뭐라고 한 거! 그거 말하는 거구나."

▶ 논리적 사고 요소

- 비판적 사고_ 문제의 원인 인식하기

공감하며 역할토론하기

- ○○와 □□의 역할극을 보니 어땠니?
- ○○는 왜 그런 말과 행동을 한 걸까? 그때 마음은 어땠을까?
- 그런 말을 들은 □□는 어떤 마음이 들었을까? □□는 왜 그런 행동을 한 걸까?
- 이런 상황에 있는 ○○를 보니 어떤 마음이 드니? 친구 역할을 맡은 □□를 볼 때 너희들은 어떤 마음이 들어?

"말을 하기 부끄러운 친구에게 뭐라고 막 하니까 불쌍했어요."
"맨날 음~ 음~ 그러니까 답답하잖아요."
"싫어서 그런 건 아니에요."

▶ 논리적 사고 요소

- 비판적 사고_ 비교, 분류, 대조하기
- 비판적 사고_ 분명하고 설득력 있게 표현하기
- 비판적 사고_ 논리적 근거찾기
- 논리적 성향_ 반대되는 주장이 있을 가능성 따져보기

고민 해결하기

- ~한 이유로 친구에게 말로 상처를 주어서 걱정이라고 말한 친구의 고민을 어떻게 함께 해결해 줄까?
- 이 친구에게 정말 좋은 방법일 것 같은 해결 방법을 생각해 보자.
- 만약 친구가 말을 조금 느리게 한다고 해서 "넌 맨날 늦냐."하고 소리치거나 무시하면 어떻게 될까?
- 그렇게 되면 나에게는 어떤 점이 좋지 않을까?
- 너희가 그때 이 친구 옆에 있다면 어떻게 도와줄 수 있을까?
- 그런데 이 방법으로 해결하면 또 다른 일이 일어날 수도 있어! 라고 이야기해 볼 사람 있니?

"친구들에게 계속 상처 주면 내 옆에 친구가 없을 거예요."
"△△는 원래 잘 우는 애예요. 울지 말고 네 생각을 말해!라고 말해줄래요."

▶ 논리적 사고 요소

- **비판적 사고_** 오류 찾기
- **비판적 사고_** 비교, 분류, 대조하기
- **논리적 성향_** 반대되는 주장이 있을 가능성 따져 보기
- **비판적 사고_** 최선의 해결 방안 선정하기

종합하여 말하기

- 오늘 어떤 활동을 해봤지?
- 역할놀이 토론으로 문제를 해결해 보니까 어땠니?
- 이렇게 문제를 해결하면 어떤 점이 좋을까?
- 친구에게 말로 상처를 주었을 때 오늘 우리가 말한 방법 중에서 어떤 방법으로 문제를 해결하면 좋을까?
- 오늘 이야기나눈 해결 방법을 사용하고 그 효과를 어떻게 소개해 볼 수 있을까?

"나도 속상할 때가 있었는데, 친구들한테 좋은 아이디어를 얻었어요."
"난 그냥 말한 건데, 친구는 그 말 듣고 속상할 수도 있겠다! 라는 생각이 들었어요."
"해결 방법을 써먹었나~ 그래서 괜찮았나~ 집에 가기 전에 이야기해봐요."

▶ 논리적 사고 요소

- **추론적 사고_** 하나의 의미로 종합하기
- **비판적 사고_** 적용하고 평가하기

6 『돼지책』을 읽고 역할토론해요

논리적으로
말하기

토론
- 역할놀이 토론

관찰 상황

언어 영역에서 『돼지책』을 보던 몇몇 유아들이 "너네도 엄마만 일해?", "아니! 우린 아빠가 설거지하는데?", "우린 엄마만 일하는데~", "그럼 너넨 돼지책네 아줌마랑 같네?", "불쌍하다", "난 분리수거 도와드리면 500원 받는다"라며 각 가정에서의 집안 일에 관련된 상황에 대해 이야기 나누고 있다.

▶ 활동 자료

그림책 『돼지책』

동화 관련 경험에 대해 이야기하기

- 너희가 언어 영역에 있던 돼지책을 많이 읽어보더라. 어떤 내용이었는지 기억나니?
- 돼지책에 누가 누가 나왔었니? 무슨 일들이 일어났니?
- 너희 집에서도 돼지책처럼 한 사람만 많은 일을 하는 것을 본 적이 있었니? 어떤 상황이었니? 그 상황을 보면서 어떤 기분이 들었니?

▶ 논리적 사고 요소

- **비판적 사고_** 문제 파악하기

"아빠가 여보 물 줘~ 그러면 엄마가 갖다줘요. 동생이 엄마한테 옷 입혀달라고 졸라요."

"가족들이 다 엄마만 찾아요. 나도 집에서는 엄마엄마엄마~ 계속 불러요. 엄마가 그만 부르래요."

"돼지책 엄마처럼 우리 엄마도 사라지면 어쩌지? 걱정돼요."

역할놀이토론 시 필요한 약속 정하기

- 너희가 말한 상황 중에서 하나를 역할극으로 표현하고 토론을 해보는 건 어때? 어떤 약속이 필요할까?
- 앞에서 역할극을 하는 사람은 어떻게 해야 할까?
- 앉아서 역할극을 보는 사람은 어떻게 해야 할까?

▶ 논리적 사고 요소

- **비판적 사고_** 상황의 옳고 그름과 좋고 나쁨 가려내기

"앞에 나가서 역할극하는 사람은 우리 모두가 잘 들리게 크게 말해요."
"부끄러워도 꾹 참고 말해요."
"앉아서 보는 사람은 중간에 말 끼지 말고 잘 들어요."

역할을 맡아 역할극하기

- 너희들이 이야기한 상황들이 ~~~~ 있었는데, 이 중에 하나를 골라서 역할극을 해보자. 어떻게 역할극 상황을 정하면 좋을까?
- (상황이 정해진 후) 이 상황에는 몇 명이 나와서 표현하면 좋을까?
- ○○는 어떤 말(행동)을 했을까? 앞에 나와서 어떻게 표현하면 좋을까?
- ○○를 맡아서 해보고 싶은 사람?
- 역할을 맡은 사람들은 앞으로 나와 보자.
- 사랑반의 역할극을 시작하겠습니다!
- (역할극을 마친 후) 앞에 나와서 역할극을 보여준 사람들에게 박수쳐주자.

▶ 논리적 사고 요소

- 비판적 사고_ 요점과 요지 및 의도 파악하기

"가족들이 엄마한테 모두 일을 시키는 상황이요."
"아빠는 물 갖다 달라고 하고, 아들은 샤워시켜달라고 하고, 딸은 인형 옷 빨아달라고 하는 거요~"
"오빠는 밥 달라고 하고, 동생은 마루에 잔뜩 장난감 어질러 놓은 거요."
"손을 들어서 정해요."

역할극을 본 후 토론하기

- □□는 ○○가 되어 말과 행동을 해보니 어떤 마음이 들었니?
- 역할극에 등장한 사람들의 마음이나 생각은 어땠을지 □□와 생각이 다른 사람이 있니?
- 이 상황에서 모두가 힘들거나 속상하지 않게 하기 위한 방법은 무엇일까?
- 누가 어떻게 행동해야 할까? 왜 그렇다고 생각하니?
- 그렇다면 우리가 협력하기 위해 할 수 있는 말과 행동은 무엇일까?

▶ 논리적 사고 요소

- 비판적 사고_ 분명하고 설득력있게 표현하기
- 비판적 사고_ 최선의 해결방안 선정하기

"좀 화가 났어요. 왜 나만 하지? 다른 사람들은 놀고? 때문에요."
"그건 내가 할게.", "내가 도와줄게."
"가족들이 회의를 해요. 누가 어떤 일을 하자고 나누는 회의요."

수정한 내용으로 역할극하기

- 너희들이 토론한 내용으로 다시 역할극을 해볼까?
- 누가 어떤 역할을 맡아보고 싶니?
- 사랑반의 역할극을 시작하겠습니다~
- (역할극을 마친 후) 앞에 나와서 역할극을 보여준 사람들에게 박수쳐주자.
- 역할극을 보니까 어떤 생각이 들었니? 역할극 했던 사람들의 마음은 어떻게 변했을 것 같니?

▶ 논리적 사고 요소

- **비판적 사고_** 분명하고 설득력있게 표현하기
- **논리적 성향_** 정직하고 객관적으로 생각하기

"저요 저요~ 내가 엄마 할래요."
"~~ 이건 내가 할게. 힘들잖아."
"~해줘! 라는 말을 들었을 때보다 ~할게! 라는 말을 들으니 한 사람만 힘들지 않겠어요."

생각 정리하여 평가하기

- 너희들이 역할을 맡아서 역할놀이 토론을 해 보니 어땠니?
- 어떤 생각들이 나왔더라? 친구들의 다양한 이야기를 들어보니 어땠니?
- 너희들 집에서 한 사람만 일을 많이 하고 있는 상황이 생기면 오늘 토론한 대로 해볼 수 있겠니?
- 집에서 협력하는 방법을 직접 해보고 어떻게 되었는지 유치원에 와서 알려줘~

▶ 논리적 사고 요소

- **추론적 사고_** 하나의 의미로 종합하기
- **비판적 사고_** 적용하고 평가하기

"모든 일을 다 같이 힘 합쳐서 하는 게 좋다는 것을 알았어요."
"아빠한테 오늘 스스로 할 건 스스로 하자고 말해줄래요."
"가족들끼리 집안일 정하고 냉장고 문에 붙일래요."

자유놀이시간에 불편 사항이 생겨 협의를 해야 하는 경우가 있다. 찬성과 반대 두 팀으로 나뉘어 각자 선택한 입장에 대한 이유를 논리적으로 표현하게 되는데, 찬반토론의 과정에서 생각이 바뀌어 입장을 달리할 수 있는 여지도 있으며, 양쪽의 입장을 종합적으로 고려하여 최선의 방안을 도출하게 된다.

7 영역에 이름표를 붙인 사람만 그 영역에서 놀이해요

논리적으로
말하기

토론 - 찬반 토론

관찰 상황

며칠 전에 자유놀이시간에 불편한 일들에 대해 이야기나누면서, 영역에 이름표를 붙인 사람만 그 영역에서 놀이하자는 약속을 정하였다. 그러나 자유놀이시간에 이름표를 깜박하고 붙이지 않은 유아들이 생기자 갈등이 또 생겼다.

▶ 활동 자료

찬성, 반대 팻말, 마스킹테이프, 노트북, 스크린

문제 인식하기

- 흥미 영역에 이름표를 붙인 사람만 그 영역에서 놀이한다는 놀이 약속에 대해 찬성하는 사람, 반대하는 사람으로 나누어서 이야기를 나누어 볼까?

"난 그 약속 좋은데."
"나도 찬성~"
"난 그 약속 바꿨으면 좋겠어. 답답해. 난 반대야~~~"

▶ 논리적 사고 요소

- 비판적 사고_ 문제 파악하기

토론 방법 정하기

- 토론을 하다가 생각이 바뀐 사람은 자리를 옮겨서 왜 생각이 바뀌었는지 이야기도 해보자.
- 시계의 긴 바늘이 ~에 갈 때까지 '영역에 이름표를 붙인 사람만 그 영역에서 놀이한다'라는 놀이 약속에 찬성하는지, 반대하는지 하나만 선택하고 왜 그렇게 생각했는지 이유를 생각해 보자.
- 영역에 이름표를 붙인 사람만 그 영역에서 놀이하는 게 좋다고 생각하는 사람은 찬성 팻말이 있는 곳에 앉고, 좋지 않다고 생각하는 사람은 반대 팻말이 있는 곳에 앉자.
- 서로 마주보고 앉아볼까?

"찬성하는 사람과 반대하는 사람으로. 두 팀으로 앉아요."
"나.. 지금은 찬성인데.. 토론하다가 생각이 바뀌면 어떡하지?"
"자리 바꾸는 시간을 줘요. 자리 바꾸게요."

▶ 논리적 사고 요소

- **논리적 성향_** 판단 유보하기

찬반 토론하기

- 지금부터 ○○반의 토론을 시작하겠습니다. 저는 사회를 맡은 ○○○선생님입니다.
- 먼저 영역에 이름표를 붙인 사람만 그 영역에서 놀이하는 것에 찬성하는 사람들 중에서 이야기하고 싶은 사람은 손을 들어보자.
- 영역에 이름표를 붙인 사람만 그 영역에서 놀이하는 것에 반대하는 사람들 중에서 이야기하고 싶은 사람은 손을 들어줘.
- 찬성하는 사람들 중에서 더 이야기할 사람 있니?
- 반대하는 사람들 중에서 더 이야기할 사람 있니?

▶ 논리적 사고 요소

- **비판적 사고_** 비교, 분류, 대조하기
- **비판적 사고_** 분명하고 설득력 있게 표현하기
- **비판적 사고_** 논리적 근거찾기
- **논리적 성향_** 반대되는 주장이 있을 가능성 따져보기

"난 찬성. 한 영역에 사람이 많으면 놀잇감이 부족해서 재밌게 놀 수가 없어."
"먼저 이름표 붙이는 사람만 그 영역에서 놀 수 있는 건 불공평해. 반대~"
"찬성~ 쌓기놀이 영역은 사람이 많으면 블록을 쌓을 수 있는 공간이 없어."
"어쩔 때는 하루 종일 내가 놀고 싶은 영역에서 못 놀고 집에 가야 할 때가 있어서 속상해. 그래서 반대해."
"한 곳에만 사람이 많으면 다칠 수도 있어. 찬성해요."
"다 같이 놀고 싶은데 이름표를 못 붙이면 못 노니까 가끔 1~2명의 친구가 빠져야 돼. 그럼 그 친구들은 속상하잖아. 유치원에 오고 싶지 않아. 반대야."
"사람이 너무 많으면 정리 시간에 정리 안 하고 도망가도 누가 정리 안 했는지 알 수가 없어. 그래서 찬성하는 거야."

입장 바꾸어 말하기

- 지금까지 영역에 이름표를 붙인 사람만 그 영역에서 놀이하는 것에 대해 찬성하는지와 반대하는지 이야기를 나누어 봤는데 혹시 생각이 바뀐 사람이 있니?
- 생각이 바뀐 사람은 자리를 바꿔서 앉아볼까?
- 자리를 바꿔 앉은 사람들 중에서 왜 생각이 바뀌었는지 말해 줄 사람 있니?

▶ 논리적 사고 요소

- **비판적 사고_** 오류 찾기
- **비판적 사고_** 비교, 분류, 대조하기

"자리 바꿔야겠다."
"난 그대로야."
"한 영역에 사람이 많으면 놀잇감이 부족해서 재밌게 놀 수가 없으니까 생각이 바뀌었어요. 찬성으로요."

종합하여 말하기

- 너희들이 '영역에 이름표를 붙인 사람만 그 영역에서 놀이한다'라는 놀이 약속에 찬성하는지 반대하는지 이야기를 나누어 보았어.
- 찬성(반대)하는 사람들은 왜 그렇게 생각했었니?
- 서로의 생각들을 들어보니까 어떠니? 너희들 생각을 어떻게 합쳐볼 수도 있을까?

▶ 논리적 사고 요소

- **추론적 사고_** 하나의 의미로 종합하기
- **비판적 사고_** 최선의 해결 방안 선정하기

"다 이유가 있는 것 같아요."
"누구 생각이 틀렸네! 하고 말할 수는 없겠어요."
"우리들 생각을 합쳐 봐도 괜찮겠다! 라는 생각이 들었어요."

8 친구에게 맞으면 나도 똑같이 때려요

논리적으로
말하기

토론 - 찬반 토론

관찰 상황

쌓기놀이하다가 실수로 때렸다고 하는데, 맞은 유아가 친구가 때렸으니 자신도 때린다며 세게 때렸다. 실수로 때린 아이는 자기는 그렇게 아프게 때리지 않았는데, 상대방은 세게 때렸다며 더 세게 친구를 때렸다.

문제 인식하기

- 바로 전 놀이 시간에 두 친구가 때리며 싸운 일이 있었어. 친구가 때렸다고 해서 똑같이 나도 때리면 어떻게 될까?
- 너희들이라면 어떻게 할 거니?

"나만 맞으면 억울하니까 나도 때려요."
"왜 때렸는지 우선 말로 이야기해봐요."
"계속 똑같이 때리면 쌍코피 날 거예요."

▶ 활동 자료

찬성, 반대 팻말, 화이트보드, 보드마카

▶ 논리적 사고 요소

- **비판적 사고_** 문제 파악하기
- **비판적 사고_** 결과 예측하기

입장 정하기

- '친구에게 맞으면 똑같이 나도 때린다'고 생각하는 사람은 찬성 쪽에 앉아보자.
- '친구에게 맞아도 나는 때리지 않는다'고 생각하는 사람은 반대쪽 팻말에 앉아보자.
- 서로 마주 보고 앉아볼까?

"난~ 찬성~ 우리 엄마도 맞고만 있지 말라고 했어!"
"지금은 찬성인데..토론하다가 생각이 바뀔지도 몰라."
"난 반대~ 실수로 했을 수도 있잖아."

▶ 논리적 사고 요소

- 논리적 성향_ 판단 유보하기

찬반 토론하기

- 지금부터 ○○반의 토론을 시작하겠습니다. 저는 사회를 맡은 ○○○ 선생님입니다.
- '친구에게 맞으면 똑같이 나도 때린다'에 찬성하는 사람들 중에서 이야기하고 싶은 사람은 손을 들어주세요.
- 찬성이라고 생각한 사람은 왜 그렇게 생각했니? 또? 찬성 측에서는 ~~~한 이유로 똑같이 때려야 한다고 생각한대. 이 말에 대해 반대 측에서 다르게 생각하는 사람이 있니?
- 반대라고 생각한 사람은 왜 그렇게 생각했니? 또? 반대 측에서는 ~~~이유로 때리지 않는다고 생각한대. 이 말에 대해 찬성 측에서는 다르게 생각하는 사람 있니?

▶ 논리적 사고 요소

- 비판적 사고_ 비교, 분류, 대조하기
- 비판적 사고_ 분명하고 설득력 있게 표현하기
- 추론적 사고_ 원인과 결과 관계 분석하기
- 논리적 성향_ 반대되는 주장이 있을 가능성 따져보기

"우리 엄마가 남이 때리면 나도 그만큼 때려주라고 했어요."
"계속 서로 때리면 나중에 생일파티 때 초대도 못해요. 친구가 점점 없어져요."
"그런데~~맞고도 가만히 있으면 자꾸 친구들이 때려요."
"한 번 봐주는 건데, 힘 약한 줄 알고 괴롭혀요."
"반대해요. 우리가 유치원에서 가장 큰 형님반인데, 우리가 서로 때리는 걸 보면 동생들이 따라할 거예요."
"맞아요. 맞고 왜 똑같이 때리지 않는지 친구에게 말로 해요. 다음엔 조심하라고 하면 조심할 거예요."
"왜 때렸냐고 먼저 물어봐야 알아요. 옛날에 실수로 블록을 떨어뜨려서 ○○머리를 쳤는데, 모르고 했다니까, ○○가 한 번 봐줬어요."

입장 바꾸어 말하기

- 친구의 말을 듣고 생각이 바뀐 사람이 있니?
- 생각이 바뀐 사람은 자리를 바꿔서 앉아볼까?
- 왜 생각이 바뀌었는지 말해 줄 사람 있니? 마지막으로 더 이야기하고 싶은 사람 있니?

▶ 논리적 사고 요소
- 비판적 사고_ 오류 찾기
- 비판적 사고_ 비교, 분류, 대조하기

"자리 바꿔야겠다."
"일부러 때린 거면 나도 더더더 세게 때리는데, 실수라니까요. 자리 바꿀래요."
"나 지난번에 친구가 때릴 때 내가 세게 때려줬더니 다음에 안 때리더라. 찬성이야."

최선의 방안을 말하기

- 우리가 찬성과 반대 측 모두의 이야기를 들어보았어. 친구에게 맞으면 똑같이 때린다는 찬성(반대) 측에는 어떤 생각들이 있었지?
- 같은 주제인데 다양한 생각들이 나왔네!
- 그렇다면 친구에게 맞았을 때 어떻게 행동하는 것이 서로에게 가장 좋은 방법일까?

▶ 논리적 사고 요소
- 비판적 사고_ 분명하고 설득력있게 표현하기
- 비판적 사고_ 최선의 해결 방안 선정하기

"우린 유치원 졸업해도 같은 초등학교 가서 친구인데 잘 지내야지~~~"
"다음엔 조심하라고 경고는 해줘야 할 것 같아요."
"얼굴을 보면 실수인 거 알아요. 실수한 아이는 얼굴이 ~~이래요. 미안하다고 하면 봐줘요."
"그런데, 실수라고 말하면서 계속 때리는 애도 있어요. 그건 봐 주면 안 돼요."

종합하여 말하기

- 이 주제로 토론을 하면서 알게 된 점이나 생각이 바뀐 점이 있니?
- 토론을 하면서 너희들의 생각은 어떻게 바뀌었니? 생각이 바뀌지 않은 친구들은 어떤 생각이 들었니?

▶ 논리적 사고 요소

- **추론적 사고_** 하나의 의미로 종합하기

유아들의 놀이갈등 상황을 활용한 논리적 사고 활동을 생각해 보아요

1. 두 명씩 짝이 되어 보세요.
2. 교육봉사 또는 현장실습 등을 통하여 유아들에게서 자주 발생한 놀이갈등 상황들을 떠올려 보고 그중 1개 상황을 정하세요.
3. 관찰된 놀이갈등 상황을 활용한 찬반 토론 또는 역할 토론 활동을 생각해 보세요.
4. 유아의 논리적 사고 지원을 위한 수업계획안을 작성해 보세요.

참고문헌

주강식 (1995). 정교화 프로그램에 의한 논리 비판적 언어 능력 향상 방안 연구. **초등교육연구, 6,** 23-49.

찾아보기

저자 약력

박 찬 옥

중앙대학교 유아교육과 문학박사
중앙대학교 유아교육과 명예교수

| 저서 |

2019 개정 누리과정에 기초한 영유아놀이지원(2020, 양성원)
2019 개정 누리과정을 반영한 유아교육과정(2020, 정민사)
영유아 안전관리와 안전교육(2019, 파워북)
유아교사를 위한 논리창의교육(2013, 정민사)
유치원 다닐 때 꼭 알아야 할 665가지(2011, 애플비)

서 동 미

중앙대학교 유아교육과 문학박사
경동대학교 유아교육과 교수

| 저서 |

유아교육과정(2020, 정민사)
유아교과교육론(2020, 정민사)
영유아언어교육(2020, 정민사)
유아수학교육(2020, 정민사)
유아사회교육(2020, 양성원)

곽 현 주

중앙대학교 유아교육과 문학박사
배화여자대학교 유아교육과 교수

| 저서 |

유아교육과정(2020, 정민사)
유아교과교육론(2020, 정민사)
유아창의융합놀이 프로그램(2020, 정민사)
유아멀티미디어교육(2020, 정민사)

엄 은 나

중앙대학교 유아교육과 문학박사
용인송담대학교 유아교육과 교수

| 저서 |

영유아언어교육(2020, 정민사)
유아사회교육(2020, 양성원)
영유아교수학습방법론(2020, 공동체)
유아교과교육론(2013, 공동체)
유아교사를 위한 교직실무(2013, 학지사)

이 예 숙

중앙대학교 유아교육과 문학박사
배화여자대학교 유아교육과 교수
배화여자대학교부속배화유치원 원장

| 저서 |

유아창의 융합놀이 프로그램(2020, 정민사)
유치원 교직실무(2019, 정민사)
6주 보육실습(2017, 양성원)
보육과정(2014, 정민사)
보육학개론(2012, 정민사)

홍 찬 의

중앙대학교 유아교육과 문학박사
배화여자대학교 유아교육과 교수

| 저서 |

유아교육과정(2020, 정민사)
유아창의융합놀이 프로그램(2020, 정민사)
유치원 교직실무(2019, 정민사)
교육계획을 위한 이론과 연습(2017, 양성원)
유아교사를 위한 논리 · 창의교육(2013, 정민사)

유아교사를 위한 논리논술교육

1판 1쇄 발행 2020년 12월 28일
1판 5쇄 발행 2024년 7월 30일

저 자 박찬옥 서동미 곽현주 엄은나 이예숙 홍찬의
발 행 인 회장 박철용
대표 박세원
발 행 처 정민사
주 소 경기도 파주시 직지길 522 파주출판도시
전 화 031-955-8030
팩 스 031-955-8025
홈 페 이 지 http://www.jmpub.co.kr
이 메 일 yswgroup@naver.com
출 판 등 록 1979년 1월 22일 No. 406-2004-000130호

I S B N 978-89-5809-881-2
정 가 20,000원